KB273418

죽음의 수용소에서
MAN'S SEARCH FOR MEANING

죽음의 수용소에서

MAN'S SEARCH FOR MEANING

죽음의 수용소에서
MAN'S SEARCH FOR MEANING

빅터 E. 프랑클 지음
정순회 옮김

第一出版社

어머니의 영혼에 바칩니다

올포트 교수의 서문

저술가이며 정신과 의사인 프랑클 박사는 크고 작은 많은 고통을 겪는 자기의 환자들에게 이렇게 묻곤 한다. "왜 자살하지 않습니까?" 하고. 그리고는 환자들의 대답에서 치료법의 지침을 발견해내기도 한다. 어떤 사람은 자식들을 너무 사랑하고, 어떤 사람은 세상에 내보이고 싶은 재능이 있으며, 또 마음 속에 간직한 추억들을 차마 떨쳐버리지 못하고 있는 사람도 있다. 지치고 희망을 잃은 삶에서 이런 가느다란 실들을 찾아내 의미와 책임을 지닌 확고한 형태로 짜 맞추는 것이 바로 로고데라피의 목적이며 당면과제이다. 로고데라피는 프랑클 박사만의 독특한 실존분석학이다.

이 책에서 프랑클 박사는 자신이 로고데라피를 발견하게 된 경험에 대해 설명하고 있다. 강제수용소에 수용된 장기수로서 짐승 같은 대우를 받으면서 그는 벌거벗은 자신의 모습을 발견하게 되었다. 그의 부모형제와 아내는 모두 강제수용소에서 죽었거나 가스실로 보내졌다. 그래서 여동생을 제외한 그의 온 가족이 수용소에서 몰살당했다. 그러니 그가 어떻게—모든 소유물을 빼앗기고, 모든 가치는 파괴되었으며, 굶주림과 추위와 온갖 가혹 행위에 시달리고, 언제 죽을지 모르는 두려움에 떨면서—어떻게 그는 자신의 삶이 지속할 만한 가치가 있는 것이라고 생각할 수 있었을까? 개인적으로 그런 극단적인 어려움을 경험해본 정신과 의사의 말은 경청할 만한 가치가 있다. 그가 누구든, 그런 사람은 우리 인간들의 처지를 현명하게 그리고 열정을 가지고 볼 수 있을 것이다. 프랑클 박사의 말에는 아주 정직한 울림이 있다. 그는 거짓을 말하기에는 너무도 깊은 체험에 근거를 두고 말하고 있기 때문이다. 그가 하는 말은 비엔나 대학 의학부에서 차지하고 있는 그의 현재의 위치와 오늘날 여러 곳에 세워지고 있는 로고데라피 진료소의 명성 때문에 더욱더 신망이 두터워지고 있다. 로고데라피 진료소는 프랑클 박사가 비엔나에 세운 유명한 정신신경과 외래환자 진료소를 본뜬 것이다.

이론과 치료법에 대한 빅터 프랑클의 접근방법을 그의 선배인 지그문트 프로이드의 업적과 비교해 보지 않을 수 없다. 두 의학자 모두 우선 정신신경증의 본질과 치료에 관여하고 있다는 점에서는 같다. 프로이드는 갈등과 무의식적인 동기에 의해 생겨난 불안에서 마음을 괴롭히는 혼란의 뿌리를 찾아냈다. 프랑클은 신경증을 몇 가지 형태로 구분하고, 환자가 자신의 존재에서 의미와 책임감을 발견하는 데 실패하면 그 원인을 찾아 그 중 어떤 것(정신성 신경증)을 더듬어 추적해본다. 프로이드는 성생활에서 느끼는 좌절감을 강조하고, 프랑클은 "의미를 찾고자 하는 의지"에서 생기는 좌절을 강조한다. 오늘날 유럽에서는 프로이드를 외면하는 현상이 두드러지게 나타나고 있으며 그에 비해 실존분석이 폭넓게 받아들여지고 있다. 여기에는 몇몇 관련 학파가 있는데, 로고데라피 학파도 그 중 하나이다. 프로이드를 비난하지 않고 오히려 그가 이룬 공적 위에 자신의 것을 기쁘게 쌓아올리는 것이 프랑클의 관대한 견해의 특징이며, 또한 그는 다른 방식의 실존적 치료법과 다투지 않고, 오히려 밀접한 관계가 있는 점은 기꺼이 받아들인다.

이 책에 보이는 이야기는 간략하지만 교묘하게 구성되어 읽는 사람의 마음을 사로잡는다. 나는 이 이야기의 마력에 끌려 앉은자리에서 단숨에 끝까지 읽은 적이 두 번 있다. 제1부의 중간을 조금 넘어선 어디에선가 프랑클 박사는 자신이 창안해낸 로고데라피 철학 이론에 대해 소개하고 있다. 그런데 그것은 이야기가 계속되는 가운데 아주 조용히 소개되고 있기 때문에 독자들은 1부를 다 읽고 나서야 비로소 이것이 깊은 의미가 담긴 시론(試論)이라는 것과, 이것이 강제수용소의 잔학성에 대한 이야기를 하나 더 들려주는 것만은 아니라는 것을 깨닫게 된다.

이 자전적인 단편들로부터 독자는 많은 것을 배우게 된다. 독자는 "어처구니없게도 벌거벗은 자신의 삶 외에 아무것도 잃을 것이 없다"는 사실을 갑자기 깨닫게 되었을 때 인간이 어떤 태도를 취하는지를 배운다. 감동과 차가운 무관심이 뒤섞인 감정의 흐름에 대해 프랑클이 기술한 것은 우리의 주목을 끈다. 첫째로, 구원은 남의 운명에 대한 무관심하고 차가운 호기심에서 온다. 또 비록 살아남을 수 있는 기회는 거의 없다 해도 자신의 삶에서 남아있는 것들을 보존하려는 계획이 재빨리 세워진다. 굶주림, 굴욕, 두려움 그리고 부당한 취급에 대한 깊은 분노는, 마음 속 깊이 간직하고 있는 사랑하는 사람에 대한 기억에 의해, 종교에 의해, 웃음기 없는 냉혹한 농담에 의해, 또 때로는 고통을 치유하는 힘이 있는 자연의 아름다움—나무 한 그루나 저녁 노을—을 보는 것만으로도 참을 수 있게 된다.

그러나 이렇게 마음의 위안을 얻는 순간들이 죄수로 하여금 겉보기에 무의미해 보이는 그의 고통에서 보다 큰 의미를 찾도록 도와주지 않는 한 살고자 하는 의지를 갖게 하지는 못한다. 바로 이 부분에서 우리는 실존주의의 주요 주제와 마주치게 된다. 즉 산다는 것은 고통스럽게 마련이며, 살아남는다는 것은 고통 속에서 의미를 발견해야 하는 것이다. 삶에 어떤 목적이 있는 것이라면, 고통에도 그리고 죽음에도 반드시 어떤 목적이 있어야 할 것이다. 그러나 아무도 이 목적이 무엇인지 다른 사람에게 말해 줄 수는 없다. 각자가 스스로 찾아내야 하며, 자신의 해답이 제시하는 책임을 받아들여야 한다. 그렇게 하는 데 성공한다면 그는 모든 모욕에도 불구하고 계속 성장할 것이다. 프랑클은 니체의 말을 즐겨 인용한다. "살아가야 할 *이유*가 있는 사람은 어떤 *방식*으로로든 견딜 수 있다."

강제수용소에서는 죄수가 자신을 지탱할 힘을 모두 상실하게끔 모든 상황이 꾸며진다. 삶에서 친숙했던 모든 목표들을 한순간에 빼앗겨 버렸다. 남아있는 것은 "인간의 마지막 자유"—어떤 상황이 주어졌을 때 자신의 태도를 선택할 수 있는 능력뿐이다. 이 궁극적인 자유, 현대 실존주의자들은 물론이고 고대 스토아 학파에 의해서도 인정된 이 궁극적인 자유가 프랑클의 이야기 속에서 생생한 의미를 드러낸다. 죄수들은 그저 평범한 일반사람들일 뿐이었으나, 어떤 사람들은, 적어도 "자신의 고통의 가치"를 선택함으로써 겉으로 보이는 운명을 뛰어넘는 인간의 능력을 증명했다.

심리치료 전문가로서 저자는, 다른 동물들과 인간을 구별하는 이 특수한 인간의 능력을 사람들이 어떻게 성취할 수 있을지 알고 싶어한다. 주위 상황이 아무리 냉혹하다 할지라도 환자 자신이 자기 삶의 무언가에 대해 책임이 있다는 생각을 어떻게 일깨워 줄 수 있을까? 프랑클은 그의 동료 죄수들과 함께 가졌던 한 집단 치료 모임에 관한 감동적인 보고서를 제시하고 있다.

출판사의 요청에 따라 프랑클 박사는 참고문헌 목록과 함께 로고데라피의 기본개념에 관한 부분을 덧붙였다. 이 "비엔나 제3 심리치료 학파"(그보다 앞서 프로이드 학파와 아들러 학파가 있다)의 출판물은 대부분 독일어로 발행되었다. 그러므로 독자는 프랑클 박사가 자신의 개인적인 이야기에 부록을 보충해 준 것이 고마울 것이다.

유럽의 많은 실존주의자들과는 달리, 프랑클 박사는 염세주의자도 아니고 반종교주의자도 아니다. 그와는 반대로 곳곳에 존재하는 고통과 악의 세력에 정면으로 맞서고 있는 저술가로서, 그는 인간이 자신이 처한 곤경을 이겨내고 자신을 적절하게 이끌어 줄 진리를 발견해내는 역량을 지닌 데 대해 놀랍도록 희망적인 관점을 갖고 있다.

나는 이 작은 책을 진심으로 추천한다. 이 책은 보석처럼 빛나는 극적인 이야기이며, 인간의 심층문제에 초점을 맞추고 있기 때문이다. 이 책은 문학적이며 동시에 철학적이라는 장점을 가지고 있으

며, 우리가 주목해야 할 이 시대의 가장 중요한 철학적 동향에 대해
소개하고 있다.

고든 W. 올포트*

---

* Gorden W. Allport 교수는 하버드 대학의 철학 교수를 지냈으며, 이 분야에서는
최고의 위치에 있는 저술가 및 교수 중 한 사람이다. 그는 철학에 관해 많은 독창
적인 글을 썼으며, 『이상적(異狀的) 및 사회적 심리학 저널』의 편집자이기도 하다.
프랑클 박사의 중요한 이론이 미국에 소개된 것은 주로 올포트 교수의 선구적인 저
작을 통해서이다. 게다가 미국에서 로고데라피에 보인 관심이 급속도로 커져간 것
은 모두 그의 명성 덕분이다.

이 책이 왜 세계적인 베스트셀러가 되었는가

이 책은 지금까지 영어로만 73쇄가 인쇄되었고, 그 외에도 19개 국어로 출판되고 있다. 또한 영어판만 해도 2천5백만 부 정도가 팔렸다.

이것은 틀림없는 사실이며, 따라서 미국의 신문 기자들 그리고 특히 미국 TV 방송국 기자들이 대개 나하고 인터뷰를 시작할 때 이러한 사실들에 대해 듣고 나서 이렇게 외치는 것도 당연하다. "프랑클 박사님, 박사님 책이 확실한 베스트셀러가 되었는데요—박사님은 이런 대성공에 대해 어떻게 생각하십니까?" 그러면 나는 이렇게 응수한다. 첫째 나는 우리 시대의 불행했던 일에 대해 내 입장에서 쓴 약간의 성과이며 업적인 내 책이 베스트셀러라니 정말 의외이다, 그리고 만일 수많은 사람들이 삶의 의미에 대한 문제를 해결하겠다고 약속하는 바로 그런 제목을 가진 책을 고른다면, 그것이 그들에게는 손끝에 불이 붙을 정도로 절실한 문제임이 틀림없다고.

이 책이 호소력을 가지는 데에는 틀림없이 뭔가가 있을 것이다. 이 책의 제2부는 이론적인 부분("로고데라피의 기본 개념")을 요약한 것으로, 말하자면 내 책의 제1부인 자전적 이야기("강제수용소에서의 체험")에서 이론을 추출한 부분이다. 그에 비해 제1부는 나의 이론에 대한 실존적 근거로서 제시한 것이다. 그러므로 두 부분은 상호간의 신빙성을 뒷받침하고 있는 셈이다.

1945년에 이 책을 썼을 때 나는 이 두 부분 중 어느 것도 생각하지 않고 있었다. 그래서 아흐레 동안 곰곰이 생각한 후에 익명으로 출판해야겠다고 단단히 결심을 했다. 실제로 원래 독일어로 출간된 초판본의 표지에는 내 이름이 없다. 초판이 인쇄되기 바로 직전 마지막 순간에, 최소한 속표지에만이라도 내 이름을 넣으라는 친구들의 간곡한 권유에 하는 수 없이 그렇게 하겠다고 하기는 했지만 결국은 익명으로 했다. 처음에는 익명의 저작이라서 저자의 학문적인 명성은 결코 얻을 수 없을 거라는 절대적인 확신을 가지고 책을 썼다. 나는 단순히, 어떤 상황에서도 심지어 최악의 비참한 상황에서조차도 삶에는 잠재적인 의미가 있다는 점을 구체적인 실례로써 독자들에게 전달하고 싶었던 것이다. 그리고 만약 강제수용소에서처럼 어떤 극단적인 상황에서 그 점이 증명된다면 내 책이 읽히게 될 거라고 생각했다. 그래서 나는 내가 경험했던 일들을 글로 쓰는 데에 책임을 느꼈다. 절망에 빠지기 쉬운 사람들에게 내 책이 도움이 될 수도 있다고 생각했기 때문이다.

그러므로 내가 쓴 수십 권의 책들 가운데에서 바로 이 한 권의 책이, 그것도 저자로서의 어떤 명성도 쌓지 않기 위해 익명으로 출판하려 했던 바로 이 책이 성공을 거두게 되었다는 사실이 내게는 신기하기도 하고 놀랍기도 하다. 따라서 나는 유럽과 미국의 학생들 모두에게 거듭거듭 타이른다. "성공을 목표로 삼지 마라. 성공을 목표로 삼고 표적으로 삼으면 삼을수록 그것을 점점 더 놓치게 될 것이다. 성공이란, 행복과 마찬가지로, 추구해서 얻어지는 것이 아니다. 그것은 결과로서 얻어지는 것이며, 자기자신보다는 어떤 대의(大義)를 위해 헌신함으로써 얻어지는 의도되지 않은 측면효과로서, 혹은 자기자신보다는 다른 사람에게 자신을 내어줌으로써 생기는 부산물로서 얻어질 수 있을 뿐이다. 행복은 반드시 찾아오게 되어 있다. 성공도 마찬가지다. 성공하지 못할까봐 걱정하지 말고 일이 되어가는 대로 내버려두어야 한다. 나는 여러분들이 자신의 의식이 명령하는 것이 무엇인가에 귀를 기울이고, 여러분이 아는 한껏 실행해 나가기를 바란다. 그러면 마침내—마침내, 라고 나는 말한다!—성공이 바로 여러분 뒤를 좇아오는 것을 볼 때가 올 것이다. 왜냐하면 여러분이 성공에 대해 생각하는 것을 잊고 있었기 때문이다."

친애하는 독자 여러분, 여러분은 다음에 이어지는 이 책의 본문에서 아우슈비츠로부터 배운 교훈을 얻게 될 것이며, 서문에서는 전혀 뜻하지 않게 베스트셀러가 되는 것에서 한 가지 교훈을 얻을 수 있을 것이다

이번 개정판을 내면서 최신 이론을 도입하여 이 책의 결론을 내리기 위해 한 장을 덧붙였다. 독일의 레겐스부르크(Regensburg) 대학 대강당에서 열렸던 제3회 로고데라피 세계대회(1983년 6월)의 영광스런 의장으로서 내가 발표했던 강연 내용 중에서 발췌한

것이며, "개정판에 붙인 후기"의 형식으로 제목을 "비극적 낙관론의 사례"라고 했다. 이 장은 현대의 관심사와 인간에게 존재한 온갖 비극적인 면에도 불구하고 "삶에 예스라고 말하는 것"이 어떻게 가능한가에 대해 연설한 것이다. 이 제목에 관해 다시 말해보자면, 우리의 미래는 우리의 "비극적인" 과거로부터 배운 교훈에서 생겨날 것이라는 생각에서 "낙관"이기를 기대했기 때문이다.

빅터 E. 프랑클
비엔나에서

죽음의 수용소에서

■ 차 례

제1부
강제수용소에서의 체험

강제수용소에서의 체험

이 책은 단순한 사실이나 사건들에 대해 이야기하려는 것이 아니라, 개인적인 체험, 즉 수백만 명의 죄수들이 수없이 겪은 체험에 관한 이야기이다. 이것은 생존자 중의 한 사람이 전해주는 강제수용소 내부의 이야기이다. 이 이야기는 몸서리쳐지는 끔찍한 일들에 관한 것이 아니다. 그런 이야기라면 이미 너무 많은 사람들이 글로 썼다(믿는 사람은 거의 없지만). 이것은 수많은 작은 고통들에 관한 이야기이다. 다시 말해 이 책은, 강제수용소에서 매일같이 겪는 생활이 평범한 죄수의 마음 속에 어떻게 반영되었을까, 라는 질문에 대답하려고 노력할 것이다.

여기서 밝히는 대부분의 사건들은 규모가 크고 유명한 수용소에서 일어난 일이 아니라, 실제로 유태인 근절작전이 자행되었던 작은 수용소에서 일어났던 일들이다. 이것은 위대한 영웅들이나 순교자들의 고난과 죽음에 대한 이야기도 아니고, 그 유명한 카포들(Capos)—특권을 누리며 신탁통치자로서 행세한 죄수들—이나 잘 알려진 죄수들에 관한 이야기도 아니다. 이것은 세력있는 자들의 고난이 아니라, 이름도 알려지지 않고 기록도 남아있지 않은 수많은 희생자들의 괴로운 시련과 죽음에 관한 이야기이다. 소매 자락에 아무런 표지도 달지 못한 이 평범한 죄수들이야말로 카포들에게서 가장 멸시를 받았다. 이들 일반 죄수들이 먹을 것이 없어 굶주리는 동안 카포들은 절대 굶는 일이 없었다. 사실 많은 카포들은 정상적인 생활을 할 때보다도 수용소에서 더 잘 먹었다. 그들은 감시병들보다 더 심하게 죄수들을 다루었으며, 친위대원들보다 더 잔인하게 때리는 일이 많았다. 이 카포들은 물론 죄수들 중에서 뽑힌 사람들일 뿐이며, 그들의 성격이 그런 행동을 하기에 알맞을 것 같다고 해서 선택되었을 뿐이고, 만일 기대치에 미치지 못하면 즉시 그 자리에서 쫓겨나야 했다. 그들은 곧 친위대원이나 수용소장 들과 아주 닮아갔으며, 따라서 그들과 유사한 심리학적 바탕 위에서 판단되어야 할 것이다.

강제수용소를 경험해보지 않은 사람은 수용소의 생활에 대하여 그릇된 개념을 가지기 쉽다. 감상과 연민이 뒤섞인 개념 말이다. 그런 사람은 죄수들 사이에 처절하게 벌어지는 생존을 위한 힘든 싸움에 대해 거의 모른다. 그것은 그날 그날의 먹을 것과 목숨 그 자체, 즉 자기의 목숨이나 친한 친구의 목숨을 구하기 위한 무자비한 몸부림이었다.

일정수의 죄수를 다른 수용소로 이송한다고 공식적으로 발표된 경우를 보자. 그러나 그 최종 목적지가 가스실이 될 것임은 뻔한 사실이다. 병들었거나 허약해서 노동을 할 수 없는 사람들 중에서 선발된 사람들이 가스실과 화장터가 갖춰져 있는 규모가 큰 중앙 수용소로 보내질 것이었다. 그 선발과정은 모든 죄수들간의 그리고 집단과 집단간의 제한없는 싸움에 불을 붙였다. 한 사람이 구제되면 다른 한 사람이 희생자로 채워져야 한다는 사실을 잘 알고 있으면서도, 중요한 것은 오로지 자기 이름이나 친구의 이름을 희생자 명단에서 지우는 것뿐이었다.

매번 수송 때마다 끌려가야 하는 죄수의 숫자는 분명하게 정해져 있었다. 죄수란 한낱 번호에 지나지 않았으므로 누가 수송되느냐 하는 것은 전혀 문제가 되지 않았다. 죄수들은 수용소에 수용되자마자 다른 소유물과 함께 자신들에 관한 모든 서류들을 압수당했다(적어도 아우슈비츠에서는 그렇게 했다). 따라서 죄수들은 저마다 가짜 이름과 가짜 직업을 지어낼 수 있는 기회를 가지게 되었으며, 여러 가지 이유로 많은 사람들이 그렇게 했다. 수용소 당국이 관심을 가지고 있는 것은 오로지 포로들의 번호뿐이었다. 이 번호들은 대개 몸에 문신으로 새겨지는 경우가 많았으며, 바지나 상의 또는 외투의 일정한 자리에다 실로 꿰매기도 하였다. 감시병들이 어떤 죄수를 고발하려고 할 때면 그 죄수의 번호를 슬쩍 보기만 하면 되었다(그 눈빛에 우리는 얼마나 몸을 떨었던가!). 이름을 묻는 법은 절대 없었다.

이제 막 출발하려고 하는 수송대로 되돌아 가보자. 거기에는 도덕이나 윤리적인 문제 따위를 고려해 볼 시간도 없고 또 그럴 생각도 전혀 없었다. 모두가 하나같이 오직 한 가지 생각에만 매달려 있었다. 집에서 자기를 기다리고 있을 가족들을 위해 자신의 목숨을 지키고, 또 친구를 구해주자는 생각뿐이었다. 그렇기 때문에 주저 없이 그는 자기 대신 다른 죄수 즉 다른 "번호"를 수송자 명단에 집어넣는 것이다.

이미 말했듯이, 카포들을 선발하는 과정은 음성적이었다. 죄수들 가운데에서 가장 잔인한 자들에게만 이 직책이 주어졌다(다행히 예외도 더러 있긴 했지만). 그러나 친위대원이 선발하는 것은 별문제로 하고, 모든 죄수들 사이에 일종의 자체 선발이 내내 행해지고 있었다. 대개 보면, 몇 년간 수용소를 이곳 저곳 끌려 다닌 끝에 생존을 위한 싸움에서 양심의 가책이라고는 손톱만큼도 남아있지 않게 된 죄수들만이 살아남을 수가 있었다. 그들은 자신을 구하기 위해서라면 알게 모르게 모든 수단 방법을 가리지 않을 준비가 되어 있었다. 정당한 수단이든 그렇지 않은 것이든, 심지어는 야만적인 폭력, 도둑질에, 친구까지도 배반했다. 운이 좋았다고 할까, 아니면 기적이라고나 할까—뭐라고 하든 상관없지만—하여튼 살아서 돌아온 우리들은 알고 있다. 우리들 중 가장 훌륭한 사람들은 돌아오지 못했다는 것을.

강제수용소에 관한 사실적 설명들은 이미 많이 기록되어 있다. 여기에서는 사실(facts)이란 한 인간의 체험의 일부가 될 때에만 의미를 가지게 된다는 것을 보여주려 한다. 앞으로 전개되는 글에서 바로 이러한 체험들의 본질을 정확하게 기술해 보고자 한다. 수용소 생활을 경험해 본 사람들을 위해서는, 그들이 체험한 것을 현재의 인식에 비추어 설명해 주려고 한다. 그리고 수용소 생활을 한번도 경험해 보지 않은 사람들에게는, 수용소에서 살아남은 몇 안

되는 죄수들이 겪었던 일들과 현재 생활에 몹시 적응하기 힘든 그들의 처지를 알아주고 무엇보다도 그들을 이해하는 데에 이 글이 도움이 될 수도 있을 것이다. 과거에 죄수였던 사람들은 이렇게들 말하곤 한다. "우리는 우리의 경험에 대해 이야기하는 걸 좋아하지 않는다. 수용소에 있어 본 사람들에게는 설명이 전혀 필요없고, 다른 사람들은 그때 우리가 어떻게 느꼈는지 그리고 지금은 어떻게 느끼고 있는지를 이해하지 못할 테니까."

이 문제를 조리있게 설명하려는 것은 마치 심리학이 과학적으로 초연한 태도를 가질 것을 요구하는 것만큼이나 매우 어려운 일이다. 그러나 그 자신이 죄수로 있는 동안 관찰한 것을 말하는 사람이 과연 그러한 초연한 태도를 가질 수 있겠는가? 그러한 태도는 경험해보지 않은 사람들에게는 허용되지만, 진정 무엇이 중요한 가치를 가지는가에 대해 그는 거리가 멀다. 오직 수용소에 있어본 사람만이 알 수 있다. 그의 판단은 객관적이지 못할 수도 있으며, 그의 평가는 균형을 잃을 수도 있다. 무엇을 시도할 때는 반드시 어떠한 개인적인 편견도 피해야 하는데, 이런 종류의 책이 가지는 진짜 어려움은 바로 거기에 있다. 때로는 매우 내밀한 체험을 털어놓을 수 있는 용기가 요구되기도 한다. 나는 이 책을 나의 죄수 번호만 밝히고 익명으로 쓰려고 했었다. 그러나 원고가 다 완성되자, 익명으로 출판하면 그 가치가 반으로 줄어든다는 것을 알게 되었고, 따라서 나의 신념을 공개적으로 진술할 용기를 가져야 한다는 것을 알게 되었다. 그래서 나는 과시하는 버릇을 몹시 싫어함에도 불구하고 어느 한 구절이라도 빠질세라 세심한 주의를 기울였다.

나는 이 책의 내용에서 순수한 이론을 추출해내는 일은 다른 사람들에게 맡기겠다. 이런 이론들은 감옥생활의 심리상태 연구에 크게 기여하게 될 것이며, 이것은 제2차 세계대전 이후 조사 연구되었고, 우리에게는 "철조망병(barbed wire sickness)"이라는 증후군으로 잘 알려져 있다. 우리가 "대중의 정신 병리학"(르봉(LeBon)이 쓴 책의 제목이기도 한 잘 알려진 말은 약간 바꾸어 인용해 본다면)에 관해 많은 것을 알게 된 것은 제2차 세계대전 덕분이다. 그 전쟁은 우리에게 신경전(the war of nerves)을 제공했고 강제수용소를 선사했기 때문이다.

이 이야기는 평범한 죄수였던 나 자신이 체험한 것으로서, 나는 수용소에서 마지막 몇 주일을 제외하고는 정신과 의사로서는 물론이고 그냥 의사로서도 고용된 적이 없었으며, 이 점에 자부심을 가지고 말할 수 있는 것이 내겐 무엇보다 중요하다. 나의 동료들 중 두세 명은 운이 좋아서 난방이 형편없는 응급실에서나마 휴지 조각으로 붕대를 만드는 일을 했다. 그러나 나는 죄수 번호 119104번이었으며, 대부분의 시간을 철로에서 땅을 파고 선로를 부설하는 일을 하고 있었다. 한번은 길 밑으로 수도관을 묻느라고 갱도를 파는 일을 아무 도움도 없이 나 혼자서 했다. 이런 일을 하고 나면 반드시 보상을 받게 되어 있었다. 마침 1944년 크리스마스 직전이었고, 나는 소위 "상품권"을 받았다. 이것은 우리가 사실상의 노예로 팔려간 건설회사에서 발행한 것이며, 회사는 수용소 당국에 죄수 한 사람당, 그리고 일당으로 정해진 임금을 지불했다. 회사는 배급권 한 장당 50페니히씩을 지불했으며, 우리는 그것을 담배 6개비와 바꿀 수 있었다. 비록 몇 주일 뒤에는 휴지가 되어버리는 수도 종종 있긴 했지만. 어쨌든 나는 담배 12개비의 가치를 가진 상품권의 자랑스런 주인이 되었다. 그러나 더 중요한 것은 그 담배로 열 두 그 릇의 국물과 바꾸어 먹을 수 있다는 것이고, 그것은 또 종종 굶주림 을 한동안 면하게 해준다는 사실이었다.

실제로 담배를 피울 수 있는 특권은 매주 일정량의 담배 배급권 을 받고 있었던 카포들에게나 보장된 것이었다. 아니면 창고나 작 업장의 감독으로 일하는 죄수와 힘든 일을 하는 대가로 담배 두세 개비를 받는 죄수들이나 할 수 있는 일이었다. 한 가지 예외가 있다 면, 살고자 하는 의지를 상실하고 생애 최후의 며칠간을 즐기고 싶 어하는 사람들뿐이었다. 그러므로 동료 죄수 하나가 자기 담배를 피우는 것을 보면 우리는 그가 더 이상 버텨 나가고자 하는 의지를 포기했다는 걸 알게 되었으며, 일단 상실하고 나면, 살고자 하는 의 지는 좀처럼 회복되지 않았다.

많은 죄수들이 관찰하고 체험한 결과로 축적된 방대한 자료들을 검토해 보면 수용소 생활에 대한 재소자들의 정신적 반응이 3단계로 나누어지는 것을 분명히 알 수 있다. 수감 직후의 시기, 틀에 박힌 수용소 생활에 잘 적응하게 된 시기, 그리고 구출되고 해방된 직후 의 시기이다.

첫 번째 단계를 특징짓는 징후는 충격이다. 어떤 상황에서는 죄 수가 수감되기 전부터 이미 충격을 받을 수도 있다. 나 자신이 수감 되던 상황을 예로 들어보겠다.

1,500명이 며칠 낮과 밤을 기차로 여행하고 있었다. 한 차량에 80명씩이나 타고 있었으므로, 모두들 자기 짐 위에 올라앉아야 했 다. 짐이라고 해야 자기의 개인 소유물 중 얼마 남지도 않은 것이었 다. 차안은 사람과 짐들로 꽉 차서 조금 남아있는 창문 맨 꼭대기

부분으로 새벽의 희끄무레한 빛이 겨우 들어오고 있었다. 우리는 모두 기차가 어떤 군수 공장으로 가는 것이라면 좋겠다고 생각했다. 그러면 그곳에서 우리는 강제 노동자로 일하게 될 것이었다. 우리가 아직도 실레지아에 있는 건지 아니면 벌써 폴란드로 들어섰는지 전혀 알 수가 없었다. 기적 소리가 기분 나쁘게 울렸다. 그것은 마치 지옥으로 끌려갈 운명인 불행한 짐을 진 자들을 동정하여 도움을 구하는 울부짖음 같았다. 그러더니 기차가 덜컹 하고 선로를 바꾸었다. 주(主) 정거장이 가까워지고 있는 것이 분명했다. 잔뜩 겁먹은 승객들 사이에서 별안간 고함 소리가 터져 나왔다. "저기 팻말이 보인다. 아우슈비츠다!" 그 순간 우리는 모두 심장이 얼어붙는 것을 느꼈다. 아우슈비츠—그 이름은 바로 온갖 공포의 상징이었다. 가스실, 화장터, 대학살 등. 천천히, 거의 멈출 듯 멈출 듯 하면서, 기차는 마치 자기가 실어온 사람들에게 그 끔찍한 현실을 될 수 있는 한 오랫동안 면하게 해 주려는 듯 그렇게 움직였다. 아우슈비츠였다!

새벽이 밝아오면서 거대한 수용소의 윤곽이 드러나기 시작했다. 몇 겹으로 둘러쳐진 길게 뻗은 철조망 울타리, 감시탑, 탐조등, 그리고 잿빛 여명 속에, 곧게 뻗어 있는 황량한 길을 따라, 아직 우리는 알 수 없는 어떤 목적지를 향해 끌려가고 있는, 누더기를 걸친 음울한 인간들의 기나긴 행렬. 들리는 건 명령하는 고함 소리와 호루라기 소리뿐. 그 모습이 무엇을 의미하는지 그때 우리는 알지 못했다. 사람들이 대롱대롱 매달려 있는 교수대를 상상하자 등골이 오싹했다. 그래도 그 정도면 아주 괜찮은 것이었다. 왜냐하면 우리는 한 걸음 한 걸음 옮길 때마다 끔찍하고 엄청난 공포에 익숙해져야만 했으니까.

마침내 우리는 역구내로 들어섰다. 최초의 정적은 고함치는 명령 소리에 곧 깨졌다. 그때부터 우리는 어느 수용소엘 가든 그 거칠고 째지는 고함 소리를 듣고 또 들어야 했다. 그 소리는 제물이 된 짐 승의 최후의 울부짖음과 아주 비슷했으나, 한 가지 다른 점이 있었 다. 그것은 마치 계속 그렇게 고함을 질러대야 하는 사람, 계속해서 죽임을 당하고 또 당하는 사람의 목구멍에서 나오는 듯한, 신경을 몹시 건드리는 새된 소리였다. 찻간의 문이 벌컥 열리더니 한 열 명 쯤 되는 죄수들이 우르르 뛰어 올라왔다. 그들은 줄무늬 죄수복을 입고 머리를 빡빡 깎았으나, 그런 대로 영양은 좋아 보였다. 그들은 유럽 각 나라 말로 이야기했으며, 이따금 농담도 섞어가며 말을 했 는데, 그 상황에서는 그게 오히려 그로테스크하게 들렸다. 물에 빠 진 사람이 지푸라기라도 잡는 격으로, 나의 타고난 낙천주의(아무 리 절망적인 상황에서도 나는 감정을 곧잘 통제하곤 한다)는 이런 생각에 매달렸다. '이 죄수들은 아주 좋아 보인다, 이들은 기분도 좋아 보이고 웃기까지 한다, 누가 알겠는가, 나도 어쩌면 저들처럼 용케 혜택받는 지위에 놓이게 될지도 모르지 않는가'

정신의학에서는 "집행유예 환상(delusion of reprieve)"이라는 상 태가 있다. 형을 선고받은 사람이 형 집행 직전 마지막 순간에 집행 이 유예될지도 모른다는 환상을 갖는 것을 말한다. 우리도 역시 한 가닥 희망에 매달려서 최후의 순간을 믿었다. 그리 나쁘지는 않을 거 라고. 그 죄수들의 불그레한 뺨과 통통한 얼굴을 본 순간 우리는 커 다란 용기를 가지게 되었다. 그때 우리들 중에는, 그들이 특별히 선 택된 정예부대로 몇 년 동안 매일같이 기차에 실려 이 역으로 들어오는 새로운 수송객들을 맞이하는 접대원이라는 것을 아는 사람은 거의 없었다. 그들은 새로 도착한 사람들과 그들의 짐을, 즉 진귀한 물건이나 밀수한 보석을 포함한 모든 것을 맡았다. 아우슈비츠는 그래서 전쟁이 끝나갈 무렵 유럽에서는 아주 묘한 곳이 되었을 것이다. 금이나 은, 백금, 다이아몬드 같은 진귀한 보물들이 거대한 창고들에는 물론이고 친위대원들의 수중에도 틀림없이 있었을 것이다.

1,500명이나 되는 포로들을 기껏해야 200명 정도나 겨우 들어갈 가축 우리 같은 곳에 집어넣었다. 우리는 추위와 굶주림에 시달렸으며, 방안은 눕기는커녕 맨 땅바닥에 쪼그리고 앉을 만한 자리도 없었다. 140 그램 정도의 빵 한 조각이 나흘 동안의 유일한 식량이었다. 그런데 나는 이 건물을 담당하고 있는 고참 죄수들이 백금과 다이아몬드로 만들어진 넥타이핀을 놓고 접대원 한 명과 흥정하는 소리를 들었다. 이익은 대부분 슈납스(schnaps-화주, 브랜디:역주)와 바꾸어지곤 했다. "신나는 하루 저녁"을 보낼 만큼의 슈납스를 구하는 데에 필요한 돈이 몇 천 마르크나 했는지 더 이상 기억할 수가 없다. 그러나 장기수들에게는 슈납스가 필요했다는 것은 잘 안다. 그런 상태에서 자신을 마취시키려 한다고 해서 누가 그들을 비난할 수 있겠는가? 친위대원들로부터 거의 무제한으로 술을 공급받고 있는 또 다른 죄수 집단이 있었다. 가스실이나 화장터에서 일하는 사람들로, 그들은 언젠가는 새로 교체되는 사람들에 의해 자신들이 밀려날 것이며, 그러면 사형집행인이라는 강요된 역할에서 물러나야만 하고 바로 자기자신들이 희생되리라는 사실을 아주 잘 알고 있었다.

함께 수송되어 온 우리들 모두가 자기는 집행유예를 받게 될 것이며, 또 모든 일이 잘 될 것이라는 환상 속에 있었다. 우리는 곧 닥쳐오게 되어 있는 그 장면 뒤에 숨겨진 의미를 깨닫지 못하고 있었다. 우리는 짐을 기차 안에 그대로 놔두고, 밖으로 나가서 두 줄로—여자 한 줄, 남자 한 줄—나누어 서라는 명령을 받았다. 친위대 고급 장교 앞을 줄지어 지나가기 위해서였다. 매우 놀랍게도, 이때 나는 식량 자루를 외투 밑에 감출 용기를 가졌다. 내가 선 줄은 한 사람 한 사람씩 그 장교 앞을 줄지어 지나갔다. 만약 그 장교가 내 자루를 눈치채는 날에는 위험하게 되리라는 것쯤은 나도 알고 있었다. 그는 아마 최소한 나를 때려눕히리라. 이전의 경험에 비추어서 충분히 있을 수 있는 일이었다. 그 장교 앞으로 다가갈수록 나는 본능적으로 몸을 더 꼿꼿이 세웠다. 내 무거운 짐을 눈치채지 못하게 하려고. 잠시 후 나는 그와 얼굴을 마주하고 섰다. 그는 키가 컸고 호리호리해 보였으며 몸에 잘 맞는 제복에는 주름 하나 없었다. 오랜 여행 끝이라 온통 구겨지고 꾀죄죄한 우리와는 얼마나 대조적인가! 그는 왼손으로 오른쪽 팔꿈치를 받쳐든 채로 무심하고 느긋한 모습을 보이고 있었다. 오른손을 들고서, 검지로 아주 여유 있게 오른쪽 또는 왼쪽을 가리켰다. 그 사람이 손가락으로 이번엔 오른쪽을, 다음엔 왼쪽을, 그러나 왼쪽을 훨씬 더 많이 가리키는 그 작은 움직임 뒤에 숨어있는 불길한 의미를 우리는 아무도 전혀 알아차리지 못했다.

이윽고 내 차례가 되었다. 오른쪽으로 보내지는 것은 노동을 뜻하고, 왼쪽은 병자나 일할 능력이 없는 사람들로 그들은 특별 수용소로 보내질 거라고 누군가가 나에게 속삭였다. 나는 일이 되어 가는 대로 내맡기고 기다릴 뿐이었다. 앞으로 내게 닥칠 수많은 그런

순간들 중 최초의 순간을. 식량 자루의 무게 때문에 나는 왼쪽으로
조금 기울어졌으나 똑바로 걸으려고 애를 썼다. 그 친위대 장교는
나를 훑어보더니 잠시 망설이는 듯하다가, 두 손을 내 어깨 위에 올
려놓았다. 나는 빈틈을 보이지 않으려고 무진 애를 썼다. 그는 내가
오른쪽을 향해 설 때까지 내 어깨를 천천히 돌렸다. 그런 다음 나는
오른쪽으로 가게 되었다.

그 손가락 게임이 얼마나 의미심장한 것이었는지 그날 저녁이 되
어서야 알게 되었다. 그것은 첫 번째 선발이었으며, 우리의 생사를
결정하는 최초의 판결이었다. 이번에 수송된 사람들의 대부분, 즉
약 90%에게 있어 그것은 죽음을 의미했다. 그들에 대한 선고는 불
과 몇 시간 안에 집행되었다. 왼쪽으로 보내진 사람들은 역에서 곧
장 화장터로 끌려갔다. 그 건물은, 그곳에서 일하는 어떤 사람이 내
게 들려준 이야기로는, 문에 유럽의 몇 나라 말로 "목욕탕"이라고
써 붙여 놓았다고 한다. 죄수들이 그 안에 들어가면 비누 한 조각씩
을 손에 쥐어 주고, 그런 다음—다행스럽게도 나는 그 다음에 일어
난 일에 대해서는 말하지 않아도 된다. 이 끔찍한 일들에 대해 쓴
글은 많이 있으니까.

이번 수송에서 살아남은 몇 안 되는 우리들은 그날 저녁 진실을
알게 되었다. 나는 고참 죄수에게, 잠시나마 그곳에 함께 있었던 내
동료이며 친구인 P는 어디로 보내졌느냐고 물어보았다.

"그 사람 왼쪽으로 보내졌소?"

"그렇소." 나는 대답했다.

"그렇다면 그가 저기 보일 거요." 하는 소리가 들렸다.

"어디요?" 그러자 누군가가 손으로 2, 3백 야드 밖에 있는 굴뚝

을 가리켰다. 그 굴뚝에서는 한 줄기 불꽃이 폴란드의 잿빛 하늘로 뿜어 나오고 있었다. 그 불꽃은 불길한 연기 구름이 되어 사라졌다.

"저게 당신 친구가 있는 데요, 하늘로 둥실 떠올라가고 있는 거." 이것이 대답이었다. 그러나 쉬운 말로 설명해 줄 때까지 나는 계속 이해하지 못하고 있었다.

나는 일의 순서를 뒤바꾸어 이야기하고 있다. 심리학적 관점에서 볼 때, 정거장에 도착한 그 날 새벽 동틀 무렵부터 수용소에서 최초의 밤을 지낼 때까지 우리는 길고도 긴 과정을 겪었다.

총을 든 친위대 감시병들의 호위를 받으며, 우리는 역에서부터, 고압 전류가 흐르는 철조망을 지나, 수용소를 가로질러 소독실까지 뛰었다. 첫 번째 선발을 통과한 우리들에게, 이것은 진짜 목욕이었다. 우리들의 집행유예 환상은 더욱 굳어졌다. 친위대원들은 대개 호의적으로 보였다. 우리는 곧 그 이유를 알게 되었다. 그들은 우리의 손목 시계를 보고는 그 시계를 자기에게 달라고 좋은 말로 구슬리는 동안에만 친절했던 것이다. 어쨌든 우리는 모든 것을 넘겨주지 않으면 안 될 것이다. 그렇다면 보다 더 친절한 사람에게 시계를 내주면 왜 안 되겠는가? 어느 날 그가 보답을 하게 될지도 모르는 일 아닌가.

우리는 소독실로 가기 전의 대기실처럼 보이는 어떤 오두막에서 기다렸다. 친위대원들이 나타나더니 담요를 펼쳤다. 우리는 가지고 있는 것 전부를, 즉 시계와 보석을 전부 그 속에 던져 넣어야 했다. 우리들 중에는 아직도 순진한 죄수들이 있었다. 그들은 그곳의 조수로 일하는 오래된 죄수들에게 혹시 결혼 반지라든가 메달이라든가 부적 같은 것은 갖고 있을 수 없겠느냐고 물어서 그들의 웃음거리가 되었다. 모든 것은 압수되고 만다는 사실을 그 누구도 아직은 납득할 수가 없었던 것이다.

나는 한 고참 죄수에게 나의 비밀을 털어놓으려고 했다. 그의 곁으로 살며시 다가가서, 내 외투 안주머니에 들어 있는 원고 뭉치를 가리키면서 말했다. "저, 이건 과학서적의 원고랍니다. 당신이 무슨 말을 할지 잘 압니다. 목숨을 건진 것만도 감사해야겠지요. 또 그것이 내가 기대할 수 있는 전부일 겁니다. 하지만 저로서는 어쩔 수가 없습니다. 어떤 대가를 치르더라도 이 원고를 간직해야 합니다. 이건 내 필생의 작품이거든요. 그걸 이해하시겠습니까?"

옳지, 그는 이해하기 시작했다. 빙글거리는 웃음이 천천히 그의 얼굴에 퍼지면서, 처음에는 동정하고, 다음에는 좀 재미있어 하다가, 비웃고, 경멸하더니, 내 질문에 대한 대답으로 외마디 소리를 꽥 질렀다. "빌어먹을 놈!" 이 말은 수감자들 사이에서는 지금까지도 사용되고 있는 낱말이다. 그 순간 나는 평범한 진리를 알게 되었으며, 나의 심리학적 반응 가운데 제1 단계의 절정에 달한 특징을 보였다. 지금까지의 내 인생 전부가 말살된 것이었다.

갑자기 내 동료 여행자들이 술렁거렸다. 그들은 창백하고 잔뜩 겁먹은 얼굴로 모여 서서는 무력하게 수군거렸다. 다시 쉰 목소리로 고함치는 명령 소리가 들렸다. 우리는 주먹질을 받아가며 목욕탕에 붙어 있는 대기실로 쫓겨 들어갔다. 거기에서 우리는 우리가 모두 들어오기를 기다리고 있는 친위대원 주위에 모여 섰다. 그러자 그가 말했다. "2분간 시간을 주고, 내 시계로 시간을 재겠다. 이 2분 동안에 너희들은 옷을 완전히 벗어서 가지고 있는 모든 것을 자기가 서 있는 자리에 내려놓도록 해라. 신발, 허리띠, 바지 멜빵 외에는 아무것도 가져선 안 된다. 탈장대는 괜찮다. 시간을 재겠다—시작!"

상상할 수 없이 빠른 손놀림으로 사람들은 옷을 벗기 시작했다. 시간이 지날수록 우리는 점점 더 신경질적으로 되어 갔고, 속옷, 허리띠, 구두끈 들을 아무렇게나 잡아당겼다. 그러자 우리들 귀에 첫번째 채찍질 소리가 들려왔다. 가죽 채찍이 벌거벗은 몸뚱이들 위로 사정없이 떨어졌다.

그 다음으로 우리는 몸의 털을 깎는 다른 방으로 우르르 몰려갔다. 머리털만 깎는 것이 아니라 온몸에 있는 털이란 털은 한 오라기도 남기지 않았다. 그런 다음 샤워를 하기 위해 다시 줄을 섰다. 거의 서로를 알아보기가 어려웠다. 그러나 어떤 사람들은 진짜 물줄기가 떨어지는 것을 보고는 크게 안심을 하기도 했다.

차례를 기다리고 있는 우리들은 자신들이 벌거숭이가 되었다는 사실을 뼈저리게 느꼈다. 우리는 맨몸뚱이 외에는 정말로 아무것도 가진 것이 없었다—심지어 솜털 하나도. 우리가 가진 것이라고는 글자 그대로 발가벗은 존재, 그것이 전부였다. 이전의 삶과 연결될 수 있는 물건으로서 우리에게 남아있는 것이 무엇이 있었던가? 나에게는 안경과 허리띠가 있었으나, 허리띠는 나중에 빵 한 조각과 바꿔야 했다. 탈장대를 가지고 있는 사람들을 위해서는 별도의 조그마한 소동이 기다리고 있었다. 그 날 저녁 우리 임시 막사의 담당자인 한 고참 죄수가 일장 연설로 우리를 환영했다. 그 연설에서 그는 자기의 명예를 걸고 맹세하겠다고 하며, 누구든지 탈장대 속에다 돈이나 보석을 꿰매어 감춘 사람은 개인적으로 저 "대들보"—그것을 가리키며—에 목을 매달겠다고 했다. 그러면서 자기는 고참자로서 수용소 규칙에 따라 그럴 권리를 위임받았다고 자랑스럽게 설명했다.

신발과 관련된 대목에서도 문제는 그리 간단하지가 않았다. 비록 신발을 가질 수 있기는 했지만, 좋은 신발을 가진 사람은 결국에는 빼앗겨야만 했고 그 대신 발에 맞지도 않는 신발을 얻어 신어야 했다. 그런데 대기실에서 고참 죄수들의 그럴듯한 호의적인 충고를 들은 죄수들은 진짜 곤욕을 치렀다. 그들은 긴 장화의 윗부분을 잘라 짧게 만든 다음 칼자국을 없애려고 비누로 문질렀다. 친위대원들은 바로 그렇게 하기를 기다리고 있었던 것 같다. 그들은 용의자들을 모두 옆에 붙은 방으로 끌고 들어갔다. 잠시 후 채찍질하는 소리와 고통을 못 이겨 지르는 비명 소리가 들렸다. 이번에는 상당히 오랫동안 오래 계속되었다.

이리하여 우리들 중 몇몇이 가지고 있던 환상들은 하나 하나 무너졌으며, 그리고 나자, 아주 뜻밖에도, 냉혹한 농담이 우리들을 지배했다. 우리는 정말이지 우스꽝스럽게도 벌거숭이가 된 인생 외에는 잃을 것이 없음을 알았다. 물줄기가 쏟아지기 시작하자, 우리는 모두 자기 자신에 대하여 그리고 서로 서로에 대하여 농담을 하며 명랑해지려고 애를 썼다. 결국, 진짜 물이 흘러나오고 있지 않은가!

그 이상한 종류의 농담 말고도 우리를 사로잡은 감각이 또 하나 있었다. 그것은 호기심이었다. 낯선 환경에 대한 기본적인 반응으로서의 이런 종류의 호기심을 전에 경험해 본 적이 있었다. 언젠가 등반 사고로 내 목숨이 위태롭게 되었을 때, 나는 그 위급한 순간에 오직 한 가지 감각밖에 없었다. 그것은 호기심이었다. 내가 살아있는 건가, 아니면 두개골이 박살났나, 그것도 아니면 다른 데에 상처를 입었나 하는 호기심.

차가운 호기심은 아우슈비츠까지도 지배했다. 죄수들은 자신이 처한 주위의 환경으로부터 벗어나 일종의 객관성을 가지고 주위를 보게 되었다. 그럴 때 사람은 자기 보호의 수단으로 이러한 상태의 마음가짐을 익히게 된다. 우리들은 다음에는 무슨 일이 일어날까 하고 몹시 궁금해했다. 예를 들어, 샤워를 하고 난 뒤 아직 물에 젖은 채 실오라기도 걸치지 않은 알몸으로 늦가을의 차가운 대기 속에 서 있으면 그 결과가 어떻게 될까 몹시 알고 싶어했다. 며칠 안에 우리의 호기심은 놀라움으로 바뀌었다. 우리는 감기에도 걸리지 않았던 것이다.

수용소에 새로 도착하는 사람들에게는 이와 비슷한 놀라움들이 많이 기다리고 있었다. 우리들 가운데 의사들이 무엇보다 먼저 터득하게 되는 것은 "교과서는 거짓말을 하고 있다!"라는 사실이었다. 교과서 어딘가에 사람은 일정한 시간 이상 잠자지 않으면 생존할 수가 없다고 적혀 있다. 아주 잘못된 것이다! 나도 전에는 무슨 일이 있어도 할 수 없는 일들이 있다고 확신했다. 이것이 없으면 잠을 잘 수가 없고, 저것이 없으면 살 수 없다는 둥. 아우슈비츠에서의 첫날밤을 우리는 층층이 쌓아올린 침대에서 잠을 잤다. 폭이 6.5피트에 길이 8피트인 아무것도 깔지 않은 맨 널빤지 위에서 9명씩 잠을 잤고, 9명에 담요 두 장씩이 배당되었다. 우리들은 물론 옆으로 누울 수밖에 없었으며, 서로 몸을 꼭 붙이고 비비며 자야 했다. 혹독하게 추운 날씨였으므로 그렇게 하는 것이 오히려 도움이 되기도 했다. 신발을 잠자리에 가지고 들어오는 것이 금지되어 있었지만, 어떤 사람들은 진흙투성이가 된 신발을 가지고 들어와서 몰래 베고 자기도 했다. 그렇게 하지 않으면 관절이 툭 불거진 앙상한 팔을 구부려 팔베개를 베고 자는 수밖에 없었다. 그런데도 잠은

쏟아져서 몇 시간이나마 고통을 잊을 수 있었다.

나는 우리가 얼마나 많이 참고 견딜 수 있는가에 관한 몇 가지 놀라운 일에 대해 이야기하고 싶다. 우리는 이를 닦을 수 없었고, 심한 비타민 결핍증에 걸려 있었지만 잇몸은 이전의 그 어느 때보다도 건강했다. 또 셔츠 한 장을 반 년 동안이나 입고 있었는데, 나중에는 셔츠인지 뭔지 알아볼 수도 없을 정도였다. 수도관이 꽁꽁 얼어붙어서 몇 날이고 세수는커녕 손 한 번 제대로 씻지 못하는 일도 있었지만, 흙일을 하다가 더러워진 손에 상처가 나도 그 상처가 곪는 일은 없었다(동상은 제외하고). 또는 옆방에서 들리는 아주 작은 소리에도 잠이 깨곤 하던 사람이 이제는 자기와 마주 누워 있는 사람이 귀에다 대고 드르렁거리며 코를 골아대도 세상 모르고 잠을 잔다.

인간은 무엇에든 잘 적응하는 존재라고 단호하게 정의한 도스토예프스키의 말에 대해, 만일 누군가가 우리에게 물어온다면 우리는 이렇게 대답할 것이다. "네, 인간은 무엇에나 잘 적응하지요. 그러나 우리가 어떻게 적응했는가는 묻지 마십시오." 그러나 우리의 심리학적 연구는 아직 그것까지 말할 단계에는 이르지 못하고 있으며, 우리 죄수들 또한 그 문제에는 이르지 못하고 있었다. 우리는 여전히 심리적 반응의 제1 단계에 머물러 있는 것이다.

자살할 생각은 거의 누구나 순간적으로라도 다 가지고 있었다. 그것은 희망이 전혀 없는 상황에서 생겨났으며, 언제 어떻게 죽을지 모르는 끊임없는 죽음의 위협이 언제나 우리 위에 거대한 그림자를 드리우고 있었다. 그리고 죽음이 항상 곁에 있다는 것이 오히려 다른 많은 일들을 참을 수 있게 했다. 나는 개인적인 신념에서 수용소에 도착한 첫날 저녁 "철조망으로 달려가는" 일은 하지 않겠다고 내 자신과 굳게 약속했다. 이 신념에 대해서는 나중에 다시 말하겠다. "철조망으로 달려가는"이라는 말은 수용소 안에서 가장 널리 사용되는 자살방법을 표현하는 말이다— 전류가 흐르는 철조망 울타리에 몸을 갖다 대기만 하면 되니까. 이런 결심을 하게 된 것이 나로서는 전혀 어려운 일이 아니었다. 자살을 한다는 것은 거의 의미가 없었다. 그저 평범한 죄수로서는 아무리 객관적으로 생각해 보고, 있을 수 있는 온갖 기회를 다 계산해 보아도 살아남을 가능성이란 정말 희박했기 때문이다. 죄수들은 모든 선발에서 살아남을 몇 안 되는 사람들 사이에 자신이 끼기를 바랐으나 그것은 희망일 뿐이었다. 아우슈비츠의 죄수는 충격의 제1 단계에서 이미 죽음을 두려워하지 않게 되었다. 심지어는 가스실까지도 처음 며칠이 지난 뒤에는 더 이상 공포의 대상이 아니었다. 결국 가스실이 있으므로 굳이 자살할 필요가 없는 것이다.

나는 수용소에 끌려간 충격으로 크게 기죽은 사람들 축에는 들지 않았었다고, 전쟁이 끝난 뒤 다시 만난 친구들이 내게 말해 주었다. 우리가 아우슈비츠에서 맞이한 이틀째 아침에 일어난 에피소드를 보면서 나는 그저 웃기만 했다. 정말이지 진심으로. 자기의 "구역"을 떠나지 말라는 엄격한 지시가 있었음에도 불구하고, 우리보다 몇 주일 먼저 아우슈비츠에 도착한 내 동료 한 사람이 우리의 임시 막사로 몰래 숨어 들어왔다. 뼈만 앙상하게 남은 모습이어서 처음에는 그를 알아보지도 못할 정도였다. 그는 우리더러 조용히 하고 마음을 편히 가지라면서, 우리가 당장 알아두어야 할 은밀한 정보를 두어 가지 일러주었다. "겁내지 말게! 선발을 두려워하지 말라구! M 박사(친위대 의무대장)는 의사들에게 잘해 주는 편이니까."(이 말은 옳지 않았다. 내 친구는 친절한 말로 우리를 현혹시키고 있었다. 임시 막사들 중 한 구역의 의사이며 예순 살쯤 되어 보이는 한 죄수는, 가스실로 가게 된 자기 아들을 빼달라고 자기가 M 박사에게 얼마나 간청했었는지를 내게 말했다. 그러나 그는 차갑게 거절했다는 것이다.)

"그런데 자네들에게 한 가지 꼭 당부할 것이 있네. 매일 면도를 하게. 기회만 있으면 언제든지, 하다 못해 유리 조각으로라도 말이야. 설사 남은 빵 한 조각을 포기해야 한다 해도 그렇게 해야 돼. 그러면 자네들은 좀더 젊어 보일 테고, 유리 조각에 긁힌 자국 때문에 뺨이 더 붉어 보일 거야. 살아남고 싶다면 한 가지 길밖에 없네. 일할 수 있는 것처럼 보일 것. 만일 발뒤꿈치에 물집이 생겨서 발을 절뚝거리기라도 해보게. 친위대원이 눈치채고는 옆으로 다가가서 손을 흔들어 신호를 하겠지. 그러면 자네들은 그 다음날로 가스실에서 죽게 될 게 분명해. 자네들 '회교도'가 뭔지 아나? 쓰러져서 일어나지 못하고, 쇠약해져서 비참해 보이는 사람, 그리고 더 이상 힘든 육체적 노동을 감당할 수 없는 사람…… 그게 '회교도'야. 머지않아, 대개는 얼마 못 가, '회교도'는 모두 가스실로 가게 되지. 그러니까 명심하게. 면도를 하고, 똑바로 서서 힘차게 걸어야 해. 그렇게만 하면 가스 걱정은 안 해도 될 거야. 여기 있는 자네들은 모두, 이곳에 온 지 24시간밖에 안 되긴 했지만, 가스를 두려워할 필요는 없는 것 같네. 자네만 빼고는." 그는 나를 가리키면서 말했다. "내가 솔직하게 말하는 걸 기분 나빠하지 말기 바라네." 그러고는 다른 사람들을 향해 다시 말했다. "자네들 중에서 다음 번 선발을 두려워해야 할 사람은 바로 저 사람뿐이야. 그러니 걱정 말게!"

그래서 나는 웃었다. 누구든지 그 날의 내 입장이 된다면 나와 똑같이 했을 거라고 나는 확신한다.

레싱(Lessing)이 이런 말을 했던가. "세상에는 이성을 잃지 않을 수 없게 만드는 일이 있는가 하면 전혀 아무것도 잃을 게 없는 일도 있다." 비정상적인 상황에서는 비정상적인 반응을 하는 것이 정상적인 행동이다. 우리 정신과 의사들조차도, 보호소에 수용되는 것 같은 비정상적 상황에 대한 한 인간의 반응이, 정상일 때의 정도에 비례해서 상대적으로 비정상적일 거라고 생각한다. 강제수용소에 들어가게 된 사람의 반응 또한 비정상적인 정신상태를 나타낸다. 그러나 객관적으로 판단하면 그것이 정상이며, 다음에 다시 보겠지만, 주어진 환경에 대한 전형적인 반응이다. 이 반응들은, 내가 말한 것처럼 2, 3일 안에 바뀌기 시작한다. 죄수는 첫 번째 단계에서 두 번째 단계로 넘어가는 것이다. 즉 상대적으로 냉담한 단계인데, 죄수는 이 단계에서 일종의 정서적 사멸에 도달하게 된다.

이미 얘기한 반응들 말고도, 새로 도착한 죄수는 가장 가슴 아픈 다른 감정적 고문을 경험하게 되는데, 그는 이 모든 감정들을 없애려고 애를 쓴다. 제일 먼저 찾아오는 것은 집과 가족에 대한 한없는 그리움이다. 이 그리움은 견딜 수 없이 격렬해져서 죄수는 그리움으로 자신이 소모되어 가는 것을 느끼곤 한다. 그런 후엔 혐오감이 생긴다. 자신을 둘러싸고 있는 모든 추한 것에 대한 혐오감이며, 단지 외형만 추해 보일 뿐인데도 거기에 혐오감을 갖게 된다.

대부분의 죄수들은 허수아비에게나 입히면 어울릴 듯한 넝마 같은 죄수복을 한 벌씩 받았다. 수용소 막사와 막사 사이는 오물로 뒤덮여 있었는데, 그것을 깨끗이 치우려고 애를 쓰면 쓸수록 몸에 더 많이 묻었다. 수용소에 새로 온 사람은 변소 청소와 하수도 치우는 일을 하는 작업반에 편성되는 것이 관례였다. 항상 일어나는 일이지만, 울퉁불퉁한 들판을 지나 배설물을 운반하느라면 오물이 얼굴에 튀기 마련이었다. 그렇다고 해서 죄수가 싫은 표정을 짓거나 닦아내려는 기미만 보여도 카포의 주먹 세례를 받는다. 그리하여 정상적인 반응들은 급속도로 굴욕감을 맛보게 된다.

죄수는 처음에는 다른 반 죄수들이 벌로 행진하는 것을 보면 시선을 돌렸다. 그는 동료 죄수들이 주먹질에 맞추어 움직이며 진창 속에서 몇 시간 동안이나 이리저리 행진하는 모습을 차마 볼 수가 없었던 것이다. 몇 날 혹은 몇 주일이 지나고 나면 사정은 달라진다. 이른 아침, 아직도 캄캄한 새벽에, 죄수는 자기 반 동료들과 함께 행진 준비를 마치고 문 앞에 서 있다. 그는 비명 소리를 들었고, 자기 동료 하나가 매를 맞고 쓰러졌다가는 다시 잡혀 일어나고 또다시 매맞고 쓰러지는 광경을 보았다. 그런데 왜 맞을까? 그는 열이 났는데 제때에 진료실에 보고하지 못했던 것이다. 그래서 임무에서 빠지려고 규칙을 어겼다는 이유로 벌을 받고 있었던 것이다.

그러나 심리적 반응의 두 번째 단계로 접어든 죄수는 더 이상 눈을 돌리지 않는다. 그때쯤이면 그의 감정은 무디어지고 그래서 태연하게 바라볼 수가 있다. 다른 예를 들어 보자. 그는 상처가 났거나 아니면 무슨 부종이라든가 열이 났다든가 해서 이틀쯤 수용소 안에서 가벼운 일을 할 수 있으면 좋겠다고 생각하면서 진료실에서 기다리고 있다. 그때 열두 살 난 소년이 들것에 들려오는데 그는 그것을 태연하게 바라보고 서 있다. 소년은 수용소 안에 발에 맞는 신발이 없었기 때문에 맨발로 몇 시간이나 눈 위에서 차렷 자세로 서 있기도 하고 또 맨발로 옥외 노동을 해야 했다. 그래서 그는 동상에 걸렸고, 당직 의사는 시커멓게 썩다 남은 발가락들을 족집게로 하나 하나 뽑아냈다. 역겨움, 공포, 연민 따위는 우리 구경꾼들이 더 이상 진정으로 느낄 수 없는 감정이다. 고통스러워하는 사람, 죽어가는 사람 그리고 죽은 사람 들의 모습은 수용소에서 몇 주일 지낸 사람에게는 너무나 흔해빠진 광경이 되어서 그런 광경을 보아도 더 이상 그의 마음은 동요되지 않는다.

나는 발진티푸스에 걸려 격리 막사에서 얼마동안 지낸 일이 있었다. 환자들은 심한 고열에 시달려 헛소리를 자주 했으며 많은 환자들이 거의 빈사 상태였다. 그 중 한 사람이 막 죽고 난 뒤, 곧이어 벌어진 광경을 나는 아무런 감정의 혼란없이 지켜보았다. 누군가 죽을 때마다 항상 되풀이되는 광경이었다. 죄수들은 한 사람 한 사람씩 아직도 체온이 남아있는 시체 곁으로 다가갔다. 한 사람은 죽은 사람이 먹다 남긴 지저분한 감자를 움켜잡았다. 또 한 사람은 죽은 사람의 나막신이 자기 것보다 낫다고 생각하고 바꿔 신었다. 세 번째 사람은 죽은 사람의 외투를 벗겨 갔으며, 또 다른 사람은 끊어지지 않는 진짜 구두끈을 갖게 되었다고 좋아했다. 상상 좀 해보라! 진짜 구두끈인 것이다.

이 모든 것을 나는 무관심하게 지켜보았다. 결국 나는 "간호사"에게 그 시체를 치워달라고 말했다. 그는 그렇게 해야겠다고 마음먹고는, 시체의 두 다리를 잡고서 발진티푸스 환자 50명이 침대로 쓰고 있는 널빤지들이 두 줄로 늘어서 있는 좁은 통로에다 끌어내렸다. 문 앞에는 두 개의 계단이 있었고, 이 계단을 지나야 밖으로 나갈 수 있었다. 만성적인 굶주림으로 체력이 고갈된 우리로서는 그 계단을 올라가는 것이 항상 어려운 일이었다. 계단 하나의 높이는 6인치 정도였으나, 수용소에서 몇 달을 지낸 우리는 계단을 걸어서는 올라갈 수가 없었고, 문기둥을 손으로 잡고서 몸을 끌어 올려야 했다.

시체를 끌고 간 사람은 계단으로 다가갔다. 그는 지쳐서 자기 몸도 간신히 끌어 올렸다. 그런 다음 시체를 끌어 올렸다. 처음에는 다리, 다음에는 몸통, 그리고 마지막으로 시체의 머리가 두 계단에 부딪쳐 드르르 하고 기분 나쁜 소리를 내며 끌려 올라갔다.

내 자리는 거의 바닥에 붙여서 만든 작고 하나뿐인 창문에서 두 번째 자리였다. 나는 꽁꽁 언 두 손으로 뜨거운 국물이 담긴 그릇을 움켜잡고서 홀짝홀짝 마시고 있다가 우연히 창 밖을 내다보게 되었다. 바로 조금 전에 내다버린 그 시체가 빛을 잃은 부연 눈으로 나를 물끄러미 보고 있었다. 두 시간 전에 나는 그 사람과 이야기를 나누었다. 그런데 지금 나는 국물만 계속 홀짝거리고 있는 것이다.

냉담함. 어떤 일에든 더 이상 마음을 쓰지 않을 정도로 감정과 느낌이 둔화된 상태인 냉담함은, 심리적 반응의 제2 단계가 진행되는 동안 일어나는 징후였으며, 그것은 또한 시도 때도 없이 매맞는 일에도 무감각하게 만들었다. 이 무감각이라는 것으로 죄수는 곧 꼭 필요한 보호막을 자신의 주위에 둘러쳤다.

매질은 아주 사소한 자극에도 일어났으며, 때로는 전혀 아무런 이유 없이도 일어났다. 예를 들면, 빵은 작업장에서 배급받았는데 우리는 빵을 타기 위해 줄을 서야 했다. 한번은 내 뒤에 선 사람이 한쪽으로 조금 나와 서 있었다. 그런데 균형을 잃은 이 모양새가 친위대 감시병을 그만 불쾌하게 만들고 말았다. 나는 내 뒤에서 무슨 일이 일어나고 있는지 알지 못했고, 또 친위대 감시병이 무슨 생각을 하고 있는지도 알 리 없었다. 그런데 갑자기 매 두 대가 매섭게 내 머리 위에 떨어졌다. 그제야 나는 감시병이 몽둥이를 휘두르며 내 옆에 서 있는 것을 알아차렸다. 그런 순간에 우리를 가장 아프게 하는 것은 육체적 고통이 아니다(이것은 벌받는 아이들만이 아니라 어른들도 마찬가지다). 그것은 그 모든 것이 주는 부당함과 터무니 없는 처사에 의해 야기되는 정신적인 고통이었다.

　기묘하게도, 상황에 따라서는, 상처 하나 주지 않는 타격이 눈에 보이는 상처보다 더 큰 상처를 줄 수 있다. 한번은 눈보라가 몰아치는데 철로 위에 서 있었다. 그런 날씨에도 불구하고 우리 작업반은 일을 계속해야 했다. 나는 철로에 자갈을 고르게 깔면서 정말 열심히 일을 했다. 그렇게라도 하지 않으면 체온이 떨어지는 것을 막을 방법이 없었기 때문이었다. 숨을 좀 돌리고 삽에다 몸을 기대 볼까 하고 딱 한 번 일을 멈추었을 뿐이다. 그런데 공교롭게도 바로 그때 감시병이 뒤를 돌아보고는 내가 빈둥거리고 있다고 생각했다. 그가 내게 준 아픔은 어떠한 모욕도 주먹질도 아니었다. 그는 누더기를 걸치고 비썩 마른 모습으로 자기 앞에 서 있는 이 인간에게 말은 물론이고 욕설조차도 할 가치가 없다고 생각한 모양이었다. 그에게는 아마 내가 막연하게 인간의 형상을 하고 있을 뿐이라고 생각되었을 것이다. 그는 장난하듯 돌멩이 하나를 집어들더니 나에게 던졌다. 그것이 나에게는, 마치 야수의 주의를 끈다거나 가축을 제자리로

불러들인다거나 하는, 아무튼 자기와는 공통점이라곤 전혀 없어서
벌을 줄 필요조차 없는 어떤 생물에게 하는 행위로 보였다.

　구타를 당할 때 가장 고통스러운 부분은 거기에 내포되어 있는
모욕이다. 한번은 길고 무거운 대들보 몇 개를 메고 꽁꽁 얼어붙은
철로 위로 운반해야 했다. 한 사람이 미끄러지기라도 하면, 그 사람
뿐만 아니라 같이 메고 가는 사람들 모두가 위태로워질 것이었다.
내 옛 친구 하나는 선천적으로 엉덩이뼈가 비뚤어져 튀어나왔다.
그는 그런 몸에도 불구하고 노동할 수 있는 것을 기뻐했다. 신체적
으로 부자유한 사람은 선발이 있을 때면 죽을 것이 거의 틀림없기
때문이었다. 그는 유난히 무거운 대들보를 메고서 철로 위에서 비
틀거리고 있었다. 거의 쓰러질 것 같았고, 그렇게 되면 다른 사람들
도 그와 함께 끌려 넘어질 것이었다. 그때 나는 대들보를 나르지 않
고 있었기 때문에 생각할 겨를도 없이 그를 도와주려고 달려갔다.
그 즉시 나는 등에 매를 맞았고, 거친 욕과 함께 내 자리로 돌아가
라는 명령을 받았다. 나를 때린 그 감시병은 불과 몇 분전에는 우리
를 보고 동포애도 없는 "더러운 놈들"이라고 말했었다.

　또 한번은, 숲 속에서, 영하 20도의 추위에 수도관을 묻기 위해
속까지 꽁꽁 얼어붙은 땅을 파내기 시작했다. 그때쯤 나는 몸이 많
이 쇠약해져 있었다. 얼굴이 통통하고 혈색 좋은 감독 하나가 다가
왔다. 그의 얼굴은 말 그대로 돼지 머리를 연상시켰다. 나는 그가
그런 혹독한 날씨에 굉장히 따뜻해 보이는 장갑을 끼고 있는 것을
보았다. 잠시동안 그는 아무 말 없이 나를 지켜보았다. 일이 시끄럽
게 되어 가고 있다는 것을 느꼈다. 내 앞에 쌓인 흙더미를 보면 내
가 땅을 얼마나 팠는지 알 수 있었으니까.

이윽고 그는 시작했다. "이 더러운 놈, 처음부터 너를 지켜봤어! 어떻게 일하는 건지 내가 가르쳐 주겠다! 이빨로 더러운 쓰레기를 파내게 할 테니 두고 봐라. 그럼 넌 짐승처럼 죽게 되겠지! 이틀 안에 끝장을 내 주마! 넌 평생 일이라곤 해 본 적도 없는 놈이지? 전에 뭘 했어. 이 돼지새끼야? 장사치였나?"

나는 그가 화를 내는 데에는 마음을 쓰지 않았다. 그러나 나를 죽이겠다는 위협은 진지하게 생각하지 않을 수가 없었다. 나는 몸을 꼿꼿이 세우고 그의 눈을 똑바로 들여다보았다.

"의사였소. 전문의지요."

"뭐라구? 의사? 사람들한테서 돈 깨나 긁어 모았겠구만."

"미안하지만, 나는 빈민 진료소에서 무료로 봐준 적이 많았소."

그러나 이미 나는 말을 너무 많이 했다. 그는 내게로 몸을 날리더니 미친 사람처럼 악을 쓰면서 나를 때려눕혔다. 그가 뭐라고 소리쳤는지 이제는 까맣게 잊어버렸다.

겉보기에는 감정이 굳어진 죄수라도 분개—학대나 고통에 대한 분개가 아니라 학대에 따르는 모욕에 대한 분개—할 때가 있다는 사실을 보여주려고 이런 이야기를 시시콜콜 하는 것이다. 그때 나는 내 삶에 대해 아무것도 모르는 사람이 멋대로 이러쿵저러쿵 하는 말을 들어야 했기 때문에 피가 머리로 솟구치는 것을 느꼈던 것이다. (고백해야 할 게 있다. 그 일이 있은 후 동료 죄수들에게 그 사람에 대해 다음과 같이 말하고 나자 어린애같이 마음이 풀렸다는 것을 말이다.) "그 놈은 내 병원의 외래환자 병동에서라면 간호사가 대기실에 발 들여놓지 못하게 할 만큼 야비하고 짐승 같은 놈이야."

다행스럽게도 내가 속한 작업반의 카포는 나한테 신세를 지고 있었다. 그는 내가 자기의 연애담과 부부 싸움 이야기를 들어 주자 나를 마음에 들어 했다. 그는 그런 이야기들을 멀리 떨어져 있는 작업장까지 행진해 가는 동안 내내 쉴새없이 지껄여댔다. 나는 그의 성격에 대한 진단과 정신요법적인 조언을 해주어 그에게 좋은 인상을 준 일이 있었다. 그 후로 그는 나에게 고마워하고 있었으며 그것은 이미 내게 큰 도움이 되었다. 한 작업반은 보통 280명으로 구성되어 있는데, 그는 전에도 몇 번이나 앞에서 다섯 번째 줄에 있는 자기 자리 옆에 내 자리를 마련해 주었다. 그런 호의는 정말 중요한 것이었다. 우리는 아침 일찍 아직 어둠이 채 가시기 전에 줄을 서야 했다. 늦게 도착해서 뒷줄에 서게 되는 것을 모두 두려워했다. 힘들고 궂은 일을 해야 할 일이 생기면 고참 카포가 나타나서는 자기가 필요한 인원을 뒷줄에서부터 뽑아갔다. 이렇게 뽑힌 사람들은 다른 작업장으로 끌려가야 했으며, 특히 낯선 감시병들의 명령을 받으면서 다들 하기 싫어하는 일을 해야 했기 때문이다. 때때로 고참 카포는 앞에서 다섯 번째 줄 안에서 사람들을 뽑아 가는 경우도 있었는데, 그것은 바로 약삭빠르게 행동하는 사람들을 잡아가려는 것이었다. 모든 항의와 애원은 잘 겨냥된 발길질 몇 번에 잠잠해졌고 선발된 희생양들은 고함 소리와 주먹질을 받아가면서 일할 장소로 쫓겨갔다.

그러나 나의 카포가 자기 속마음을 털어놓을 필요를 느끼는 한 나에게는 그런 일이 일어날 수가 없었다. 나는 그의 옆에 명예로운 자리를 보장받고 있었던 것이다. 그리고 이 보장된 명예석에는 또 다른 이점도 있었다. 거의 모든 수감자들처럼 나도 부종으로 고생하고 있었다. 두 다리는 퉁퉁 부었고 다리의 피부가 팽팽해져서 무를을 거의 굽힐 수 없을 정도였다. 그래서 부어오른 발에 맞도록 신발끈을 묶지 않고 풀어놓아야 했다. 설사 신을 양말이 있었다 해도 양말을 신고는 신발을 신을 수가 없었다. 그러니 부분적으로 맨살이 드러난 발은 항상 젖어 있었고 신발 속에는 언제나 눈이 가득 차 있을 수밖에. 동상에 걸리는 것은 당연한 일이었다. 한 걸음 한 걸음이 그야말로 지옥이었다. 눈에 덮인 들판을 행진해 가는 동안 신발바닥에는 얼음 덩어리가 만들어졌다. 사람들은 계속해서 미끄러졌고, 뒤따라가던 사람들은 그 위로 넘어졌다. 그러면 행렬이 잠시 동안 정지되곤 했는데 그리 오래 가지는 않았다. 감시병이 달려와서는 개머리판으로 사정없이 때려서 넘어진 사람들을 재빨리 일으켜 세우기 때문이었다. 행렬의 앞쪽에 있을수록 정지되거나 해서 방해를 받는 일이 적었고, 허비한 시간을 메우기 위해 아픈 발로 달려가지 않아도 되었다. 나는 개인적으로 카포 각하의 주치의로 지명되었고, 또한 맨 앞줄에서 일정한 속도로 행진할 수가 있어서 정말 행복했다.

내 봉사에 대한 대가는 또 있었다. 점심시간에 국물이 작업장에서 배급되는 한 그는 내 차례가 되면 국자를 통 밑바닥까지 집어넣고는 완두콩 몇 알을 건져내 주는 것을 분명히 볼 수 있었다. 전에 육군 장교였던 이 카포는 나와 다툰 적이 있는 감독에게, 자기는 평소 내가 훌륭한 노동자라고 생각한다고 귀띔해 줄 용기까지 가지고 있었다. 그가 그런다고 해서 사정이 나아지는 것은 아니었지만, 그래도 그는 어떻게든 내 목숨을 구해 주려고 애를 썼다. 많은 죽을 고비 중에서 한 번은 구제받았다. 감독과의 그 일이 있었던 다음날 그는 나를 다른 작업반에 집어넣어 주었던 것이다.

감독들 중에도 우리를 가엾게 생각해 주는 사람이 있었고 또 우리의 형편을, 적어도 건축 공사장에서만이라도 좀 편하게 해주려고 최선을 다하는 사람도 있었다. 물론 이런 사람들조차도, 일반 노동자들은 우리보다 짧은 시간에 우리보다 훨씬 더 많은 일을 한다고 끊임없이 잔소리를 해댔다. 하지만 그들은 우리가, 일반 노동자는 하루에 300그램 정도의 빵(원칙상으로는 그랬지만 실제로는 그만큼도 안 되는 때가 많았다)과 1리터도 안 되는 멀건 국물만 먹고 살지는 않는다, 일반 노동자는 우리가 감수하지 않으면 안 되는 정신적 스트레스—즉 가족들이 다른 수용소로 보내졌는지 아니면 곧바로 가스실에서 죽었는지 전혀 알 수 없는 스트레스를 받으며 살지는 않는다, 그리고 보통 노동자는 우리처럼 매일매일 그리고 순간순간 끊임없이 죽음의 위협을 받지는 않는다는 말을 하자 고개를 끄덕거렸다. 나는 어떤 인정 많은 감독에게 이런 말까지 한 적이 있다. "만일 내가 당신에게서 도로 공사 일을 배운 것만큼 짧은 시간 안에 당신이 나에게서 뇌수술 하는 법을 배운다면 당신을 높이 존경할 겁니다." 그러자 그는 씩 웃어 보였다.

냉담함, 두 번째 단계의 주요 징후인 이것은 필수적인 자기 방어 기제였다. 현실은 흐릿해지고, 모든 노력과 모든 감정은 한 가지 일에만 집중되었다. 그것은 자기자신의 목숨과 다른 동료의 목숨을 이어가는 것이었다. 그 전형적인 예가, 저녁에 죄수들이 작업장에서 수용소로 떼지어 몰려가면서 안도의 한숨과 함께 내뱉는 한 마디, "휴-, 이제 또 하루가 지났다" 하는 말이었다.

오직 살아남아야 한다는 한 가지 생각에만 끊임없이 매달려야 하고, 죄수의 내면의 삶이 원초적 수준으로 떨어지도록 강요당하는 그런 긴장상태가 어떤 것인지 쉽게 이해될 수 있을 것이다. 수감되기 전에 정신분석 교육을 받은 수용소의 내 동료들 중 몇 명은 수용소 수감자의 "퇴행(regression)"—정신생활에서 보다 원초적 형태로 퇴보하는 것—에 대해 이야기를 나누었다. 죄수의 소망과 욕망이 꿈 속에서 뚜렷해진다는 것이었다.

죄수가 가장 자주 꾸는 꿈은 어떤 것일까? 빵, 케익, 담배 그리고 따뜻한 목욕이었다. 이런 단순한 욕구들이 채워지지 않기 때문에 죄수는 꿈 속에서 욕구를 충족시키는 것이다. 이런 꿈들이 도움이 되는지 어떤지는 별개의 문제이다. 꿈을 꾼 사람은 꿈에서 깨어나 수용소 생활의 현실로 돌아와야 했으며, 현실과 환상 사이의 차이를 뼈저리게 느껴야만 했다.

어느 날 밤 나는 한 동료 죄수가 끙끙대는 소리에 잠이 깨었는데, 그날 밤 일을 결코 잊을 수 없을 것이다. 자면서 몸부림을 치는 것으로 보아 끔찍한 악몽에 시달리는 게 분명했다. 나는 항상 무서운 꿈이나 일시적인 착란 증세에 시달리는 사람들을 특히 딱하게 여기고 있기 때문에 그 가엾은 사람을 깨우려고 했다. 그러나 그를 흔들어 깨우려고 손을 뻗는 순간 소스라치게 놀라 멈칫했다. 바로 그 순간 뇌리를 스치며 지나가는 것이 있었다. 그것은 뼈저린 자각이었다. 즉 아무리 무서운 꿈, 아무리 두려운 일일지라도 우리를 둘러싸고 있는, 그리고 내가 지금 막 그 사람을 불러내려고 하는 이 수용소의 현실보다 더 나쁠 수는 없다는 것이었다.

죄수들은 심한 영양 결핍에 걸려 있었기 때문에, 음식에 대한 욕구가 주된 원초적 본능으로 정신생활 곳곳에 자리잡고 있는 것은 당연한 일이었다. 죄수들이 우연히 서로 가까이에서 일하게 되었을 때 감시가 소홀한 틈을 타서 무엇을 하는지 그들을 관찰해 보자. 그들은 대부분 그 즉시 음식에 대한 토론을 시작하곤 했다. 도랑에서 일하고 있는 한 사람이 자기 옆 사람에게 좋아하는 음식이 뭐냐고 묻는다. 그리고는 그들은 여러 가지 요리법들을 주고 받으며 다시 만나게 될 그날—해방되어 집으로 돌아가게 될 먼 훗날의 그날—을 위해 식단을 짜곤 했다. 음식이 눈앞에 보이는 것처럼 그들의 이야기는 그칠 줄 모르고 계속되었다. 그런 이야기는 대개 특별한 암호나 숫자로 통하는 "감시병이 온다"라는 경고가 도랑 속으로 전달될 때까지 계속되곤 했다.

나는 음식에 대한 토론을 위험한 것이라고 언제나 생각했다. 극도로 적은 배급량과 낮은 열량에 우리 몸이 그럭저럭 적응해 가고 있는데, 맛있는 음식에 대하여 그렇게 세밀하고 기분 좋은 상상을 함으로써 우리 신체 조직에 자극을 주는 것은 잘못된 게 아닐까? 그것은 한 순간 심리적 위안은 될 수 있겠지만 생리학적으로는 틀림없이 위험이 따르는 환상일 뿐이다.

수용소 생활 후반기에는 하루 배급량이 하루 한 번 주어지는 맹물 같은 국물과 평소와 같은 작은 빵이 전부였다. 거기에다 소위 "특별 배급"이라고 부르는 것이 있었는데, 24그램 정도의 마가린이나 질 낮은 소시지 한 조각, 또는 작은 치즈 한 조각, 가짜 꿀 조금이나 붉은 잼 한 숟가락 등이 매일 바뀌어서 나왔다. 열량 면에서 이런 음식은 절대 불충분했으며, 특히 우리가 맨손으로 중노동을 하며 형편없는 옷을 입고서 추위에 계속 노출되어 있는 것을 고려

해 볼 때 더욱 그러했다. "특별 배려를 받는" 환자들—말하자면 일하러 가지 않고 막사에 누워 있도록 허락 받은 사람들—에게 주어지는 음식은 그보다 훨씬 더 형편없다.

마지막 피하 지방층이 사라지고, 우리의 모습이 마치 해골에 가죽과 넝마를 입혀 놓은 꼴같이 되어버리자, 육신이 자기 살을 먹어 치우는 것이 보이기 시작했다. 유기체가 자신의 단백질을 소화시켜 근육이 사라졌다. 그렇게 되자 육체는 모든 저항력을 상실했다. 작은 공동체인 우리 막사의 일원들은 하나 둘씩 죽어갔다. 우리는 다음은 누구 차례인지 꽤 정확하게 맞힐 수가 있었다. 죽어가는 사람들을 많이 지켜본 경험으로 그런 징후들을 알게 되었는데, 예측이 빗나가는 일은 거의 없었다. 우리는 "저 사람은 오래 가지 못할 거야"라든가 "다음은 이 사람 차례로군" 하며 서로 수군거렸다. 그리고 매일 저녁 이를 잡는 동안 벌거벗은 자기 몸을 보면서 우리는 모두 비슷한 생각들을 했다. '여기 있는 이 몸뚱이, 내 몸뚱이는 이젠 정말 송장이 되어버렸구나. 내가 어떻게 된 걸까? 나는, 커다란 한 덩어리가 되어버린 인간의 몸뚱이들…… 철조망 뒤에 있는 토굴 같은 몇 개의 오두막 안에서 커다란 하나의 덩어리로 우글대는 몸뚱이들 중의 작은 한 부분에 지나지 않는구나. 생명력을 잃어서 매일 어느 부분인가 썩어 들어가기 시작하는 덩어리 중의 하나에 불과하구나.'

틈만 나면 언제라도 죄수의 의식 속으로 파고 들어가는 맛있는 음식에 대한 생각들이 얼마나 피할 수 없는 것인가를 위에서 이미 말하였다. 그러므로 우리들 가운데 가장 정신력이 강한 사람조차도 아주 좋은 음식을 다시 먹게 될 때를 동경한다는 것을 독자들은 아마 이해할 것이다. 좋은 음식을 먹는다는 것이 중요한 게 아니라,

먹을 것 말고는 아무것도 생각할 수 없는 인간 이하의 생존이 그때
가 되면 마침내 끝나게 되리란 걸 알기 때문이었다.

　이와 비슷한 경험을 한 번도 해보지 않은 사람들은 굶주린 사람
이 경험하는, 영혼을 파멸시킬 정도의 정신적 갈등과 의지력의 싸
움에 관해 거의 상상도 못할 것이다. 도랑 속에서 땅을 파면서 오전
아홉 시 반이나 열 시—30분 간의 점심시간—에 빵 배급을 알리는
사이렌 소리에만 귀를 곤두세우는 심정, 감독에게—그가 그리 나쁜
사람이 아니라면—몇 번이나 시간을 물어보는 마음, 그리고 장갑도
끼지 않아 언 손으로 주머니 속에 들어있는 빵 한 조각을 처음에는
가만히 쓰다듬어보고 만지작거리다가 조금 떼어서 입 속에 넣어 보
지만 마침내는 마지막 한 가닥 남은 의지력으로 그것을 도로 주머
니에 넣고는, 오후까지는 먹지 않겠다고 그날 아침 자신과 약속한
것을 지키려 하는 일 등이 무엇을 의미하는지 그들은 거의 이해할
수 없을 것이다.

　수용소 억류 생활이 거의 끝나갈 무렵에는 빵이 하루에 한 번밖
에 배급되지 않았다. 우리는 이 소량의 빵을 어떤 방법으로 먹는 게
좋을까 하고 끝도 없이 토론들을 했다. 한 쪽은 빵을 받자마자 다
먹어버리자는 의견이었는데, 여기에는 두 가지 이점이 있었다. 적
어도 하루에 한 번 한순간이나마 최악의 배고픈 고통에서 벗어날
수 있으며 또 배급받은 빵을 도둑맞거나 잃어버릴 염려가 없다는
것이었다. 다른 한 쪽은 빵을 몇 번에 나누어 먹어야 한다고 했는
데, 그 방법에 대해선 많은 의견들이 있었다. 나는 후자 쪽이었다.

　수용소 생활의 24시간 중 가장 끔찍한 순간은 아침에 눈을 뜰 때
였다. 아직 밤도 채 가시지 않은 시각에 귀를 찢는 세 번의 호루라

기 소리는 지쳐 떨어진 잠과 꿈 속의 달콤한 그리움으로부터 우리를 무자비하게 떼어놓았다. 그때부터 우리는 부종으로 부어올라 아픈 발을 젖어서 들어가지도 않는 신발 속으로 쑤셔 넣느라 한바탕 씨름을 하기 시작했다. 그리고 신발끈 대신으로 쓰는 철사가 끊어지는 것 같은 사소한 말썽으로 끙끙거리는 신음 소리와 투덜대는 소리들이 들려오곤 했다. 평소 용감하고 품위있는 사람이라고 알려진 어떤 사람이 어느 날 아침 어린애처럼 엉엉 우는 소리를 들었다. 발이 전혀 들어가지 않을 정도로 신발이 오그라들어서 결국 그는 점호장까지 눈 덮인 길을 맨발로 뛰어야 했기 때문이었다. 이런 지독한 순간순간들 속에서도 나는 한 가지 위안을 찾아냈다. 주머니에서 꺼내 기쁜 마음으로 우물우물 씹는 작은 빵 조각 하나—그것이 나의 위안이었다.

영양 부족은, 먹을 것에 몰두하는 것 말고도, 일반적으로 성적 충동이 사라진 현상을 설명해 줄 수 있을 것이다. 맨 처음 받은 충격의 여파를 제외하면, 이것이 남자들만 있는 수용소에서 심리학자가 관찰하게 되는 한 가지 현상에 대한 유일한 설명이 될 것이다. 다른 모든 남자들만의 조직—군대 병영과 같이—과는 대조적으로 수용소에는 성도착자가 거의 없었다. 비록 죄수의 좌절된 감정들과 보다 고상하고 세련된 느낌들이 꿈 속에서는 분명히 표현된다 할지라도, 그 꿈 속에서조차도 죄수는 섹스를 하는 것 같지 않았다.

죄수들이 겪는 인간 이하의 생활과 자기 생명을 구하려는 데에만 집중된 노력은 목숨을 건지기 위한 일이 아니면 무엇이든 무시해 버리도록 했으며, 그것은 또한 정서가 완전히 고갈된 현상도 해명해 준다. 나는 이것을 아우슈비츠로부터 다하우 관할하에 있는 한 수용소로 이송될 때 절실히 느꼈다. 우리, 그러니까 약 2,000명 가량을 태운 기차는 비엔나를 지나게 되었다. 거의 자정이 다 되어서 우리는 비엔나의 한 기차역을 지나갔다. 기차는 우리를 데리고, 내가 태어난 거리를 지나고 내가 포로가 되기 전까지 오랜 세월 내 삶을 영위했던 집을 지나서 가고 있었다.

우리들 50명이 타고 있는 호송차에는 밖을 내다볼 수 있게 유리를 댄 작은 구멍이 두 개 있었다. 차안은 너무 비좁아 한 떼의 사람들이 마룻바닥에 쪼그리고 앉아 있는 동안에 다른 사람들은 몇 시간이나 서 있어야 했는데, 그들은 구멍 주위에 몰려 서 있었다. 발끝으로 서서 다른 사람들 머리 위 창살 틈으로 내다보고 있던 나는 섬뜩한 마음으로 내 고향 마을을 얼핏 보았다. 우리 모두는 살아있다기보다는 이미 죽은 것 같은 느낌이 들었다. 왜냐하면 기차가 마우트하우젠에 있는 수용소로 향하고 있으며, 우리가 살 날은 고작해야 한두 주일일 테니까 말이다. 나는 저 세상에서 돌아와 유령 같은 도시를 내려다보고 있는 죽은 사람의 눈으로 내 어린시절의 거리와 광장과 집들을 보고 있다는 느낌이 뚜렷하게 들었다.

그곳에서 몇 시간을 지체한 후 기차는 정거장을 떠났다. 그리고 거기에 거리가―나의 거리가 있었다! 차 안에는 젊은이들이 있었다. 그들은 이미 많은 세월을 수용소에서 보냈기 때문에, 그들로서는 그런 여행이 커다란 사건인지라 창문 구멍으로 열심히 밖을 내다보고 있었다. 나는 딱 일분만이라도 좋으니 나를 좀 앞에 세워달라고 그들에게 빌고 간청했다. 그리고 바로 그 순간 그 창문으로 밖을 내다보는 것이 나에게 얼마나 큰 의미가 있는지를 설명하려고 애를 썼다. 그러나 나의 요청은 무례하게 거절당했으며 비웃음만 샀다. "줄곧 여기서 살았었다구? 그럼 이미 실컷 봤겠네!"

대체로 수용소에는 "문화적 동면(cultural hibernation)"이란 것도 있었다. 여기에는 두 가지 예외가 있는데, 그것은 정치와 종교였다. 정치는 수용소 안 어디서나 거의 끊임없이 이야기되었다. 토론은 주로 소문에 근거를 두었으며, 그런 소문들이란 불쑥불쑥 나타나서는 끝없이 퍼져 가는 것들이었다. 군사적 상황에 관한 소문들은 언제나 상반되었다. 그것들은 입에서 입으로 재빨리 퍼졌으며, 모든 죄수들의 마음 속에서 이미 치러지고 있는 신경전에 기여했을 뿐이었다. 전쟁이 끝날 것이라는, 낙관적인 소문들의 의해 선동된 희망은 번번이 얼마 못 가 물거품이 되어버리곤 했다. 어떤 사람들은 희망을 잃었다. 그러나 가장 분통터지게 하는 사람들은 바로 제멋대로 생각하는 낙관주의자들이었다.

죄수들이 종교에 관심을 갖게 되자 그들은 상상할 수 있는 한 가장 진지하게 빠져들어 갔다. 그 깊고 활기찬 종교적 믿음에 새로 도착한 사람들은 종종 놀라고 감명을 받았다. 여기에서 가장 인상적인 것은 오두막 한구석에서나, 아니면 피로와 굶주림에 지친 몸에 누더기를 걸친 채 꽁꽁 언 몸으로 멀리 떨어져 있는 작업장에서부터 실려오는 가축 운반용 트럭 안의 어둠 속에서 임시로 행해지는 기도와 예배였다.

1945년 겨울부터 봄 사이에 발진티푸스가 발생했으며, 거의 모든 죄수들에게 전염되었다. 몸을 움직일 수 있는 한 힘든 노동을 계속해야만 했던 죄수들의 사망률은 엄청났다. 환자들을 위한 막사가

충분치 못했으며, 그나마 실제로 의술을 가진 사람이나 도와줄 만
한 사람도 전혀 없었다. 이 병의 증세에는 지독한 불쾌감이 있었다.
즉 음식을 한 조각도 삼킬 수 없는 혐오감(이래서 목숨이 더욱 위
태로워진다)과 심한 정신착란 증세를 보이는 것이다. 정신착란을
보인 최악의 경우로 내 친구 한 명을 들 수 있다. 그는 자기가 죽어
가고 있다고 생각하고 기도를 하려고 했다. 그런데 착란 중에는 기
도할 말이 떠오르지 않더라는 것이다. 이러한 정신착란이 일어나는
것을 피하기 위해 나는 다른 많은 사람들이 그랬던 것처럼 밤 시간
은 대부분 깨어있으려고 애를 썼다. 그리고는 몇 시간씩 마음 속으
로 연설문을 작성했다. 그리하여 결국 나는 아우슈비츠의 소독실에
서 잃어버렸던 원고를 다시 쓰기 시작했으며, 작은 종이 쪽지에 속
기 부호로 요점만 적어 놓았다.

　때때로 수용소 안에서 학문적 토론이 전개되기도 했다. 전에는
한 번도 본 적이 없는 어떤 일을 목격하게 된 적이 있었다. 나의 직
업적 관심과 약간 밀접하긴 했지만 내가 정상적인 생활을 할 때에
는 본 적이 없는 일로, 그것은 심령술가들의 모임이었다. 나는 수용
소 주임 의사(그 역시 죄수이다)가 그 모임에 참석해 달라고 나를
초대했다. 그는 내가 정신의학의 전문가라는 사실을 알고 있었던
것이다. 모임은 환자 막사 안에 있는 그의 작은 방에서 열렸다. 몇
사람이 모였는데, 그들 중에는 매우 불법적으로 위생담당 하급장교
도 있었다.

　한 사람이 기도로 영혼을 불러내기 시작했다. 수용소 서기는 빈
종이를 앞에 놓고 앉아 있었는데 무얼 써야겠다는 의식은 전혀 없
었다. 그 다음 10분 동안(이 시간이 지나면 영매가 영혼을 불러내

는 데 실패한 것으로 보고 모임을 끝낸다) 서기의 연필이 천천히 종이 위에서 선을 그리더니 아주 분명히 "VAE V"라는 글자를 만들었다. 그런데 그 서기는 자기는 전에 라틴어를 배운 적이 없으며, "vae vicis"—패배자의 괴로움—라는 말을 들어본 적도 없다고 주장했다. 그러나 내 의견으로는 그가 생애에 한 번은 틀림없이 그 말을 들어보았으나 기억하지 못하고 있다가, 그 말들이 바로 그때 그의 영혼(무의식적인 상태에서의 영혼)을 이용한 것이 틀림없다고 생각한다. 그리고는 몇 달 후 우리는 석방되었고 전쟁이 끝났다.

강제수용소에서는 온갖 강요된 육체적 및 정신적 생활의 원시성에도 불구하고 보다 깊은 정신적 생활이 가능했다. 풍요로운 지적 생활을 누렸던 감수성이 예민한 사람들은 훨씬 더 고통스러웠을 테지만 (그런 사람들은 흔히 예민한 체질이니까), 그러나 그들의 내면적인 자아가 입은 손상은 생각보다 적었다. 그들은 끔찍한 주위 환경으로부터 내면적 풍요로움과 정신적 자유가 있는 삶으로 도망칠 수 있었다. 이것이 체질상 별로 튼튼하지 못한 죄수들이 건장한 체구를 타고난 죄수들보다 수용소 생활에서 더 잘 살아남은 패러독스를 설명할 수 있는 유일한 방법이다. 이게 무슨 말인지 이해를 돕기 위해 내 개인적인 체험으로 돌아가야 하겠다. 우리가 작업장으로 행진해 가야 하는 이른 아침마다 무슨 일이 벌어지는지 얘기해 보겠다.

구령 소리가 들려온다. "분대, 앞으로 갓! 왼발, 둘, 셋, 넷! 왼발, 둘, 셋, 넷! 왼발, 둘, 셋, 넷! 왼발, 둘, 셋, 넷! 맨 앞사람 돌아, 왼발, 왼발, 왼발, 왼발! 탈모!"

이 소리는 지금도 귀에 쟁쟁하다. "탈모!"라는 명령이 떨어졌을 때 우리는 수용소 문을 지나가고 있었고 탐조등이 우리를 환히 비추고 있었다. 누구든지 민첩하게 행진하지 못하면 발길에 걷어 채였다. 그리고 허락이 떨어지기도 전에 춥다고 모자를 귀까지 눌러 쓴 사람은 더 험한 꼴을 당했다.

우리는 수용소로부터 쭉 뻗어 있는 길을 따라, 큰 돌들을 밟고 웅덩이를 건너가면서, 어둠 속에서 비틀거렸다. 옆에서 따라가는 감시병들은 계속해서 외쳐대며 개머리판으로 우리를 몰아댔다. 발이 몹시 아픈 사람들은 옆 사람 팔에 기댔다. 다들 거의 한 마디도 하지 않았다. 살을 에는 듯한 바람에 입을 열 엄두도 내지 못했던 것이다. 옷깃을 세우고 거기에 입을 파묻고 걸어가던 뒷사람이 갑자기 내게 속삭였다. "지금 아내들이 우리를 보면 어떨까! 제발 그들은 수용소에서 우리보다는 잘 지냈으면 좋겠는데. 그리고 우리가 무슨 꼴을 당하는지 몰랐으면 좋겠어."

그 말에 아내 생각이 떠올랐다. 그리고 빙판에서 미끄러지고, 수없이 넘어질 때마다 서로가 서로를 부축해 주고, 뒤로 앞으로 끌어주면서 몇 마일을 비틀거리며 가는 동안 그 사람과 나는 한 마디도 하지 않았다. 그러나 우리는 둘 다 알고 있었다. 제각기 자기 아내를 생각하고 있다는 것을. 나는 가끔씩 눈을 들어 하늘을 바라보았다. 하늘에서는 별들이 빛을 잃어가고 있었고, 뭉게뭉게 피어오르는 검은 구름 뒤에서 아침의 분홍빛 햇살이 퍼져나가고 있었다. 하지만 내 마음은 아내의 영상에만 매달려 있었다. 나는 그녀가 대답하는 소리를 들었고, 그녀의 미소를 보았으며, 솔직한 표정과 내게 용기를 북돋워주는 모습을 보았다. 진짜든 아니든 간에 그녀의 모습은 지금 막 떠오르고 있는 태양보다도 더욱 빛을 발하고 있었다.

한 가지 생각이 나를 사로잡았다. 내 생애 처음으로 그토록 많은 시인들이 노래부르고 그토록 많은 사상가들이 궁극의 지혜라고 주장하는 진리를 보았던 것이다. 그 진리란—사랑이야말로 인간이 열망할 수 있는 궁극적이며 지고의 목표라는 것이다. 그제야 나는 인간의 시와 인간의 사상 및 인간의 신앙이 말하려고 하는 가장 위대한 비밀의 참뜻을 알게 되었다. 그것은 인간의 구원은 사랑을 통해서, 그리고 사랑 안에서 이루어진다는 것이다. 나는 이 세상에 남길 것이 아무것도 없는 사람이라도 짧은 한 순간 자기가 가장 사랑하는 사람을 조용히 생각해 보는 것만으로도 지고의 행복을 알 수 있다는 것을 이해하게 되었다. 이루 말할 수 없는 곤경에 빠져서 확고한 태도로 자신을 나타낼 수 없을 때. 또 그가 할 수 있는 것이라고는 올바른 방법—명예로운 방법—으로 자기의 고통을 참고 견디는 것이 고작일 때. 그런 처지에서 인간은 그가 지니고 있는 사랑하는 사람의 영상을 애정어린 마음으로 명상함으로써 충족감을 맛볼 수 있는 것이다. 내 생애 처음으로 "천사들은 무한한 영광에 대해 무궁토록 명상에 잠겨 있다"는 말의 의미를 알게 되었다.

내 앞에서 한 사람이 비틀거리며 넘어지자 모두들 그의 뒤를 따라 그 사람 위로 엎어졌다. 그러자 감시병이 달려와 모두에게 채찍을 휘둘렀다. 그 일로 내 생각은 몇 분 동안 방해를 받았다. 그러나 내 영혼은 곧 죄수의 존재로부터 또 다른 세계로 되돌아가는 길을 찾아냈으며, 사랑하는 사람과 대화를 계속했다. 내가 그녀에게 질문을 하고 그녀가 대답했다. 다음에는 그녀가 묻고 내가 대답했다.

"정지!" 우리는 작업장에 도착했다. 모두들 좋은 연장을 가지겠다고 어두운 막사 안으로 앞다투어 몰려갔다. 죄수들은 제각기 삽이나 곡괭이를 들고 나왔다.

"빨리 빨리 하지 못해, 이 돼지새끼들아!" 우리들은 곧 전날 일하던 위치로 돌아갔다. 얼어붙은 땅은 곡괭이에 찍혀 날카로운 소리를 내며 불꽃이 튀었다. 다들 아무 말도 없었고 그들의 두뇌는 추위에 마비되었다.

내 마음은 여전히 아내의 영상에 매달렸다. 한 가지 생각이 마음을 스쳐 지나갔다. 그녀가 아직 살아있는지 어떤지조차도 모르고 있다는 것이었다. 내가 알고 있는 것은 오직 한 가지 뿐이었다. 즉 사랑이란 사랑하는 사람의 육신을 초월해서 존재한다는 것—그리고 지금은 그것을 잘 알고 있다. 사랑은 영적인 존재, 즉 그의 내면적인 자아 안에서 가장 깊은 의미를 갖고 있다는 것이다. 그가 실제로 존재하는가, 그가 지금도 살아있는가 이미 죽었는가 하는 것은 조금도 중요하지 않다.

나는 아내가 살아있는지 어떤지 알지 못했고, 또 알아낼 방법도 전혀 없었다(내가 수용소 생활을 하는 동안 나가거나 들어오는 편지는 한 통도 없었다). 그러나 그 순간에 그런 것은 문제가 되지 않았다. 알아야 할 필요조차 느끼지 않았다. 그 무엇도 내 사랑의 위력, 나의 생각, 그리고 사랑하는 사람의 영상을 방해할 수는 없었다. 내가 그때 아내가 이미 죽었다는 것을 알았다 해도 그런 사실에 구애되지 않고 나는 여전히 아내 생각에 열중했을 것이며 또한 그녀와 나와의 정신적인 대화는 전과 다름없이 생생하고 만족스러웠을 거라고 생각한다. "나를 그대의 가슴에 새겨 주소서, 사랑은 죽음처럼 강하리니"

이렇게 내면 생활을 강화함으로써 죄수는 자신의 과거 속으로 도망쳐 들어가서 자기 존재의 허무함, 황폐함 그리고 정신적 빈곤으로부터 하나의 피난처를 찾을 수 있었다. 내면이 자유로워지자, 그는 지난날 있었던 일들을 생각하며 상상의 나래를 편다. 중요한 사건들뿐만 아니라, 우연히 일어난 대수롭지 않은 사건들이나 사소한 일들을. 죄수는 향수에 젖어 그 추억들을 미화시키고, 그러면 그것들은 전혀 다른 모습을 띠게 된다. 그것들이 속한 세계와 그것들의 존재는 아주 먼 곳에 있는 것 같았다. 그래서 영혼은 타오르는 갈망으로 그것들을 향해 달려간다. 나는 상상 속에서 버스를 타고, 내가 살고 있는 아파트의 문을 열쇠로 열고 들어가서, 걸려오는 전화를 받고, 전등을 끈다. 우리의 생각은 흔히 그런 세세한 것들에 집중되었고, 그런 추억에 잠겨 눈물을 흘렸다.

죄수의 정신세계가 보다 깊어감에 따라 전에는 전혀 느껴 보지도 못했던 예술과 자연의 아름다움까지도 체험하게 되었다. 그리고 그것으로 해서 그는 자신이 처해 있는 끔찍한 환경을 잊을 수도 있었다. 아우슈비츠에서 바바리아의 수용소로 이송되어 가는 동안 죄수 수송 차량의 창살을 댄 작은 창문을 통해 저녁 노을에 빨갛게 물들어 있는 짤쯔부르크 산꼭대기를 바라보고 있는 우리들의 얼굴을 만일 누군가가 보았다면, 그것이 모든 삶의 희망과 자유를 빼앗긴 사람들의 얼굴이라고는 도저히 믿을 수 없었을 것이다. 모든 것을 빼앗겼음에도 불구하고—아니 어쩌면 바로 그 때문에—우리는 자연의 아름다움, 그토록 오랜 세월 깨닫지 못하고 지나쳤던 자연의 아름다움에 넋을 잃었던 것이다.

수용소에서도 마찬가지였다. 어떤 사람이 바바리아 숲(뒤러 Dü

rer가 그린 저 유명한 수채화 속의 바로 그 숲이다) 속의 하늘을 찌를 듯이 서 있는 나무들 사이로 비치는 석양의 장관을 보게 되면, 그는 자기 옆에서 일하고 있는 동료에게도 그걸 보라고 귀띔을 해준다. 바로 그 숲에서 우리는 대규모의 군수 공장을 짓는 일을 하고 있었다. 어느 날 저녁, 우리가 기진맥진한 몸으로 국그릇을 손에 들고서, 오두막의 마룻바닥에 앉아 쉬고 있는데, 동료 죄수 하나가 문을 박차고 뛰어 들어오더니 우리더러 어서 밖으로 나가 기막힌 일몰 광경을 보라는 것이었다. 밖에 나가 서서 우리들은 서쪽 하늘에서 불타오르는 불길한 구름들을 보았다. 강철 빛에서 핏빛으로 시시각각 변해 가는 구름들로 하늘 전체가 마치 살아있는 듯 했다. 진흙 웅덩이에 불타오르는 하늘이 반사되고 있는 동안 우리의 초라한 잿빛 오두막은 얼마나 뚜렷한 대조를 이루었던가. 그런 다음, 몇 분간의 침묵을 깨면서 한 죄수가 옆 사람에게 말했다. "세상이 이렇게 아름다울 수 있다니!"

또 다른 시간, 우리는 도랑 속에서 일하고 있었다. 잿빛 새벽이 우리를 감싸고 있었다. 우리 머리 위의 하늘도 잿빛이고, 새벽의 창백한 빛 속에 흩날리는 눈발도 잿빛이며, 나의 동료 죄수들이 걸치고 있는 누더기도 잿빛이요, 그들의 얼굴도 잿빛이었다. 나는 다시 아내와 조용히 이야기를 나누고 있었다. 아니 어쩌면 나의 고통과 서서히 다가오고 있는 나의 죽음의 이유를 찾으려고 몸부림치고 있었는지도 모른다. 죽음이 눈앞에 닥쳐왔다는 절망감에 마지막으로 저항을 하다가 문득 나의 영혼이 대지를 뒤덮고 있는 암울한 빛을 뚫고 나오는 것을 깨달았다. 나의 영혼이 희망없고 의미없는 세상을 초월해 있음을 느꼈다. 그리고 궁극의 목적이 실재하는가 하는 나의 질문에 어디선가 "그렇다"라는 승리에 찬 대답이 들려오는 것을 들었다. 바로 그 순간 한 줄기 빛이 저 멀리 지평선 위에 한 폭의 그림처럼 서 있는 한 농가에서 새어 나왔다. 동터오는 바바리아의 음울한 잿빛 한가운데에서. *"Et lux in tenebris lucet"*(어둠 속에도 빛이 있나니;역주)—그리고 그 불빛은 어둠 속에서 반짝이고 있었다. 몇 시간 동안이나 나는 꽁꽁 얼어붙은 땅에 곡괭이질을 하고 있었다. 감시병이 나에게 욕을 하면서 지나갔다. 그리고 다시 한번 나는 사랑하는 사람과 대화를 나누었다. 점점 더 그녀가 실제로 내 곁에 있는 것같이 느껴졌다. 나는 그녀를 만질 수 있고, 손을 뻗어 그녀의 손을 잡을 수 있을 것같이 느껴졌다. 그 느낌은 매우 강했다. 그녀는 바로 *거기*에 있었다. 그런데 바로 그 순간 새 한 마리가 날아와서는 내 바로 앞, 내가 도랑에서 파 올려 쌓아 놓은 흙더미 위에 앉더니 나를 물끄러미 바라보는 것이 아닌가.

앞에서 나는 예술에 대해 언급했다. 강제수용소에 과연 그런 것이 있을까? 그것은 무엇을 예술이라고 부르느냐에 달렸다. 때때로 일종의 쇼 같은 것이 즉흥적으로 열리곤 했다. 잠시나마 오두막을 깨끗하게 치우고, 긴 나무 의자 몇 개를 붙여 놓거나 못을 박아 고정시키고, 프로그램을 짠다. 저녁이 되면 수용소에서 꽤 좋은 위치에 있는 사람들—즉 카포와 수용소를 떠나 멀리 행진해 가지 않아도 되는 사람들이 그곳에 모여들었다. 그들은 좀 웃어보든가 아니면 좀 울어볼까 해서 온 것이다. 어쨌든 잊어버리기 위해서. 거기서 노래도 부르고 시도 낭송하고 농담도 하였다. 수용소를 빗댄 좀 애매한 풍자극도 더러 했다. 이 모든 것들은 현실을 잊어버리기 위한 것이었으며, 또 잊게 해주었다. 그 모임의 효과가 얼마나 컸던지, 일반 죄수들은 거기에 가면 하루치의 배급을 못 받게 되는데도 몇 명은 피곤한 몸을 이끌고 쇼를 보러 갈 정도였다.

또 삼십 분간의 점심시간에 국물(이것은 청부업자들이 돈을 내서 마련하는 것이기 때문에 수용소 당국은 돈을 별로 들이지 않았다)을 작업장에서 배급받았다. 이때 우리는 다 완성되지 않은 기관실에 모일 수 있도록 허락을 받았다. 그곳에 들어가면 누구나 멀건 국물 한 국자씩을 받았다. 우리가 그것을 게걸스럽게 홀짝홀짝 마셔대고 있는 동안, 어떤 죄수 하나가 물통 위에 올라서서 이탈리아 아리아를 불렀다. 우리는 그 노래를 듣고 즐거워했으며, 그는 보상으로 곧장 "바닥에서" 떠 주는 국물 두 그릇을 받았다. 바닥에서 떠 준다는 것은 콩알이 들어있음을 의미하는 것이었다!

수용소에서 보상이 주어지는 경우는 오락뿐만이 아니었다. 박수 갈채에도 보상이 따랐다. 예를 들어, 나는 수용소에서 가장 잔인한 카포의 보호를(실제로 그럴 필요가 전혀 없었던 게 얼마나 다행인가!) 받을 수도 있었는데, 그는 여러 가지 충분한 이유에서 "살인적인 카포"라고 알려져 있었다. 어느 날 저녁 다시 한번 심령술가들의 회합이 열리는 방에 초대받는 크나큰 영광을 얻게 되었다. 거기에는 지난번 왔던 주임 의사의 절친한 친구들과 또, 매우 불법적으로, 위생반의 담당 장교가 다시 참석했다. 그 살인적인 카포는 우연히 그 방에 들어왔다가 시 한 편을 낭송해 달라는 요청을 받았다. 그의 시는 수용소 안에서는 이름이 높았다(아니 악명이 높았다). 두 번 청할 필요도 없이 그는 재빨리 일기 같은 시를 짓더니 자기의 예술 작품들을 읽어내려가기 시작했다. 나는 그의 연애시 하나를 들으면서 웃음을 참느라고 어찌나 입술을 꼭 깨물었던지 피가 날 정도였다. 그렇게 하지 않았다면 아마 내 목숨은 붙어 있지 못했을 것이다. 나는 또 박수를 쳐주는 데에도 인색하지 않았기 때문에, 설사 그의 작업반에 파견되었다 해도 목숨은 건질 수 있었을 것이다. 그 전에 그의 작업반에서 하루동안 일해 본 적이 있었는데, 하루만 해도 충분하고도 남음이 있었다. 아무튼 호의적인 각도에서 살인적인 카포에게 알려진다면 쓸모가 있을 것이었다. 그래서 나는 손바닥에서 불이 나도록 박수를 쳐주었다.

대체로 보면 수용소 안에서 추구하는 예술이란 것들은 물론 다소 그로테스크한 데가 있었다. 예술과 관계있는 어떤 것이라도 거기서 받는 실제의 인상은 예술행위와 배경을 이루고 있는 황량한 수용소 생활 사이의 끔찍한 대조에서 생기는 것이라고 나는 말하곤 했었다. 아우슈비츠에서 이틀째 되던 날 밤, 곯아떨어진 깊은 잠에서 어떻게 깨어났는지 나는 죽을 때까지 잊을 수 없을 것이다—잠을 깨운 건 음악 소리였다. 막사의 고참 간수가 자기 방에서 축하 파티 같은 것을 열고 있었다. 술에 취한 목소리들이 진부한 곡조들을 목청이 터져라 불러댔다. 그런데 갑자기 조용해지더니 이윽고 끊어질 듯 끊어질 듯 하며 애끊는 바이올린의 탱고 선율이 밤 공기를 뚫고 들려왔다. 자주 들어서 식상한 흔해 빠진 곡조도 아니었다. 바이올린은 흐느끼고 있었고 나의 한 부분도 흐느끼고 있었다. 왜냐하면 바로 그 날이 어떤 사람의 스물 네 번째 생일이기 때문이었다. 그 사람은 아우슈비츠 수용소의 다른 쪽에 누워 있었다. 기껏해야 몇 백 야드, 아니면 천 야드쯤 떨어져 있을 것이다. 그런데도 전혀 손이 미치지 않는 곳이었다. 그 사람은 바로 나의 아내였다.

강제수용소에도 예술 비슷한 것이 있다는 걸 알게 된다면 외부인은 틀림없이 크게 놀랄 것이다. 그러나 예술뿐만 아니라 유머 감각도 있다는 걸 알게 되면 더더욱 놀랄 것이다. 물론 흉내만 내는 정도이며 그나마도 몇 초나 몇 분 동안 지속되는 게 고작이긴 했지만. 유머는 자기 보존을 위한 투쟁에 필요한 또 하나의 영혼의 무기였다. 유머는, 인간의 기질 중 다른 어떤 것보다도, 어떤 상황에도 굴하지 않고 우뚝 설 수 있는 능력과 초연함을 줄 수 있다. 단 몇 초 동안만일지라도. 건축 공사장에서 일할 때 나는 유머 감각을 계발하기 위해 옆에서 일하고 있던 한 친구를 훈련시켜 보았다. 적어도 하루에 한 가지씩 재미있는 이야기를 꾸며 보면 어떻겠느냐고 그에게 제안했다. 소재는 우리가 자유의 몸이 된 어느 날 일어날 수 있는 사건에 대해서 하자고 했다. 그는 외과 의사였으며 전에는 큰 병원에서 조수로 일했었다. 그래서 나는 그를 웃기려고 그가 전에 일하던 자리로 되돌아갔을 때에도 수용소 생활에서 생긴 버릇이 남아 벌어질 일에 대해 이야기를 꾸며 들려주었다. 건축 공사장에서는 감독이 "빨리 움직여라! 빨리!" 하고 고함을 쳐서 우리들이 일을 더 빨리 하도록 했다. 관리가 순찰하러 올 때면 특히 더했다. 나는 내 친구에게 말했다. "어느 날 자네는 수술실에 들어가서 큰 개복 수술 준비를 하고 있지. 그런데 갑자기 병원 잡역부가 달려 들어와서는 외과 과장이 도착했다고 알리면서 소리치는 거야. '빨리 해! 빨리!'

어떤 때는 다른 사람들이 미래에 관한 즐거운 꿈을 꾸며내기도 했다. 예를 들면 이런 것이었다. 미래의 어느 날, 저녁 식사에 초대되어 갔는데, 수프가 나오자 그만 자기도 모르게 그 집 안주인에게, "국자로 밑바닥에서" 떠달라고 애걸할지도 모른다는 것이었다.

유머 감각을 발달시키고 사물을 해학적으로 보려고 노력하는 것은 살아가는 기술을 익히는 동안 터득하게 된 일종의 요령이다. 강제 수용소에서도 살아가는 기술을 실행해 보는 것은 가능한 일이다. 비록 고통이 곳곳에 도사리고 있긴 하지만 말이다. 한 가지 사실을 유추해 보자. 한 사람이 받는 고통은 기체의 움직임과 비슷하다. 빈방에 일정한 양의 기체를 넣어 보면, 그 방이 아무리 커도 기체가 골고루 가득 채워질 것이다. 이와 같이 고통이란 크든 작든 인간의 영혼과 의식을 가득 채운다. 따라서 인간의 고통의 "크기"는 완전히 상대적인 것이다.

아주 사소한 일에도 이루 말할 수 없이 큰 기쁨을 느끼는 것 또한 가능한 일이다. 그 예로, 우리들이 아우슈비츠에서 다하우에 소속된 한 수용소로 이송되어 가는 동안에 일어났던 일을 보자. 그때 우리는 기차가 마우트하우젠 수용소로 가는 게 아닌가 하고 모두 불안해하고 있었다. 다뉴브 강 위에 놓여 있는 다리가 가까워질수록 점점 더 긴장되었다. 여행을 해본 경험이 있는 동료의 말에 의하면 마우트하우젠으로 가려면 그 다리를 건너야 한다는 것이었다. 그런데 우리가 탄 기차는 다리를 건너지 않고 다하우로 향하는 "하나뿐인" 길로 들어서는 게 아닌가. 이와 비슷한 상황을 겪어 보지 않은 사람은, 그 순간 죄수들이 기쁨에 넘쳐 기차 안에서 춤을 추는 모습을 아마 상상도 할 수 없을 것이다.

그런데 다시, 이틀 낮 사흘 밤을 여행한 끝에 우리가 그 수용소에 다다랐을 때 무슨 일이 일어났었던가 돌이켜 보자. 그 화물차는 우리 모두가 한꺼번에 바닥에 웅크리고 앉을 만한 자리가 없었다. 화물차 바닥에는 밀짚이 얄팍하게 깔려 있었는데 오줌에 절어 축축했다. 몇 사람씩 교대로 그 위에 쪼그리고 앉아 있는 동안 대부분은 내내 서 있을 수밖에 없었다. 우리가 그곳에 도착해서 이곳에 온 지 오래된 죄수들로부터 들은 중요한 첫 번째 소식은 비교적 규모가 작은 이 수용소(수용 인원이 2,500명이었다)에는 "오븐"도 없고, 화장터도 없고, 가스실도 없다는 것이었다! 그것은 다시 말해 "회교도"가 된 사람도 곧장 가스실로 보내지지는 않을 것이며, 아우슈비츠로 되돌려 보내기 위해서는 소위 "환자 수송"이라는 것이 마련될 때까지 기다려야 한다는 것을 의미했다. 이 기쁜 소식에 모두 떠나갈 듯이 좋아했다. 아우슈비츠에 있을 때의 우리 막사의 고참 간수가 바라던 것이 실현되었다. 그것도 아주 빨리. 우리는 "굴뚝"이 없는―따라서 아우슈비츠와는 다른― 수용소에 왔다. 그래서 다음 몇 시간 동안 고통을 겪어야 했음에도 불구하고 모두들 웃고 떠들며 농담을 했다.

우리가 새로 도착해서 인원 점검을 받는데 한 명이 부족했다. 없어진 그 사람을 찾을 때까지 우리는 비가 오고 찬바람 부는 밖에 서서 기다려야 했다. 마침내 그는 어느 막사에서 발견되었는데, 거기서 곯아떨어져 세상 모르고 자고 있었던 것이다. 그렇게 돼서 인원 점검이 징벌 행렬로 바뀌고 말았다. 긴 밤을 꼬박 새우고 그 다음날 아침 늦게까지, 우리는 긴 여행을 한 탓에 지칠 대로 지친 몸에 비를 맞으며 온몸이 꽁꽁 언 채로 서 있어야 했다. 그런데도 우리는 너무 즐거웠다! 이 수용소에는 굴뚝이 없고, 또 아우슈비츠는 여기서 얼마나 멀리 떨어져 있는가 말이다.

한번은 또 복역수들이 우리 작업장 앞을 무리 지어 지나가는 것을 보았다. 그때 우리에게 가해지는 온갖 고통들이 상대적으로 얼마나 뚜렷하게 드러났던가! 그 죄수들이 상대적으로 질서있고 안전하고 행복한 생활을 누리는 것이 부러웠다. 저들은 틀림없이 정기적으로 목욕을 할 수 있겠지, 하고 생각하니 처량했다. 그들은 분명 칫솔과 옷솔과 매트리스를 각자 하나씩 따로 가지고 있을 것이며, 한 달에 한 번 편지를 받아보면서 친척들의 소식을 알 수 있지 않겠는가. 최소한 그들이 아직 살아있는지 아닌지 만이라도. 우리는 오래 전에 그 모든 것들을 다 잃어버렸다.

그리고 우리들 중에서도 공장에 들어가 안전한 실내에서 일할 기회를 얻은 사람들을 우리는 얼마나 부러워했던가! 그렇게 생명을 구할 수 있는 한 조각 행운이라도 잡으려는 것은 모두의 바람이었다. 행운을 재는 상대적인 척도는 더욱 범위가 넓어졌다. 수용소 밖으로 나가 일하는 작업반들(나도 그 속에 들어 있었다) 중에서도 다른 데보다 더 형편없다고 생각되는 작업반들이 더러 있었다. 매일 열두 시간씩 가파른 언덕의 발이 푹푹 빠지는 진창 속에서 야외용 좁은 선로를 따라 운반되는 통들을 기울여 비워내야 하는 일을 하는 사람들은 그런 일을 안 해도 되는 사람들을 부러워하지 않을 수가 없었다. 이런 일을 하다 보면 매일같이 사고가 생기는데 대개의 경우 치명적이었다.

그런가 하면 또 감독들이 그곳의 전통이라며 쉴새없이 주먹을 휘둘러대는 작업반도 있었다. 그래서 그런 작업반에 들어가지 않거나 혹시 들어가게 되더라도 임시로 하게 되는 것이라면 상대적으로 행운이 아니겠느냐고 우리들끼리 얘기를 주고받았다. 한번은 불행히도 우연히 내가 그런 작업반에 들게 되었다. 그런데 두 시간만에 (그 두 시간 동안 감독은 특히 나를 혹사시켰다) 공습 경보가 울려 일이 중단되었고, 경보가 해제된 다음에는 작업반을 다시 편성했다. 만약 그렇지 않았더라면 나는 아마 거기서 죽었거나 아니면 죽어가는 사람들을 실어 나르는 썰매에 실려서 수용소로 돌아왔을 것이다. 아무도 그런 상황에서 경보가 울려 구원받을 수 있으리라고는 상상도 못할 일이다. 그런 상황에서 구원받는 것이 어떤 것인지는 한 라운드가 끝나는 종소리를 듣고 KO 당할 위기를 간신히 모면한 권투 선수라도 상상 못할 것이다.

우리는 아주 작은 행운에도 무척 고마워했다. 잠들기 전에 이를 잡을 수 있으면 기뻐했다. 물론 이를 잡는 일 자체는 결코 유쾌한 일이 아니었다. 천장에 고드름이 주렁주렁 달린 방에서 벌거벗고 서 있어야 하니까. 그러나 이를 잡는 동안 공습 경보가 울려서 불이 꺼지지 않는다면 우리는 그것에 감사했다. 만일 이를 완전히 잡지 못하면 밤을 반쯤 지새워야 될 것이기 때문이다.

수용소 생활에서 느끼는 보잘것없는 즐거움들은 일종의 소극적인 의미에서의 행복이다. 쇼펜하우어는 그것을 "고통으로부터의 자유"라고 불렀다. 그런데 그것마저도 상대적인 면에서만 그렇다는 것이다. 진짜 절대적인 기쁨이란 아무리 작은 것이라도 드물었다. 어느 날 나는 일종의 즐거움의 대차대조표를 만들어 보고는, 오랜 수용소 생활중에 맛본 즐거웠던 순간은 딱 두 번뿐이라는 것을 알게 되었다. 한 번은 일을 끝내고 돌아왔을 때였다. 나는 오래 기다린 끝에 마침내 취사장으로 들어가게 되었고, 죄수인 요리사 F 앞에 늘어서 있는 줄에 끼게 되었다. 그는 엄청나게 큰 국냄비 뒤에 서서 자기 앞을 서둘러 지나가며 내미는 죄수들의 그릇에다 국을 퍼주고 있었다. 그는 국을 퍼주면서 국그릇의 주인이 누구인지 쳐다보지 않는 유일한 요리사였다. 그러니까 그는 국을 받는 사람이 누구든 상관없이 똑같이 나누어주는 유일한 요리사였으며, 자기 친구나 동향인이라고 해서 그들에게만 감자를 골라 주고 다른 사람들은 위에서 멀건 국물만 떠주는 그런 사람은 아니었다는 말이다.

그러나 나는 자기가 아는 사람들을 다른 사람들보다 먼저 챙겨주는 죄수들을 나쁘다고 말하는 건 아니다. 언제 죽을지 알 수 없는 상황에서 자기 친구에게 호의를 베풀었다고 해서 누가 그들에게 돌을 던질 수 있겠는가? 비슷한 처지에 놓였을 때 자기는 정말로 그렇게 하지 않을 자신이 있는지 어떤지 전혀 거짓없이 자문해 보기 전에는 아무도 판단할 수 없는 것이다.

내가 정상적인 생활로 돌아간 지 오랜 후에(이 말은 내가 오래 전에 수용소에서 석방되었다는 뜻이다), 어떤 사람이 화보가 실린 주간지를 내게 보여주었다. 거기 사진에는 죄수들이 침상에 빽빽하게 드러누워서 한 방문객을 멍하니 바라보고 있었다. 그는 말했다. "이거 정말 끔찍하지 않습니까? 멀거니 바라보는 겁에 질린 얼굴들하며, 모든 게 다 그렇군요."

"왜요?" 나는 물었다. 왜냐하면 정말로 이해하지 못했기 때문이다. 바로 그 순간에 모든 것이 다시 떠올랐다. 새벽 5시. 밖은 아직 칠흑같이 캄캄했다. 나는 흙으로 지은 막사에서 딱딱한 널빤지 위에 누워 있었는데, 그곳에는 약 70명 정도가 "보호를 받고" 있었다. 우리는 병이 나서, 일하러 나가지 않아도 되었고 점호를 받지 않아도 되었다. 온종일 막사 한 구석에 누워 졸면서 하루 한 번씩 배급되는 빵(물론 환자라 해서 양이 줄었다)과 국물 한 그릇(이것도 물을 타서 형편없었다)을 기다렸다. 그러나 우리는 만족스러웠고, 그 모든 것에도 불구하고 행복했다. 우리가 불필요한 체온 감소를 줄이려고 서로 서로 몸을 꼭 붙이고서는 몹시 나른해서 손가락 하나 까딱할 힘도 없이 누워 있는데 광장 쪽에서 귀를 찢는 호루라기 소리와 고함 소리가 들려왔다. 그곳에서는 야간반이 이제 막 일을 끝내고 돌아와 점호를 받으려고 집합하고 있었다. 갑자기 문이 벌컥 열리면서 눈보라가 막사 안으로 휘몰아쳐 들어왔다. 지칠 대로 지친 동료 하나가 눈을 흠뻑 뒤집어 쓴 채 잠시라도 앉아 보려고 안으로 비틀거리며 들어왔다. 그러나 고참 간수는 그를 다시 밖으로 내보냈다. 인원 점검을 하고 있는 동안에는 막사에 외부인을 들여놓는 것이 엄격하게 금지되어 있었던 것이다. 그 동료에게 얼마나 미안했는지 모른다. 그리고 그의 입장이 되지 않고, 병이 나서 병동에서 졸고 있다는 것이 얼마나 큰 구원이었던가! 그리고 그것은 어쩌면 그 이틀만큼 생명을 연장시킬 수 있는 것이었으리라!

잡지에 실린 사진들을 보자 이 모든 것들이 머리 속에 되살아났다. 내가 그 일들을 설명해 주자 내 말을 듣고 있던 사람들은 내가 왜 그 사진들이 그렇게 끔찍한 것이 아니라고 하는지 그 이유를 알게 되었다. 사진에 보이는 사람들이 결국 자기들이 생각하는 것만큼 불행하지는 않았을런지도 모른다는 사실을 이해하게 된 것이다.

병동에 있은 지 나흘째 되던 날 내가 막 야간반에 배속을 받았을 때였다. 주임 의사가 급히 들어오더니, 발진티푸스 환자들이 있는 다른 수용소에 가서 의료 활동을 하겠다고 자원할 생각은 없느냐고 내게 물어왔다. 내 친구들이 간곡히 만류하는 것도 듣지 않고(그리고 내 동료 의사들은 거의 아무도 의료 활동을 하지 않고 있었음에도 불구하고), 나는 자원하기로 마음먹었다. 작업반에서 일하면 나는 얼마 안 있어 곧 죽게 될 거란 사실을 알고 있었다. 그러나 꼭 죽어야 한다면 내 죽음에 어떤 의미가 있어야 하지 않겠는가. 나는 생각했다. 이렇게 비생산적인 노동자로서 식물처럼 살다가 죽어가는 것보다야, 그래도 의사로서 동료들을 위해 애쓰고 도와주는 것이 의심할 나위 없이 훨씬 더 값진 일이 아니겠는가 하고.

나에게는 이것이 단순한 수학이지 희생은 아니었다. 그런데 위생반에서 나온 장교는 발진티푸스 수용소로 자원해 가는 두 명의 의사들이 떠날 때까지 "보살핌"을 받을 수 있도록 은밀히 지시를 내렸다. 우리가 너무 약해 보였기 때문에 의사 둘이 아니라 시체 두 구가 늘어날까봐 몹시 걱정되었던 것이다.

자기의 목숨, 그리고 자기와 가장 가까운 친구의 목숨을 이어가는 것과 상관없는 다른 모든 일들이 수용소에서는 얼마나 가치없는 일인지에 대해서는 앞에서 말했다. 이 목적을 위해서는 모든 것을 희생시켰다. 인간의 품성이 그가 가진 모든 가치들을 위협하고 그것들을 의심하게 하는 어떤 정신적 동요에 감염되어 영향을 받게 되었다. 인간 생명의 가치와 인간의 존엄성 따위는 더 이상 인정되지 않는 세계에서 인간은 자신의 의지를 빼앗겼고 자신의 목표를 스스로 없애도록 강요당했다.(그것은 마지막 피 한 방울까지도 완전히 이용하도록 계획된 것이었다.) 따라서 개인의 자아는 끝내 그 가치를 상실당하고 말았다. 만일 강제수용소에 있는 사람이 자존심을 지키려 사력을 다해 이런 것들과 싸우지 않았다면, 자신이 한 개체이며 정신력을 지닌 존재이며, 내면적 자유와 인격적인 가치를 지닌 존재라는 느낌마저도 잃어버렸을 것이다. 그리고 그렇게 되는 순간 그는 자신이 거대한 인간 집단의 한 부분에 불과하다고 여기게 되었으며, 그의 존재는 짐승 같은 생활 수준으로 떨어지고 말았다. 사람들은 떼지어—이리저리 몰려다니고, 함께 쫓겨다니다가는 또 따로 떨어지며—마치 자기 자신의 생각이나 의지라곤 없는 양떼처럼 떼지어 몰려 다녔다. 그리고 소수이긴 하나 고문과 가혹행위에 능통한 위험한 무리들이 그들을 사방에서 감시하고 있었다. 그들은 고함치고, 발로 차고 주먹으로 때리며, 이 양떼를 끊임없이 이리저리 몰고 다녔다. 그리고 우리, 양들은, 오로지 두 가지만을 생각했다. 어떻게 하면 미친 개들을 피할 수 있을까, 그리고 어떻게 하면 음식을 조금이라도 더 얻을 수 있을까.

무리의 가운데로 조심조심 밀고 들어가는 양들과 꼭 같이, 우리들도 대형(隊形)의 한가운데로 들어가려고 애를 썼다. 그렇게 하면 행렬의 앞뒤 양옆에서 따라가는 감시병들의 주먹을 좀더 잘 피할 수 있는 이점이 있기 때문이었다. 게다가 한가운데에 자리잡으면 매서운 바람을 막을 수 있는 이점도 있었다. 그러므로 말 그대로 군중 속으로 몸을 파묻으려고 애쓰는 것은 바로 자기자신의 목숨을 구하기 위한 것이었다. 대형을 만들 때면 자동적으로 이런 일들이 일어났다. 그러나 때론 그것은 우리들로서는 수용소의 가장 절실한 법칙인 눈에 띄지 말라는 자기보존의 법칙에 따라 행하는 매우 의식적인 노력이기도 했다. 우리는 언제나 친위대원의 주의를 끌지 않으려고 애를 썼다.

다른 사람들로부터 떨어져 있는 것이 가능하거나 또한 꼭 떨어져 있을 필요가 있을 때도 물론 있었다. 강요된 공동체 생활에서는 언제든지 모든 것에 주의를 기울여야 하므로, 잠시만이라도 도망치고 싶은 억누를 수 없는 강한 충동을 느끼게 된다는 것은 이미 잘 알려진 사실이다. 죄수는 혼자 있기를, 그리고 혼자 생각에 잠길 수 있기를 간절히 바랐다. 그는 자기만의 은밀함과 고독을 그리워했다. 나는 소위 "요양 수용소"라 불리는 곳으로 이송된 후 한 번에 5분 정도 혼자 있을 수 있는 아주 드문 행운을 갖게 되었다. 내가 일하고 있는 흙으로 지은 막사에는 열에 들떠 헛소리를 해대는 환자들이 50명 가량 꽉 들어차 있었고, 막사 뒤로 수용소 주위를 두 겹으로 둘러싼 철조망이 있었는데, 그 철조망 한 모퉁이에 조용한 장소가 한 군데 있었다. 거기에는 6구의 시체(수용소의 하루 사망률)를 덮기 위해 막대기 몇 개와 나뭇가지들을 엮어 임시로 만든 천막이 하나 있었다. 또 배수관으로 통하는 통로도 하나 있었다. 나는 치료할 환자가 없을 때면 언제나 이 통로의 나무 뚜껑 위에 쪼그리고 앉아 있곤 했다. 그냥 거기 앉아서 꽃이 피어있는 산비탈들과 저 멀리 푸른 언덕들이 바라다보이는 바바리아의 풍경을, 그물 모양을 한 철조망 사이로 바라보았다. 나는 한없는 그리움으로 꿈을 꾸었다. 그리고 나의 생각은 나의 집이 있는 곳, 북쪽과 북동쪽으로 정신없이 헤매 다녔다. 그러나 눈앞에 보이는 것은 구름뿐이었다.

내 곁에는 이가 득실거리는 시체들이 있었지만 방해가 되지는 않았다. 지나가는 감시병들의 발자국 소리만이 내 꿈을 깨뜨렸다. 혹은 병실로 돌아오라거나 막사에 의약품이 도착했다고 부르는 소리에 꿈이 깨어지곤 했다. 의약품이라고 해 봐야 환자 50명에게 며칠 분량으로 아스피린 다섯 알 내지는 열 알 정도가 고작이었다. 나는 환자들을 불러모아 내 주위에 둘러서게 한 다음 그들의 맥박을 재고, 심한 환자들에게만 아스피린 반 알씩을 주었다. 가망이 없는 환자들에게는 약을 주지 않았다. 그들에게는 약도 소용이 없었고, 또 게다가 아직 가망이 있는 환자들을 위해 약을 아껴야 했기 때문이다. 가벼운 환자들에게는 몇 마디 말로 격려나 해주는 것이 고작이었다. 나 자신 발진티푸스를 심하게 앓아 쇠약해질 대로 쇠약해진 몸을 질질 끌며 이런 식으로 환자들 사이를 돌아다녔다. 그런 다음 다시 배수로 나무 뚜껑 위의 나만의 장소로 되돌아가곤 했다.

이 배수로는 우연히 세 명의 동료 죄수들의 목숨을 구한 일이 있었다. 해방되기 얼마 전 죄수들이 다하우로 대량 수송되었는데, 이때 세 명이 현명하게도 이 여행에서 빠지려고 했다. 그들은 이 배수로로 기어 내려가서는 감시병들의 눈을 피해 그곳에 몸을 숨겼다. 나는 조용히 뚜껑 위에 앉아서 천진난만한 얼굴로, 철조망에 자갈을 던지는 어린애 같은 놀이를 하고 있었다. 감시병은 나를 보자 잠시 망설였으나 그대로 가버렸다. 나는 곧 밑에 있는 사람들에게 위기는 지나갔다고 말해 주었다.

수용소에서는 인간의 목숨이 얼마나 하찮은 것인지 경험해 보지 않은 사람은 납득하기 매우 어려울 것이다. 수용소 재소자는 무감각해져 있다. 그러나 환자들을 수송할 준비를 하는 것을 보면 인간의 존재가 이렇게도 완전히 무시될 수 있다는 것을 좀더 잘 알게 될 것이다. 환자들의 비쩍 마른 몸뚱이들이 바퀴 둘 달린 손수레에 던져지면 죄수들이 그것을 다음 수용소까지 눈보라 속을 헤치며 몇 마일씩 끌고 간다. 만약 어떤 환자가 손수레가 떠나기 전에 죽어버렸다 해도, 어쨌든 그는 던져진다. 환자의 명단은 정확해야 하니까! 중요한 것은 명단뿐이다. 사람이 가치를 지녔다면 그것은 오로지 그가 죄수 번호를 가졌기 때문이었다. 사람이 문자 그대로 번호가 되고 말았으며, 죽었든 살아있든—그것은 중요하지 않았다. 번호의 삶이란 정말 완전히 얼토당토않은 것이다. 그 번호의 삶 뒤에 있는 것, 즉 한 사람의 운명, 경력, 이름은 조금도 문제가 되지 않았다. 환자들이 수송될 때 나는 의사의 자격으로 그들과 함께 바바리아의 한 수용소로부터 다른 수용소로 따라가야 했다. 거기에 한 젊은 죄수가 있었는데, 그의 동생은 명단에 들어 있지 않아 수용소에 그대로 남아있어야 했다. 그 젊은이가 하도 애원하는 바람에 수용소 관리인은 바꿔치기하기로 마음먹었고, 그래서 그의 동생을 마침 수용소에 그대로 있고 싶어하는 어떤 사람과 바꾸게 되었다. 그러나 명단은 틀림없어야 했다! 그건 쉬운 일이었다. 그 사람 동생을 다른 죄수와 번호만 바꾸면 되었던 것이다.

앞에서도 말한 것처럼, 우리들은 기록이 전혀 없었다. 그래서 우리는 누구나 자기의 육체를 가지고 있는 것을 다행으로 여겼고, 또 어쨌든 아직은 숨을 쉬고 있었던 것이다. 그것 외에, 즉 누더기를 걸치고 있는 이 음산한 해골 외에 우리들이 가지고 있는 것이라면 기껏해야 환자들이 수송될 때 자기에게 배당되는 것이 없을까 하는 정도의 관심이 전부였다. "회교도들"이 떠날 때면 그들의 외투나 신발이 자기 것보다 좀 낫지 않나 하는 조금은 뻔뻔스러운 호기심으로 검사하곤 했던 것이다. 결국 그들의 운명은 결정되었으니까. 하지만 수용소에 남아있는 사람들, 아직은 얼마간 일할 능력이 있는 사람들은 살아남을 기회를 더 많이 만들기 위해 온갖 수단 방법을 다 이용해야 했다. 그들은 감상에 젖어 있을 수가 없었다. 죄수들은 자기의 운명이 순전히 감시병들의 기분에 좌우된다는 것을—운명의 노리개라는 것을—알고 있었으며, 이것이 환경이 만들어주는 것보다 그들을 한층 더 비인간적으로 만들어갔다.

아우슈비츠에서 나는 나 자신의 규칙을 하나 만들어놓았다. 이것이 좋다는 것이 입증되자 나중에는 많은 동료들이 그 규칙을 따랐다. 나는 대개의 경우 무슨 질문에든지 성실하게 대답해 주었다. 그러나 의미가 분명치 않은 질문에 대해서는 침묵을 지켰다. 누가 내게 나이를 물으면 나는 내 나이를 말해 주었다. 그러나 나의 직업에 대해서 물으면 나는 그저 “의사”라고만 할 뿐, 복잡하게 늘어놓지는 않았다. 아우슈비츠에서의 첫날 아침에 한 친위대 장교가 점호장으로 왔다. 우리는 곧 몇 개의 그룹으로 나뉘어졌다. 40세 이상, 40세 이하, 금속 세공인, 기계공, 기타 등등. 그런 다음 우리는 탈장 검사를 받고 몇 명은 또 새로운 그룹으로 만들어졌다. 내가 속한 그룹은 다른 막사로 끌려갔고, 거기서 우리는 또 다시 줄을 섰다. 다시 한 번 분류된 다음 나이나 직업 같은 것을 묻는 질문에 대답했다. 나는 또 작은 그룹으로 보내졌다. 한 번 더 다른 막사로 끌려가서는 또 다르게 분류되었다. 이런 일이 몇 번 되풀이되고 나서, 나는 알아들을 수 없는 외국어를 쓰고 있는 낯선 사람들 틈에 끼여 있는 자신을 발견하고는 몹시 언짢았다. 그리고는 마지막 선발이 끝나자, 첫 번째 막사에서 같이 있었던 그룹 속으로 되돌아와 있는 게 아닌가! 그들은 그 짧은 동안에 내가 막사를 몇 군데나 전전하며 다녔다는 사실을 거의 눈치도 못 챘다. 그러나 나는 알고 있었다. 그 몇 분 동안에 운명은 수많은 다른 모습으로 내 곁을 스쳐갔다는 것을.

환자들을 “요양 수용소”로 수송하려는 계획을 세울 때, 의사 두

어 명이 필요하다는 이유에서 내 이름(즉 내 번호)이 명단에 올려
졌다. 그러나 목적지가 정말로 요양 수용소인지는 아무도 확신할
수가 없었다. 몇 주일 전 이번과 똑같은 수송이 있었는데, 그때도
역시 가스실로 가는 것이라고 모두들 생각했었다. 그래서 누구나
두려워하는 야간 작업반에 자원하는 사람은 수송 명단에서 빼주겠
다고 발표하자 그 자리에서 82명이 자원하고 나섰다. 15분 후 수송
계획은 취소되었다. 그러나 82명의 자원자는 그대로 야간 작업반
명단에 올려졌다. 그들 대부분에게 이것은 두 주일 내에 죽는다는
것을 뜻했다.

이제 요양 수용소로 수송한다는 계획이 두 번째로 마련되었다.
이번에도 이것이 환자들로부터 마지막 남은 노동력을 쥐어짜 보려
는 술책인지—열 나흘간만이라도—아니면 가스실로 가는 건지 아
니면 진짜 요양 수용소로 가는 건지 아무도 알 수 없었다. 평소 내
게 호감을 갖고 있던 주임 의사가 어느 날 밤 10시 15분 전에 은밀
하게 말했다. "내가 당직실에 잘 말해 두었으니까, 당신 이름을 아
직은 명단에서 지워 버릴 수 있어요. 10시 정각까지는 가능해요."

나는, 그것은 내 방식이 아니며, 운명이 이끌어 가는 대로 따르는
법을 배웠다고 말해 주었다. 나는 말했다. "나는 친구들과 함께 있
는 것이 더 좋을 것 같소." 그러자 그는 동정 어린 눈빛으로 나를
바라보았다. 마치 뭘 알고 있기나 한 것처럼…… 그는 아무 말 없이
내 손을 잡았는데, 그것은 마치 작별을 고하는 것 같았다. 이승이
아니라 저 세상으로 떠나 보내는 것 같았다. 천천히 걸어서 막사로
돌아왔다. 친한 친구가 나를 기다리고 있었다.

"자네 정말 그들과 함께 갈 작정인가?" 그는 슬픈 어조로 물었다.

"그래, 나는 갈 거야."

눈물이 그의 눈에서 흘렀고, 나는 애써 그를 달래 주었다. 뭔가
다른 것을 해야겠다는 생각이 들어서— 유언을 남기기로 했다.

"잘 들어, 오토, 만일 내가 집에 돌아가지 못하고 아내를 다시 만
나지 못한다면, 그리고 자네가 그녀를 다시 만나게 된다면, 그때 그
녀에게 전해 주게. 내가 항상 끊임없이 그녀에 대해 이야기했다고
말이야. 내 말 명심하게. 두 번째는 내가 이 세상 어느 누구보다 그
녀를 사랑했다는 것. 그리고 세 번째는 그녀와 결혼해서 지낸 짧은
시간이 이 세상 무엇보다 좋았다는 것, 우리가 이 세상에서 겪은 그
어떤 일들보다도 좋았다는 것을 말이야."

오토, 자넨 지금 어디 있나? 살아있나? 우리가 마지막으로 함께
한 그 시간 이후로 자네에게 무슨 일이 일어난 건가? 자네, 자네 부
인을 다시 만났나? 그리고 기억하나? 자네가 어린애처럼 울고 있는
데도 내 유언을 한 마디 한 마디 외우게 하려고 내가 얼마나 애를 썼
었는지?

다음날 아침 나는 다른 환자들과 함께 떠났다. 이번에는 계략이
아니었다. 우리는 가스실로 가지 않았고, 진짜로 요양 수용소로 갔
다. 나를 동정하던 사람들이 남아있던 수용소에서는 우리가 새로
도착한 수용소보다 훨씬 더 극심한 기근을 겪었다. 그곳 사람들은
자기 목숨을 구하려고 발버둥쳤으나, 결국은 자기들의 운명을 재촉
했을 뿐이었다. 몇 달 후, 해방된 다음, 그 수용소에서 살아 나온
사람을 만났다. 그는 수용소 경찰이었는데, 산처럼 쌓아 놓은 시체
더미에서 없어진 인육 한 조각을 자기가 어떻게 찾아냈는지를 내게
말해 주었다. 누군가 냄비에 넣어 끓이고 있는 것을 찾아내서 압수

했다는 것이다. 인육을 먹는 일이 시작되었고, 나는 바로 때맞추어 그곳을 떠난 셈이었다.

이 이야기를 들으면서 테헤란의 사신(死神)이란 이야기가 생각나지 않는가? 부유하고 권세있는 어떤 페르시아 인이 어느 날 하인 한 명을 데리고 정원을 거닐고 있었다. 그런데 갑자기 하인이 외쳤다. 지금 막 사신과 마주쳤는데, 자기를 협박하더라는 것이었다. 그러면서 하인은 서둘러 말을 타고 달아나면 오늘밤 안으로 테헤란에 당도할 수 있을 것이니, 가장 빠른 말 한 필만 달라고 주인에게 애원하였다. 주인이 허락을 해주자 하인은 말을 타고 달려갔다. 집에 돌아온 주인은 집안에서 사신을 만났다. 그는 물었다. "어째서 당신은 제 하인을 놀라게 하고 위협했습니까?" 사신이 말했다. "나는 그를 위협하지 않았다. 다만 내가 오늘밤 그를 테헤란에서 만나기로 계획을 세워 놓았는데 아직도 그가 여기 있는 것을 보고 놀랐을 뿐이다."

수용소 재소자들은 어떤 일이든 간에 결정을 내리거나 앞장서서 무얼 한다거나 하는 것은 으레 피했다. 이것은, 운명이 자기의 주인이며, 따라서 어떤 식으로든 사람이 운명을 좌우하려 해서는 안되며, 운명이 이끄는 대로 따라야 한다는 느낌을 강하게 갖고 있었기 때문이다. 거기다가 또 아주 심한 무관심도 작용했는데, 그것도 죄수의 감정 중 적지 않은 부분에 기여하고 있었다. 때로는 무엇을 결정하느냐에 따라서 살 수도 있고 죽을 수도 있으므로 분명한 결단을 내려야 할 때가 있었다. 그런데 죄수는 오히려 운명에 내맡기기를 더 좋아했다. 이런 책임 회피는 탈출을 할 것인가 말 것인가를 결정할 때 가장 두드러지게 나타났다. 마음을 정해야 하는 이 몇 분간—그리고 그것은 언제나 시간 문제였다—죄수는 지옥의 고통을 맛보았다. 달아나려고 시도해 볼 것인가? 모험을 감행할 것인가?

나 역시 이런 고뇌를 경험했다. 전선이 점점 가까워질 무렵 탈출할 기회가 있었다. 동료 의사 한 명은 수용소 밖에 있는 막사에도 진료하러 가야 했는데, 그는 탈출하고 싶어했으며 나와 함께 가고 싶어했다. 어떤 환자의 병세에 대해 전문가의 자문을 구해야 한다는 구실로 나를 밖으로 데리고 나갔다. 수용소 밖에서, 외국 저항운동조직의 한 사람이 우리에게 필요한 제복과 서류를 마련해 주었다. 그런데 마지막 순간에 몇 가지 기술적인 문제가 생겨 하는 수 없이 한 번 더 수용소로 되돌아가야 했다. 우리는 이 기회를 이용하여 식량—썩은 감자 몇 개라도—을 마련하고 배낭도 구해 보기로 했다.

우리는 여자 수용소의 빈 막사로 뛰어들어갔다. 여자들이 다른 수용소로 보내진 직후라 그곳은 비어 있었다. 막사는 말할 수 없이 지저분했다. 많은 여자들이 배급을 받고는 그대로 가버린 것이 분명했다. 누더기 옷, 지푸라기, 썩은 음식, 깨진 질그릇 들이 여기저기 널려 있었다. 어떤 그릇들은 아직 꽤 쓸 만했으며 쓰임새가 아주 많을 것 같았지만, 우리는 그것들을 가져가지 않기로 결정했다. 그 무렵에 알게 된 일이지만, 당시 상황이 절망적으로 되어 가자 여자들은 그것을 음식 그릇으로만 사용한 것이 아니라 세수대야로도 쓰고 변기로도 썼다는 것이다. (수용소 당국에서는 그릇이나 도구 같은 것은 어떤 것이든 막사 안으로 들여가지 못하도록 엄격하게 규제했다. 그러나 어쩔 수 없이 그 규칙을 어겨야 하는 사람들도 있었

다. 특히 발진티푸스 환자들은 몸이 너무 쇠약해져서 부축해 주어
도 밖으로 나갈 수가 없었던 것이다.)

내가 망을 보고 있는 동안, 친구는 막사 안으로 뛰어들어가더니
외투 밑에 배낭을 숨겨 가지고 곧 돌아왔다. 내가 가져올 만한 배낭
이 안에 하나 더 있다고 그가 말했다. 그래서 교대로 내가 들어갔
다. 배낭과 함께 혹시 칫솔이라도 있을까 하여 쓰레기 더미를 뒤지
는데, 거기에 남아 뒤범벅이 된 잡동사니들 속에서 갑자기 뭔가 보
였다. 한 여인의 시체였다.

나는 내 물건들을 챙기러 막사로 뛰어갔다. 내 음식 그릇, 발진티
푸스로 죽은 어떤 환자로부터 "물려받은" 찢어진 벙어리 장갑 한
켤레, 그리고 속기로 메모를 해 둔 종이 조각 몇 장(앞에서도 말했
지만, 그 종이 조각에다가 나는 아우슈비츠에서 잃어버린 원고를
다시 쓰고 있었다)이었다. 나는 내 환자들을 마지막으로 재빨리 휙
둘러보았다. 그들은 막사 양쪽에 붙여 놓은 다 썩은 널빤지 위에서
몸을 잔뜩 웅크리고 누워 있었다. 나는 유일한 내 고향 사람에게로
갔다. 그는 거의 죽어가고 있었으며, 그의 상태가 좋지 않다는 것을
알면서도 살려 보려고 내가 무진 애를 쓴 덕분에 겨우 목숨을 부지
하고 있었다. 나는 탈출하려 한다는 것을 숨기려 했으나, 그 사람은
뭔가 이상하다는 것을 눈치챈 듯했다(아마 내가 신경질을 부렸는지
도 모르겠다). 지친 목소리로 그가 물었다. "당신도 떠날 겁니까?"
나는 부인했지만, 그러나 그의 슬픈 시선을 피하기는 어려웠다. 회
진을 끝내고 그에게로 다시 갔다. 그는 다시 절망적인 눈빛으로 나
를 바라보았는데, 그것이 내게는 어쩐지 비난의 눈초리로 느껴졌
다. 함께 탈출하자는 친구의 권유를 받아들인 그 순간부터 나를 옥

죄고 있던 꺼림칙한 느낌이 더욱 커졌다. 별안간 나는 내 손에 운명을 한 번 맡겨 보기로 마음먹었다. 막사 밖으로 뛰어나가 함께 갈 수가 없다고 친구에게 말했다. 내 환자들과 함께 그대로 남아 있기로 마음을 정했다고 단호하게 말하자마자 그 꺼림칙한 느낌이 사라졌다. 앞으로 어떤 일들이 닥쳐올지 알 수 없었지만, 그래도 전에는 한번도 경험해 보지 못했던 내면의 평화를 얻었다. 막사로 돌아와, 내 고향 사람의 발치에 앉아 그를 안심시키려 애를 썼다. 그런 다음 일시적인 정신착란 상태에 있는 다른 환자들을 진정시키려고 그들과 잡담을 나누었다.

수용소에서의 마지막 날이 찾아왔다. 전선이 가까워지자, 거의 모든 죄수들을 다른 수용소로 옮기는 대량 수송이 행해졌다. 수용소 당국자들과 카포들, 요리사들은 모두 달아났다. 그리고 이 날, 해질녘까지 수용소를 완전히 비워야 한다는 명령이 떨어졌다. 남아 있는 몇 안 되는 죄수들까지도(환자, 의사 두어 명, "간호사" 몇 명) 떠나야 한다는 것이었다. 밤이 되면 수용소에 불을 지르기로 되어 있었다. 그런데 오후가 되어도 환자들을 싣고 갈 트럭은 나타나지 않았다. 트럭은커녕 수용소 문이 갑자기 닫히고 철조망은 물 샐틈없이 감시되었다. 아무도 탈출할 시도를 하지 못하게 하기 위해서였다. 남아있는 죄수들은 수용소와 함께 불태워질 운명인 것 같았다. 두 번째로 친구와 나는 탈출하기로 했다.

우리는 시체 세 구를 철조망 울타리 밖으로 내다 버리라는 명령을 받았다. 그 일을 할 만한 힘이 있는 사람은 수용소 안에서는 우리 둘뿐이었다. 다른 사람들은 거의 모두가 고열과 정신착란으로 쇠약해져서 아직 폐쇄되지 않은 몇 군데 막사에 누워 있었다. 첫 번째 시체를 내갈 때 관 대신 쓰고 있는 낡은 세탁물 통 속에다 친구의 배낭을 숨겨서 몰래 내가기로 했다. 두 번째 시체를 내갈 때 같은 방법으로 내 배낭을 옮기고, 세 번째에 탈출하기로 했다. 두 번째까지는 계획대로 잘 되었다. 수용소로 되돌아와서 나는 친구가 빵 한 조각이라도 찾으려고 돌아다니는 동안 기다렸다. 앞으로 며칠 동안 숲속에서 지내려면 먹을 것이 필요했기 때문이다. 나는 기다렸다. 잠시 시간이 흘렀다. 그가 돌아오지 않자 점점 더 조바심이 났다. 3년 동안이나 감금되어 있던 터라, 나는 전선을 향해 달려가면 얼마나 멋질까 하고 상상하면서 즐겁게 자유를 그려보고 있었다. 그러나 우리는 가지 못했다.

나의 친구가 막 돌아왔을 때 수용소 문이 활짝 열렸다. 적십자 마크를 크게 그린 알루미늄 빛깔의 눈부신 차가 점호장으로 천천히 굴러 들어왔다. 제네바에 본부를 둔 국제 적십자사에서 대표자가 도착했고, 수용소와 수용소 재소자들은 이제 그의 보호를 받게 되었다. 그 사람은 근처에 있는 한 농가에 숙소를 정했다. 긴급 사태에 대비하여 24시간 수용소 가까이 있으려는 것이었다. 이 상황에서 누가 탈출하려고 고심하겠는가? 의약품 상자들이 차에서 내려졌고, 담배가 지급되었으며, 사진도 찍었다. 우리들의 즐거움은 극에 달했다. 이제 우리는 전선을 향해 달려가는 모험을 할 필요가 없었다.

흥분한 나머지 우리는 세 번째 시체를 깜빡 잊고 있었다. 그래서 그것을 끌고 나가 아까 시체 세 구를 묻기 위해 파놓았던 좁은 무덤 속으로 던져 넣었다. 우리와 함께 간 감시병은—다른 사람들에 비해서는 덜 고약한 사람이었다—갑자기 아주 유순해졌다. 형세가 바

필지도 모른다는 것을 알고는 우리의 호의를 얻으려고 애를 썼다. 그는 죽은 사람들에게 흙을 덮기 전에 그들을 위해 드리는 짧은 기도도 같이 했다. 지난 몇 날 몇 시간의 긴장과 흥분이 가라앉고, 이 마지막 며칠을 넘기지 못하고 죽어간 우리 동포를 위해 평화를 기구하는 우리의 기도는 인간의 음성으로 말해지는 그 어떤 기도보다도 간절한 것이었다.

수용소의 마지막 날은 이렇게 자유에 대한 기대 속에서 지나갔다. 그러나 우리는 너무 일찍 기뻐했다. 적십자사 대표는 협정이 조인되었으며, 따라서 수용소를 비우지 않아도 된다고 우리를 안심시켰었다. 그런데 그날 밤 친위대가 트럭을 가지고 와서는 수용소를 깨끗이 비워야 한다는 명령을 전달했다. 마지막 남은 죄수들을 중앙수용소로 보낼 것이며, 거기서 48시간 이내로 스위스로 보내서 몇몇 전쟁 포로들과 교환할 예정이라는 것이었다. 친위대원들은 거의 알아보지 못할 정도로 변했다. 그들은 아주 친절하게, 두려워하지 말고 트럭에 타라고 우리를 애써 설득하려 했으며, 이런 행운에 감사해야 한다고 말했다. 그리하여 힘이 남아있는 사람들은 트럭으로 몰려가 올라탔고, 심하게 아프거나 약한 사람들은 힘겹게 끌어올려졌다. 내 친구와 나는—이제는 배낭을 감추지도 않았다—마지막 그룹에 서 있었다. 그 중에서 열세 명만이 마지막에서 두 번째 트럭에 타기로 되어 있었다. 주임 의사가 트럭에 탈 인원을 세었는데 그만 우리 두 사람을 빼놓고 말았던 것이다. 열세 명은 트럭에 탔고 우리는 뒤에 남아야 했다. 놀라고 몹시 화가 나고 또 실망해서, 우리는 주임 의사에게 마구 대들었다. 그는 자기가 피곤하고 머리가 혼란스러워서 그랬다고 하며 사과했다. 우리가 여전히 탈출하려 한다고 생각했다는 것이다. 우리는 조바심이 나서 등에 배낭을 짊어진 채 풀썩 주저앉고 말았다. 그리고는 다른 죄수 몇 명과 함께 마지막 트럭이 오기를 기다렸다. 오랫동안 기다리다가 하는 수 없이 텅 빈 초소의 매트리스 위에 드러누웠다. 이 마지막 며칠 동안의 흥분으로 지칠 대로 지쳐 있었다. 요 며칠 동안 우리는 희망과 절망 사이를 끊임없이 오르내렸던 것이다. 그리하여 우리는 여행에 대비해 옷과 신발을 신은 채로 잠이 들었다.

시끄러운 총과 대포 소리가 우리를 깨웠다. 조명탄이 번쩍이고 총알이 막사 안으로 날아왔다. 주임 의사가 쏜살같이 뛰어들어오더니 모두 마룻바닥에 엎드리라고 소리쳤다. 한 죄수가 신발을 신은 채로 침대에서 내 배 위로 뛰어내리는 바람에 나는 정신이 번쩍 들었다. 그제서야 우리는 무슨 일이 일어나고 있는지를 알게 되었다. 전선이 바로 우리 눈앞까지 온 것이었다. 수용소 문에는 백기가 바람에 날리고 있었다.

그 최후의 몇 시간에서조차도 운명이 몇 안 남은 죄수들을 우롱했었다는 사실을 몇 주일 후에 알았다. 인간이 하는 결정이란, 삶과 죽음의 문제에 있어서는 더더욱 얼마나 믿을 수 없는 것인가를 깨달았다. 우리 수용소에서 멀지 않은 곳에 있는 한 작은 수용소에서 찍은 사진을 본 적이 있다. 그날 밤 자유의 세계로 떠난다고 생각했던 친구들은 트럭을 타고 그 수용소로 옮겨졌다. 그들은 거기서 막사 안에 갇힌 채 불에 타 죽었다. 그들의 몸이 군데군데 숯이 되어버린 것을 사진으로도 알아볼 수 있었다. 나는 다시 한번 테헤란의 사신을 생각했다.

방어기제로서의 역할은 별문제로 하고, 죄수들의 냉담함은 다른 요인들의 결과이기도 했다. 굶주림과 수면부족은 냉담함의 큰 요인이 되었으며(정상적인 생활에서도 마찬가지겠지만), 그것은 또한 죄수들의 정신상태의 또 다른 특성인 성급함에도 그 원인을 제공했다. 수면부족은 끔찍할 정도로 막사를 뒤덮고 들끓는 기생충에 시달리는 데에도 어느 정도 원인이 있었다. 수용소에는 위생법이라든가 위생시설 따위는 없었기 때문이다. 또 니코틴이나 카페인을 전혀 맛볼 수 없는 것도 냉담하고 성급한 심리상태의 한 요인이 되었다.

이런 신체적 원인들 말고도 일종의 컴플렉스의 형태로 나타나는 정신적 원인들도 있었다. 죄수들 대다수는 열등감에 시달리고 있었다. 우리는 모두 과거에는 아니면 적어도 한때는 자신이 "괜찮은 사람"이라고 자부하고 있었다. 그런데 지금은 완전히 보잘것없는 사람, 존재하지도 않는 사람 취급을 당하고 있는 것이었다.(인간이 지닌 내적 가치에 대한 의식은 보다 높고 보다 나은 정신적인 것에 닻을 내리고 있으며, 그것은 수용소 생활 따위로는 흔들릴 수 없는 것이다. 그러나 죄수들은 말할 것도 없고 자유인들 중에서도 그러한 내적 가치를 지니고 있는 사람이 얼마나 되겠는가?) 그런 것에 대해 의식적으로 생각해 보지도 않고서 평범한 죄수는 자신이 밑바닥까지 추락했다고 슬퍼하는 것이다. 이것은 수용소 특유의 사회학적인 구조를 살펴보면 그 차이가 명백해진다. 보다 "중요한" 죄수들, 즉 카포, 요리사, 창고 관리인, 수용소 경찰 들은 일반적으로, 대부분의 죄수들과는 달리 자신이 추락했다고는 전혀 생각하지 않았고, 반대로—승진했다고 생각했다! 그들 중에는 약간의 과대망상 증세로까지 진전된 사람도 있었다. 이들 행복한 소수에 대해 시기하고 투덜대는 다수의 정신적 반응은 여러 가지로 나타났으며, 때로는 농담으로 표현되기도 했다. 예를 들어보자. 나는 한 죄수가 어떤 카포에 대해 다른 죄수에게 말하는 것을 들었다. 그는 말했다.

"상상 좀 해보라구! 내가 그 녀석을 처음 알았을 때 녀석은 어떤 큰 은행의 총재였어. 그런데 지금은 저렇게 출세했으니 도대체 그게 행운이 아니고 뭐겠어?"

강등된 다수와 승진한 소수가 충돌할 때마다(음식 배급을 비롯해서 이런 일은 수없이 일어났다) 그것은 감정 폭발로 끝이 나기 마련이었다. 그러므로 성급함(이것의 신체적 원인은 위에서 논의되었다)은 이런 심리적 긴장감이 더해질 때 가장 극심해졌다. 따라서 이러한 긴장상태가 대개의 경우 싸움으로 끝나는 것은 놀라운 일도 아니다. 죄수는 구타 장면을 끊임없이 목격하기 때문에 폭력을 사용하고 싶은 충동이 증가하는 것이다. 나 자신만 해도 굶주리고 피곤할 때 화가 치밀어 오르면 두 주먹을 불끈 쥐곤 했다. 나는 항상 몹시 피곤했다. 우리 막사에는 발진티푸스 환자들을 위해 난로에 불을 피우는 것이 허락되었는데, 내가 밤새도록 불을 지펴야 했기 때문이다. 그러나 다른 사람들이 헛소리를 하거나 잠든 한밤중에 가장 낭만적인 시간을 가질 수도 있었다. 이럴 때면 난로 앞에 몸을 쭉 뻗고 길게 누워서 슬쩍 해온 감자 몇 알을 역시 훔쳐온 석탄으로 지핀 불에다 구워 먹었다. 그러나 그런 다음 날에는 언제나 한층 더 피곤하고 무감각해지고 화가 잘 나는 것을 느꼈다.

내가 발진티푸스 병동에서 의사로 일하고 있는 동안에 병동의 고참 관리인이 아파서 내가 그의 일까지도 대신해야만 했다. 따라서 막사를 깨끗하게—만일 "깨끗하다"라는 단어가 그런 상태를 묘사하는 데에도 사용될 수가 있다면—하게 유지해야 할 책임을 내가 지게 되었다. 수용소 당국자들은 검열한다는 핑계로 걸핏하면 막사에 들르곤 했는데, 그 목적은 위생이 아니라 괴롭히려는 것이었다. 아마 금 나은 음식과 의약품 몇 가지를 보태주기는 하겠지만, 그러나 검열관들의 관심은 복도 한가운데에 지푸라기 하나라도 떨어져 있는지, 또는 더럽고 다 떨어지고 이가 득실거리는 담요를 환자들의 발치에 단정하게 개어 놓았는지 하는 것뿐이었다. 내가 빡빡 깎은 내 머리에서 죄수 모자를 휙 벗고 발꿈치를 소리나게 착 붙이면서, "막사 번호 Ⅵ/9, 환자 52명, 간호 보조원 2명, 의사 1명입니다." 하며 민첩하게 보고하면 그들은 만족했다. 그게 끝나면 그들은 가버린다. 그러나 그들이 도착할 때까지—그들은 발표한 것보다 몇 시간이나 늦게 올 때도 자주 있었고, 아예 오지 않을 때도 있었다—나는 어쩔 수 없이 담요들을 정리해야 하고 침상에서 떨어진 지푸라기 조각들도 주워야 하고 또 침대에서 몸부림을 쳐서 단정하고 깔끔하게 하려는 내 모든 노력을 수포로 돌아가게 하는 그 가련한 녀석들에게 계속 고함을 질러대야 했다. 냉담함은 고열 환자들 사이에서는 특히 더 심해져서, 고함을 질러대지 않으면 전혀 반응을 보이지 않았다. 더군다나 이런 노력이 수포로 돌아갔을 때, 그들을 때리지 않으려면 엄청난 자제력이 필요했다. 왜냐하면 다른 사람이 냉담한 태도를 보이면 참을 수 없이 화가 나게 마련이며, 그로 인해 위태로워질 때는(다시 말해서 검열관이 오고 있다든가 해서) 특히 더 화가 나는 것이다.

강제수용소 재소자의 전형적인 특성을 심리학적인 면에서 제시하고 정신병리학적 측면에서 설명을 해보려고 했는데, 혹시 내가 인간은 완전히 그리고 불가피하게 환경의 지배를 받는 존재라는 인상을 주었을지도 모르겠다.(이 경우 환경이란 수용소 생활의 독특한 구조를 말하는데, 그것은 죄수로 하여금 자신의 행동을 짜여진 일정한 틀에 맞추도록 강요하였다.) 그렇다면 인간의 자유는 어떤가? 주어진 환경에 대처해서 행동하고 반응을 나타낼 정신적 자유는 없다는 말인가? 우리에게 인간이란 제한적이고 환경적인 여러 요인들—그 요인이 생물학적 특성에 기인하는 것이든, 심리학적 특성 혹은 사회학적 특성에 기인하는 것이든—의 산물일 뿐이라고 믿게 하려는 그 이론은 진실인가? 인간이 이러한 것들에 의해 우연히 만들어진 것에 지나지 않는다는 말인가? 무엇보다 중요한 것은, 강제수용소라는 예외적인 세계에 대한 죄수들의 반응으로 인간은 그를 둘러싸고 있는 주위 세계의 영향으로부터 도피할 수 없음이 증명되는가, 그러한 환경에 직면해서 자신의 행동을 결정할 선택권이 인간에게는 전혀 없는가 하는 것이다.

우리는 이 질문들에 대한 답을 원리에 입각해서 뿐만 아니라 경험을 통해서도 얻을 수 있다. 수용소 생활의 경험을 통해서 인간은 행동의 선택권을 가지고 있다는 것을 알 수 있다. 영웅적인 사람들이 냉담함을 극복하고 성급하게 화내는 것을 억제하는 모습을 많이 볼 수 있었다. 인간은 정신적으로 육체적으로 억압당하는 그런 끔찍한 상태에서조차도 정신적 자유, 독립적인 사고방식의 흔적을 간직할 수 있다.

강제수용소에서 살았던 우리들은 막사 앞을 지나가며 다른 사람들을 위로해 주거나 자기에게 남은 마지막 빵 조각까지 다 주어 버리던 사람들을 기억할 수 있다. 물론 그렇게 할 수 있는 사람은 수적으로는 몇 안 되지만, 그들은 인간이 모든 것을 다 빼앗겨도 단 한 가지 절대 빼앗기지 않는 것이 있다는 증거를 충분히 제시하고 있다. 그것은 인간의 마지막 자유—즉 어떠한 환경에 놓이더라도 자신의 태도를 선택하고, 자기자신만의 방식을 선택할 수 있는 자유이다.

그리고 수용소에서는 언제나 선택을 해야 했다. 매일, 매순간, 결정을 내려야 할 일들이 있었다. 그 결정이란, 다름아닌 바로 우리 자신과 우리의 내적 자유를 우리들에게서 빼앗겠다고 위협하는 권력에 복종할 것인가 하지 않을 것인가를 결심하는 것이었다. 또 그것은 스스로 전형적인 재소자의 모습으로 살기 위해 자유와 품위를 포기하고 환경의 노리개가 될 것인가를 결심하는 것이었다.

이런 관점에서 본다면, 강제수용소 재소자들의 정신적 반응은 어떤 육체적 상태나 사회학적 상태에 대한 단순한 표현 이상인 것이 틀림없는 듯하다. 비록 수면부족과 불충분한 음식 그리고 여러 형태의 정신적 억압 때문에 재소자들이 일정한 방식으로 반응을 보일 수밖에 없다 할지라도, 최종적으로 분석을 해보면, 죄수가 어떤 사람이 되느냐 하는 것은 그 자신이 스스로 어떤 결정을 내렸는가에 달려 있지, 수용소 탓만은 아니라는 점이 분명해진다. 그러므로 그러한 상황에서조차도 누구든지 자신이 지적으로, 정신적으로 어떤 사람이 될 것인가를 기본적으로 결정할 수 있다. 강제수용소에 있더라도 자신의 인간다운 품위를 계속 간직할 수 있다는 말이다. 도스토예프스키는 이런 말을 한 적이 있다. "내가 가장 두려워하는 것은 오직 한 가지, 나의 고통이 가치를 상실하게 되는 것뿐이다."
이 말은 인간의 마지막 내면적 자유는 빼앗을 수 없다는 사실을, 수
용소에서 행동으로써 그리고 고통과 죽음으로써 증명한 순교자들
을 알게 된 후로 내 마음에 자주 떠오르는 말이다. 그들은 자신의
고통을 가치있는 것으로 만들었으며, 그들이 고통을 참아낸 방법은
진정한 내면적 성취라고 말할 수 있다. 삶을 의미있고 목적이 있는
것으로 만드는 것은 바로 아무에게도 빼앗길 수 없는 이 정신적 자
유이다.

　적극적인 삶은 생산적인 일에서 가치를 실현시킬 기회를 인간에
게 주며, 반면에 즐거움을 찾는 소극적인 삶은 아름다움이나 예술,
자연 등을 체험하는 데에서 충족감을 얻을 기회를 준다. 그러나 창
조도 즐거움도 없고, 높은 도덕적 행위라는 한 가지 가능성만을 허
용하는 그런 삶에도 목적은 있다. 다시 말하면 그런 삶은 자기의 존
재방식에 대한 태도를 취함에 있어 외부의 힘에 의해 제한을 받는
다. 창조적인 삶과 즐거움을 찾는 삶은 그에게는 금지되어 있다. 그
러나 창조와 즐거움만이 의미가 있는 것은 아니다. 삶에 적어도 어
떤 의미가 있다면, 고통에도 반드시 어떤 의미가 있어야 한다. 고통
은 운명이나 죽음처럼 삶에서 빼놓을 수 없는 한 부분이다. 고통과
죽음 없이는 인간의 삶은 완전할 수 없다.

　한 인간이 자기의 운명과 또 그에 따르는 모든 고통을 어떤 식으
로 받아들이느냐, 자기에게 주어진 시련을 어떻게 감당하느냐 하는
것은, 설사 그가 가장 힘겨운 환경에 처해 있다 할지라도, 그의 삶
에 깊은 의미를 더해 주기에 충분한 기회를 줄 것이다. 그것은 결국
용기있고, 고귀하며 이기적이지 않은 사람이 되는 것이다. 그렇지

않으면 자기보존을 위한 혹독한 싸움에서 그는 자기의 인간다운 품위를 잃고 말 것이며 따라서 한낱 짐승에 지나지 않는 존재가 되고 말 것이다. 여기에서 우리는 어려운 상황을 견뎌냄으로써만 얻을 수 있는 도덕적 가치들을 획득할 기회를 이용하든가 아니면 버리든가 둘 중 하나를 선택해야 한다. 그리고 이 선택이 자신의 고통이 가치있는 것이 되느냐 못 되느냐를 결정한다.

이상에서 본 것들이 이 세상 것이 아니며 우리의 실제 삶과는 전혀 동떨어져 있다고는 생각하지 말라. 그런 높은 도덕적 수준에 도달할 수 있는 사람이 몇 안 된다는 건 사실이다. 죄수들 중 몇 사람만이 충만한 내적 자유를 계속 지녔고, 또 고통으로부터 주어진 그런 가치들을 획득했다. 그러나 그와 같은 사례가 단 한 사람뿐이라 하더라도, 그 한 사람만으로도 인간의 내적인 힘은 인간을 외적인 운명 이상으로 끌어올릴 수 있음을 충분히 증명하고도 남는다. 그런 사람들이 강제수용소에만 있는 것은 아니다. 어디에서나 인간은 운명에 직면하고, 자신의 고통을 통해서 무언가를 성취할 기회와 직면해 있다.

환자들의 운명, 특히 불치의 환자들의 운명을 예로 들어 보자. 병든 어떤 젊은이가 친구에게 보낸 편지 한 통을 언젠가 읽은 적이 있다. 그 편지에서 그는 자기가 얼마 살지 못할 것이라는 사실을 방금 알게 되었으며, 수술을 해도 전혀 가망이 없다고 했다. 그의 편지는 계속되었다. 그는 자기가 본 어떤 영화 속에서, 용기있고 품위있게 죽음을 기다리는 사람의 모습을 극적으로 표현한 한 남자가 기억난다고 했다. 그 젊은이는 죽음을 그렇게 훌륭하게 맞이하는 것이 위대한 실현이라고 생각하고 있었다. 그는, '이제 운명은 나에게 그와 비슷한 좋은 기회를 주고 있다' 라고 썼다.

오래 전 톨스토이 원작의 "부활"이라는 영화를 보았던 사람들도 같은 생각을 했을 것이다. 엄청난 운명들과 위대한 사람들이 거기 있었다. 그 당시 우리에게는 위대한 운명도, 그리고 그런 위대함을 성취할 기회도 있을 것 같지 않았다. 영화가 끝난 후 우리는 가까운 카페에 들어가서 커피와 샌드위치를 앞에 놓고는, 한순간 마음에 떠올렸던 미지의 형이상학적 생각들을 모두 잊어버렸다. 그런데 우리 자신이 엄청난 운명에 직면해서 바로 그와 같은 정신적 위대함으로 그 운명과 맞부딪칠 결심을 해야 했을 때, 그때 우리는 오래 전에 했던 젊은 시절의 결심을 이미 잊어버린 뒤였다. 그래서 우리는 실패했다.

아마 우리들 중 누군가는 뒷날 그 영화를 다시 보았거나 아니면 그 비슷한 영화를 보았을지도 모른다. 그러나 그때 그의 머릿속에서는 다른 모습들이 보였을 것이다. 감상적인 영화 한 편이 보여줄 수 있는 것보다 훨씬 더 많은 것을 자신의 삶에서 달성한 사람들의 모습들이 말이다. 특별한 어떤 사람이 지닌 정신의 고귀함을 보여주는 상세한 이야기들이 마음 속에 떠올랐을 것이다. 마치 어떤 강제수용소에서 내가 목격한 한 젊은 여인의 이야기처럼. 그것은 단순한 이야기이다. 이야기할 것도 별로 없으며 마치 내가 지어낸 이야기처럼 들릴지도 모르겠다. 그러나 나에게는 한 편의 시와 같다.

그 젊은 여인은 자기가 이제 며칠 안으로 죽게 될 거라는 것을 알고 있었다. 하지만 그럼에도 불구하고 내가 말을 걸자 그녀는 쾌활하게 이야기를 했다. 그녀는 말했다. "운명이 나에게 이런 혹독한 시련을 준 데 대해 감사하고 있어요. 예전엔 내 멋대로였고, 정신적인 성취에 대해서는 생각해 본 적도 없었어요." 그녀는 막사의 창문 밖을 손가락으로 가리키며 말했다. "여기 있는 이 나무가 내가 외로울 때 유일한 친구가 되어 주었어요." 그 창문을 통해 그녀가 볼 수 있는 것은 밤나무의 가지 한 개뿐이었는데, 그 가지에는 꽃 두 송이가 피어 있었다. "나는 이 나무와 자주 이야기를 해요." 하고 그녀가 말했다. 그 말에 나는 깜짝 놀랐고, 정말이지 그 말을 어떻게 받아들여야 할지 몰랐다. 이 여자가 정신착란을 일으키고 있나? 가끔씩 환각 증세를 보이는 걸까? 이렇게 생각하며 조심스럽게, 나무가 대답을 하더냐고 그녀에게 물었다. "그럼요." 도대체 그 나무는 그녀에게 뭐라고 말을 했을까? 그녀가 대답했다. "내게 이렇게 말했어요. '나는 여기 있다—나는 여기 있다—나는 생명, 영원한 생명이다.'"

지금까지 말한 것처럼, 죄수의 내적 자아의 상태에 끝까지 책임이 있는 것은, 앞에서 열거한 심리적 및 신체적 요인들이 아니라 오히려 자유의지로 내린 결정의 결과였다. 죄수들을 심리학적으로 관찰해 보면 자신들의 도덕적, 정신적 자아에 있어서 마음의 피난처가 붕괴되도록 내버려둔 사람들만이 수용소의 타락한 권세에 희생되었음을 알 수 있다. 그렇다면 여기서 의문이 생겨난다. 즉, 무엇이 이러한 "마음의 피난처"를 만들 수 있었으며, 또한 무엇 때문에 만들어야 했겠는가?

과거에 죄수였던 사람들이 자기들의 체험을 글로 쓰거나 이야기할 때면 입을 모아 말하는 것이 있다. 즉, 얼마나 오랫동안 수용소에 갇혀 있어야 되는지 알 수 없는 것이 무엇보다도 괴로웠다는 것이다. 죄수들은 자기가 해방될 날이 언제인지 전혀 알지 못했다.

(우리 수용소에서는 그것에 관해 이야기하는 것조차도 무의미한 일이었다.) 사실상 감금기간은 불확실할 뿐만 아니라 기한이 있는 것도 아니었다. 한 저명한 심리학자는 강제수용소에서의 삶이란 "잠정적 존재"라고 했다. 우리는 여기에 덧붙여서 "기한을 알 수 없는 잠정적 존재"라고 정의를 내릴 수 있다.

새로 도착한 죄수들은 그 수용소가 어떤 상태인지 전혀 모르고 있는 게 보통이었다. 다른 수용소에서 돌아온 사람들은 침묵을 지켜야 했고, 또 어떤 수용소에서는 단 한 명도 살아 돌아오지 못했기 때문이었다. 수용소에 들어오자마자 사람들의 마음속에서는 변화가 일어났다. 여기가 어떤 곳인가 하는 불안이 끝나면서 동시에 언제 끝날까 하는 불안이 찾아오는 것이다. 도대체 이런 형태로 살아가야 하는 것이 끝이 날지 어떨지, 끝난다면 그게 언제일지 전혀 예측할 수 없는 일이었다

라틴어의 *finis*라는 단어에는 두 가지 뜻이 있다. 하나는 끝 또는 완성이라는 뜻이고, 또 하나는 도달하고자 하는 목표라는 뜻이다. 자신의 "잠정적 존재"의 끝을 알 수 없는 사람은 삶의 궁극적인 목표를 향해 나아갈 수도 없었다. 그는 정상적인 생활을 하는 사람과는 대조적으로 미래를 위해 사는 일을 포기해야 했다. 그러자 그의 내면적인 삶의 뼈대 전체가 뒤흔들렸다. 우리가 알고 있는 삶의 다른 영역에서도 쇠퇴의 기미가 나타나기 시작했다. 이와 비슷한 처지에 있는 실직 노동자를 예로 들어보자. 그의 존재는 잠정적인 것이 되고 말았으며, 어떤 의미에서는 그는 미래를 위해 살 수도 없고 어떤 목표를 세울 수도 없다. 실직한 광부들을 대상으로 한 연구 보고를 보면, 실직 상태가 빚어낸 그들 특유의 일그러진 시간—마음

의 시간—으로 고통스러워하고 있음을 알 수 있다. 죄수들 역시 이 기이한 "시간 체험"으로 고통받았다. 수용소에서는, 예를 들어 하루 같은 짧은 시간 단위는 끊임없이 가해지는 고문과 끝이 없을 것 같은 노역으로 가득 차 있었다. 그런데 좀 큰 시간 단위, 예를 들어 일주일 정도는 눈 깜짝할 사이에 지나가 버리는 것 같았다. 내가 수용소에서는 하루가 일주일보다 더 길게 느껴진다고 말하자 동료들도 동의했다. 이 얼마나 역설적인 시간 체험인가! 여기에서 토마스 만(Thomas Mann)의 『마의 산』이란 작품이 떠오른다. 이 작품에는 매우 날카로운 심리적 비평 몇 가지가 담겨 있다. 이 작품에서, 만은 심리적으로 비슷한 입장에 있는 사람들, 즉 자기가 언제 퇴원하게 될지 알 수 없는 한 요양소의 결핵 환자들의 정신적 발달에 대해 연구했다. 그들은 모두 비슷한 생활—미래도 없고 목표도 없는 생활을 체험한다.

역에 도착하자마자 낯선 사람들과 함께 기나긴 대열에 섞여 수용소까지 행진해 온 한 죄수는, 뒷날 내게 이런 말을 했다. 그때 자기는 마치 자신의 장례식에 행진해 가고 있는 것 같았다는 것이다. 그의 삶에서 미래란 완전히 없어진 것 같았다. 그는 자신의 미래는 끝났다고 생각했다. 이미 죽은 사람 같았다. 여기에 다른 원인들이 더해져서 이미 죽은 거나 다름없다는 이 생각을 부채질하였다. 다른 원인들이란 시간적으로는 감금기간이 무제한이라는 것으로, 이것이 가장 심각한 것이었다. 공간적으로는 철조망 바깥 세계는 이제 아득하게 멀어졌다는 것이었다. 손이 미치지 않는 곳, 그리고 어떤 점에서는 실재하지 않는 곳이 되었다. 바깥 세계의 사건들과 바깥 세계의 사람들 그리고 그곳에 있는 모든 정상적인 생활은 죄수들에게는 그림자 같은 것들이었다. 바깥 세계는, 물론 그가 알고 있는 범위에 국한되긴 하지만, 죄수에게는 마치 죽은 사람이 저승에서 이승을 내려다보는 것처럼 보였다.

미래의 어떠한 목표도 찾을 수 없다고 하여 자신이 퇴행하는 것을 내버려두는 사람은 과거를 회고하는 데에만 몰두하게 된다. 공포로 가득 찬 현재를 좀더 비현실적인 것으로 만들어 보려고 과거에 집착하는 경향에 대해서는 이미 앞에서 말했었다. 그러나 현재가 실재한다는 것을 잊어버리는 데에는 위험이 따른다. 수용소 생활을 실재하는 것으로 만들 수 있는 기회, 자신이 참으로 존재할 수 있는 기회들을 지나쳐 버리기가 쉽다는 말이다. 우리의 "잠정적 존재"를 실재하지 않는 것으로 생각하는 것 자체가 죄수들에게서 살고자 하는 의지를 빼앗는 중요한 요인이었다. 자신이 실재하지 않으면 모든 것이 무의미해지기 때문이다. 그런 사람들은, 자신을 뛰어넘어 정신적으로 성장할 수 있는 기회를 인간에게 주는 것이 바로 그런 굉장히 견디기 힘든 외적 상황이라는 사실을 자주 잊어버린다. 수용소의 어려움을 자신의 정신력을 시험해 보는 기회로 삼기는커녕, 그들은 자신의 삶을 진지하게 받아들이지도 않았고 아주 보잘것없는 것으로 경멸하였다. 그들은 현실에 대해서는 아예 눈을 감아버리고 과거 속에서 살기를 더 좋아했다. 그런 사람들에게는 삶이 의미없는 것이 되고 말았다.

당연히 오직 몇 사람만이 정신적으로 높은 차원에 이를 수가 있었다. 그들에게는 인간의 위대함을 성취할 수 있는 아주 드문 기회가 주어진 것이었다. 그들은 이 세상에서의 실패와 죽음으로 보이는 것을 통해서, 그리고 정상적인 환경에서였다면 절대 성취할 수 없었을 자기실현을 통해서 인간의 위대함을 이룩하였다. 우리들 중 이 몇 사람을 제외한 나머지 평범하고 열의도 없는 다른 사람들에게는 비스마르크(Bismark)의 말이 꼭 들어맞는다. "삶이란 치과 의사 앞에 앉아 있을 때와 같다. 당신은 항상 진짜 아픈 건 이제부터일 거라고 생각하지만, 그땐 이미 끝난 뒤이다." 이것을 다른 말로 바꾸면, 수용소에 있는 사람들 대부분이 자신의 삶에서 참된 기회들은 지나가 버렸다고 믿었다는 것이다. 그러나 사실은 한 번의 기회와 한 번의 도전이 거기 있었다. 그러한 체험들을 극복해냄으로써 자신의 삶을 내면의 승리로 변화시킬 수도 있었고, 아니면 죄수들 대다수가 그랬듯이 도전을 무시하고 단순히 식물처럼 살아갈 수도 있었다.

죄수에게 미치는 수용소의 정신병리학적 영향을 정신치료법이나 정신위생학적 방법을 이용하여 치료하려면, 그에게 앞날을 생각할 수 있는 미래의 목표를 제시해 줌으로써 정신력을 길러 주는 데에 초점을 맞추어야 했다. 어떤 죄수들은 본능적으로 자신이 가지고 있는 목표를 찾으려고 하였다. 미래에 대한 기대가 없으면 살 수 없는 것-*sub specie acternitatis*-이 바로 사람의 특성이다. 그리고 이것은 가장 고통스러운 순간에서 자신을 구하는 수단이 된다.

내가 겪었던 일이 생각난다. 발이 너무 아파 거의 울면서(나는 찢어진 신을 신고 있어서 발이 끔찍할 정도로 아팠다), 기나긴 대열에 섞여 수용소에서 작업장까지 몇 킬로미터를 절름거리며 걸어갔다. 몹시 추웠고, 매서운 바람이 후려쳤다. 나는 우리의 이 비참한 삶 때문에 생겨나는 작은 문제들을 생각하고 있었다. 특별 배급으로 소시지 한 조각이 나온다면 그걸 빵 한 조각과 바꿔 먹을까? 두 주일 전에 보너스로 받은 것 중에서 마지막으로 남아있는 담배 한 개비를 국물과 바꿀까? 끊어진 신발끈 대신으로 쓸 철사 도막을 어디서 구할 수 있을까? 늦지 않게 작업장에 가면 늘 같이 일하던 작업반에 끼게 될까? 거긴 감독이 잔인할 텐데. 어떻게 하면 카포와 서로 친해질 수 있을까? 그러면 날마다 이렇게 지독하게 멀고 먼 행진을 하지 않고 수용소 안에서 일할 수 있도록 그가 도와줄 수도 있을 텐데.

나는 고작해야 이렇게 자질구레한 일들만 끊임없이 생각해야 하는 것이 역겨워졌다. 그래서 억지로라도 생각을 다른 데로 돌리려고 애를 썼다. 갑자기 내가 햇볕이 잘 드는 따뜻하고 쾌적한 강의실 강단에 서 있는 것이 보였다. 내 앞에는 청중들이 푹신한 의자에 앉아 귀를 기울이고 있었다. 나는 강제수용소의 심리상태에 관하여 강의를 하고 있는 중이었다. 그러자 바로 그때 나를 짓누르고 있는 모든 것들을 객관성을 가지고, 학문과는 거리가 먼 관점에서 보고 말하게 되었다. 이런 방법으로 내가 처해 있는 처지에서 벗어나고 순간의 고통들에서 얼마간 벗어날 수 있었다. 그리고 그것들을 옛날 일처럼 관찰했다. 나와 그리고 내가 겪은 어려움 두 가지가 다 흥미로운 정신과학적 연구과제로 나 자신에 의해 채택되었다. 스피노자(Spinoza)는 그의 저서 『윤리학』에서 뭐라고 말했던가? "*Affectus, qui passio est, esse passio simulatque eius claram et distintam formamus idiam.*" 감정, 고통이라는 감정은 분명하고 정확하게 그 실체를 파악하고 나면 더 이상 고통을 주지 못한다.

미래—자신의 미래—에 대한 믿음을 상실한 죄수는 파멸되었다.

미래에 대한 믿음을 잃어버리면서 정신력까지도 함께 잃어버렸다. 그는 퇴행하였으며, 정신적 육체적으로 쇠퇴하게 되었다. 이것은 흔히 위기라는 형태로 아주 갑작스럽게 찾아오는데, 그 징후는 수용소에 오랫동안 감금되어 있던 사람에게는 익숙한 것이었다. 우리는 모두 이 순간을 두려워했다. 이해하기 어렵겠지만 그건 우리 자신을 위해서가 아니라 친구들을 위해서였다. 그런 현상은 보통 어느 날 아침 죄수가 옷 입고 세수하고 점호장으로 나가는 것을 거부하면서 시작된다. 간청도, 주먹질도, 위협도 소용이 없었다. 그는 그저 거기 누워서, 거의 움직이지 않고 있는 것이다. 이 위기가 병때문에 생긴 것이라 해도, 그는 병동으로 옮기거나 해서 자기를 도와주려는 것은 무엇이나 거부할 것이다. 그는 단순히 포기한 것이다. 자기 배설물 속에 누워 꼼짝도 하지 않고 있으며, 더 이상 그를 괴롭히는 것은 아무것도 없다.

나는 미래에 대한 믿음 상실과 이 위험한 자포자기 사이의 밀접한 상관관계를 극적으로 보여주는 사람을 본 적이 있다. F 씨, 우리 구역 고참 관리인인 그는 아주 잘 알려진 작곡가이며 오페라 작사가였다. 그가 어느 날 내게 비밀을 털어놓았다.

"박사님, 당신에게 얘기하고 싶은 게 있어요. 아주 이상한 꿈을 꾸었어요. 꿈에서 어떤 목소리가 말하기를, 내가 바라는 게 있으면 뭐든 물어보라고 했어요. 그러면 내 질문에 모두 대답을 해주겠다고 말이예요. 그래서 내가 뭘 물어보았는지 아시겠어요? 나를 위해서 이 전쟁이 언제 끝날지 알고 싶다고 했어요. 무슨 말인지 아시겠지요, 박사님. 나를 위해서라구요! 나는 우리가, 우리 수용소가 언제 해방될 건지 우리의 고통이 언제 끝날 건지 알고 싶었어요."

"그런데 그 꿈은 언제 꾼 겁니까?" 하고 내가 물었다.

"1945년 2월에요." 하고 그가 대답했다. 그때가 3월 초였다.

"당신 꿈 속의 목소리가 뭐라고 대답하던가요?"

그는 주위를 살피며 작은 소리로 말했다.

"3월 30일이라고 했어요."

F 씨가 나한테 이 꿈 이야기를 할 때 그는 희망에 부풀어 있었고 자기 꿈 속의 목소리가 한 말이 맞을 거라고 확신하고 있었다. 그러나 약속한 날이 가까워져도 수용소에 전해 오는 전쟁 소식은 약속된 날에 우리가 해방되리라는 희망은 거의 없어 보였다. 3월 29일에 F 씨는 갑자기 병이 나서 고열에 시달리게 되었다. 3월 30일, 그를 위하여 전쟁과 고통이 끝나리라던 바로 그날, 그는 헛소리를 하더니 혼수 상태에 빠지고 말았다. 그리고 3월 31일에 그는 죽었다. 공식적인 사인(死因)은 발진티푸스였다.

용기와 희망을 가지고 있느냐, 아니냐 하는 마음의 상태와 육체의 면역 상태 사이에 얼마나 밀접한 관계가 있는지를 아는 사람들은 갑자기 용기와 희망을 잃게 되면 치명적인 타격을 받을 수 있다는 것을 이해할 것이다. 그 사람이 죽은 근본적인 원인은 기대했던 해방이 오지 않아 몹시 실망했기 때문이다. 이것이 잠복해 있던 발진티푸스 병원균에 대한 그의 육체의 저항력을 급격히 떨어뜨렸다. 미래에 대한 믿음과 살고자 하는 의지가 마비되었고, 그래서 그의 몸이 병마에 희생당하고 말았던 것이다. 그러니까 결국 그가 꿈 속에서 들은 말이 맞긴 맞은 셈이었다.

이 한 가지 사례를 관찰하고 거기에서 이끌어낸 결론은 우리 수용소의 주임 의사가 내게 들려준 말과 일치해서 내 주의를 끌었다. 1944년 크리스마스부터 1945년 새해 첫날까지 일주일 동안에, 수용소에서는 사망률이 그 어느 때보다도 증가했다는 것이다. 그의 의견에 따르면, 사망률이 이렇게 늘어난 것은 노동조건이 더 나빠졌다거나 음식 배급이 더 나빠졌다거나 또는 기후의 변화나 새로운 전염병 같은 것으로는 설명이 되지 않는다고 한다. 그 이유는 간단했다. 죄수들 대부분이 크리스마스는 집에서 맞이할 수 있을 거라는 순진한 희망 속에서 살고 있었기 때문이다. 크리스마스는 점점 다가오는데 이렇다 할 좋은 소식은 없고, 그러자 죄수들은 용기를 잃고 실의에 빠지고 말았다. 이것이 그들의 저항력에 치명적인 영향을 미쳤고 그래서 많은 사람들이 죽어간 것이었다.

앞에서도 말한 것처럼, 수용소에서 사람들에게 정신적인 의지를 되찾아 주려면 우선 미래의 목표를 보여주는 것부터 성공해야 했다. "살아가야 할 *이유*가 있는 사람은 어떠한 *방식*으로든 견딜 수 있다"고 니체는 말했다. 죄수들에게 심리치료 및 정신위생학적인 치료를 할 기회가 있을 때마다 그들이 현재 처하고 있는 그 끔찍한 방식을 견뎌낼 의지를 그들에게 길러 주기 위하여 그들의 삶이 한 가지 이유—즉 한 가지 목표—를 가질 수 있도록 도와주어야만 했다. 슬프게도 자신의 삶에서 더 이상 어떤 의미도 찾을 수 없는 사람은 목표도, 목적도 없었다. 그러니 계속 살아봐야 아무 소용이 없었던 것이다. 그런 사람은 곧 죽었다. 용기를 북돋워주려는 말을 모두 거부하는 사람들이 한결같이 하는 말은, "나는 더 이상 삶에 기대할 것이 아무것도 없다"는 것이었다. 그런 사람에게 도대체 무슨 말을 해줄 수 있겠는가?

정말로 필요한 것은 삶에 대한 우리의 태도를 근본적으로 변화시키는 것이었다 라는 것을 우리 자신이 배워야 했고, 더 나아가서 절망에 빠진 사람들에게 가르쳐주어야 했다. 우리는 삶의 의미에 대해 질문하기를 멈추고, 대신 자신이 삶으로부터 끊임없이 질문을 받는다고 생각할 필요가 있었다. 우리의 대답은 말과 명상이 아니라, 올바른 행동과 올바른 처신이어야 했다. 삶은 궁극적으로 삶의 문제에 대한 올바른 해답을 찾아야 할 책임과 또한 각 개인에게 끊임없이 주어지는 삶의 과업을 수행할 책임을 가지려 하기 때문이다.

이 과업, 그러니까 삶의 의미는, 사람마다 다르고 경우에 따라 다르다. 그러므로 삶의 의미를 일반적으로 정의하는 것은 불가능하다. 삶의 의미가 무엇이냐는 질문에 한마디로 대답하기는 절대 불가능하다. "삶"이란 막연한 어떤 것을 의미하는 게 아니라, 삶의 과업이 매우 현실적이고 구체적인 것과 마찬가지로 삶 또한 매우 현실적이고 구체적인 어떤 것을 의미하기 때문이다. 삶은 사람의 운명을 만들어내는데, 그것은 각 개인에 따라 저마다 다르고 독특하다. 어떤 사람, 어떤 운명도 다른 사람 또는 다른 운명과 비교될 수는 없다. 어떠한 상황도 똑같이 반복되지는 않으며, 경우에 따라 모두 다른 반응을 요구한다. 사람은 자신을 발견하게 되는 상황에서 때로는 적극적으로 자신의 운명을 만들어가야 할 필요도 있다. 보통 때는 자신에 대해 조용히 명상해 보는 시간을 가지고 이러한 명상을 통해 가치있는 것을 실현해 나가는 것이 더 좋을 수도 있다. 또 어떤 때는 단순히 자신의 운명을 받아들이고 자신에게 주어진 시련을 감내해야 할 때도 있다. 모든 상황 하나 하나가 독자성을 가지고 있다. 그리고 눈앞에서 벌어지는 상황에 의해 제기되는 문제에 대한 올바른 해답은 언제나 오직 하나뿐이다.

자신의 운명이 고통받게끔 되어 있다는 것을 깨달은 사람은 자기의 고통을 과업으로, 오직 자기에게만 주어진 단 하나뿐인 과업으로 받아들여야 할 것이다. 그는 고통 속에서조차도 자기는 이 우주에서 유일하고 무엇과도 비길 데 없는 존재라는 사실을 인정해야만 할 것이다. 자기를 그 고통에서 구해주거나 자기를 대신해서 고통을 받아 줄 수 있는 사람은 아무도 없다. 그가 할 수 있는 것이라고는 오직 자기의 무거운 짐을 지고 가는 것뿐이다.

죄수인 우리들에게 이런 생각들은 현실과 동떨어진 공리공론이 아니었다. 그것이 우리를 도와줄 수 있는 유일한 생각이었다. 우리가 살아서 그 고난의 끝을 보게 될 가망이 전혀 없어 보이는 때에도 절망의 늪에 빠지지 않게 지탱해 준 것은 그런 생각들이었다. 오래 전에 우리는 삶의 의미란 무엇인가라고 질문하는 단계를 지나왔다. 그것은 가치있는 어떤 것을 적극적으로 창조함으로써 어떤 목표를 달성하는 것으로 삶을 이해하려는 데에서 생긴 천진난만한 질문이었다. 우리들에게 있어 삶의 의미란 삶과 죽음과 고통받고 죽어가는 모든 것들을 두 팔을 크게 벌려 껴안는 것이었다.

일단 우리가 고통의 의미를 알게 된 이상, 우리는 수용소의 끔찍한 고통을 무시하거나 헛된 환상을 품거나 또 억지로 낙관적인 생각을 함으로써 그 고통을 줄이거나 가볍게 하려고 하지는 않았다. 고통은 이제 하나의 과업이 되었고, 그것에 등을 돌리고 싶지 않던 것이다. 고통 속에 성취할 기회가 숨겨져 있음을 깨달았다. 릴케가 노래한 것이 바로 그것이다. *"Wie viel ist aufzuleiden!"* (헤쳐나가야 할 고통이 얼마나 많은가!) 릴케가 말한 헤쳐나가야 할 고

통을 다른 사람들은 성취해야 할 일이라고 말할 것이다. 우리에게
는 헤쳐나가야 할 고통이 많이 있었다. 그러므로 우리는 자칫 약해
지려는 순간들을 다잡고 남몰래 눈물을 감춰가며 엄청난 고통과 맞
설 필요가 있었다. 그러나 눈물을 부끄럽게 여길 필요는 전혀 없었
다. 눈물이란 한 인간이 최고의 용기, 즉 고통을 이길 수 있는 최고
의 용기를 지녔음을 입증하는 것이기 때문이다. 그러나 그것을 깨
달은 사람은 불과 몇 사람뿐이었다. 가끔 어떤 사람들은 겸연쩍어
하며 자기가 운 적이 있다고 고백했다. 내 동료 한 사람은 부종(浮
腫)이 어떻게 해서 나았느냐고 내가 묻자 이렇게 고백했다. "나는
울어서 그것을 내 몸밖으로 내보냈소."

수용소에서 조금 여유가 생기자, 정신치료법이나 정신건강법을
개인 및 집단 치료에 조심스럽게 시도해 보았다. 개인에 대해 정신
요법을 시도하는 것은 일종의 "인명구조 수단"일 때가 많았다. 이
러한 노력은 흔히 자살을 방지하기 위한 수단이었기 때문이다. 수
용소 규칙상 자살을 기도한 사람을 구해주고자 하는 어떠한 노력
도 아주 엄하게 금지되어 있었다. 예를 들어, 누군가 목을 매달려
고 하는 것을 보고 그 줄을 잘라 생명을 구해주는 행위는 금지되어
있었다. 그러므로 자살을 기도하기 전에 미리 막는 것이 무엇보다
중요한 일이었다.

자살하려 했던 두 사람이 기억난다. 그들은 놀라울 정도로 비슷
했다. 두 사람 모두 자살하려 했던 이유를 털어놓았는데, 둘 다 아
주 전형적인 이유였다. 즉 삶에서 더 이상 아무것도 기대할 것이 없
다는 것이었다. 이 두 사람의 경우, 삶이 아직 그들에게 무언가를

기대하고 있다는 것을 이해시키는 것이 문제였다. 미래에서 무엇인가가 그들을 기다리고 있다는 것을 말이다. 결국 우리는, 한 사람에게는 그것이 외국에서 그를 기다리고 있는 그가 무척 사랑하는 아이라는 사실을 알게 되었다. 또 한 사람에게는 그것이 사람은 아니었다. 이 사람은 과학자였고, 시리즈로 된 책을 쓰고 있었는데 아직 다 완성하지 못했다. 그의 일은 어느 누구도 대신할 수 없는 일이었다. 그것은 먼저 말한 그 사람이 자기 아이를 사랑함에 있어 아버지인 그의 자리를 다른 사람이 대신할 수 없는 것 이상이었다.

한 사람 한 사람을 구별하고 그의 존재에 의미를 부여하는 이 독자성과 단일성은 인간적인 사랑 못지 않게 뭔가를 창조해내는 작업에도 관계가 있다. 다른 사람이 자기를 대신할 수 없다는 것을 깨닫게 되면, 자신의 존재에 대한 책임과 계속 살아남아야 할 책임이 중요한 문제로 등장하게 된다. 애타게 자기를 기다리고 있는 사람에 대해, 또는 채 끝내지 못한 일에 대해 책임을 느끼게 되면 결코 자신의 목숨을 내던질 수 없을 것이다. 그는 자신이 존재해야 할 이유를 알게 되었으니, 어떠한 "방식"으로든 참고 견딜 수가 있을 것이다.

집단 정신치료는 수용소에서는 당연히 제한을 받았다. 좋은 모범을 보여주는 것이 말로 하는 것보다 효과적이었다. 한 고참 구역 관리인은 수용소 당국의 편을 들지 않고 공정하고 고무적인 행동을 보여줌으로써, 그가 관할하고 있는 사람들에게 폭넓은 영향을 미쳤다. 행동이 미치는 즉각적인 영향은 말이 미치는 영향보다 항상 더 효과적이었다. 그러나 정신적 감수성이 어떤 외적인 환경으로 인해 예민해져 있을 때는 한 마디의 말도 효과적이었다. 나는 우연히 일어난 한 사건을 지금도 기억하고 있다. 그 일은 어떤 외부적인 상황 때문에 재소자들의 신경이 아주 날카로워져서 한 막사의 재소자 전부를 대상으로 집단 요법을 실시하고 있을 때 일어났다.

그 날은 운이 나쁜 날이었다. 아침 점호를 받을 때였다. 당국에서는 파괴행위로 간주될 수 있는 일들을 열거하면서 그 시간 이후로, 그런 행위가 발각되면 그 즉시 교수형에 처하겠다고 했다. 범죄행위 가운데에는 낡아빠진 담요에서 작은 조각 하나라도 잘라내는 일(우리는 발목을 임시로 묶어 주기 위해 가끔씩 하곤 했다.)과 아주 작은 도둑질 같은 것도 들어있었다. 그 며칠 전 굶어서 반쯤 죽게 된 죄수 하나가 감자 몇 파운드를 훔치려고 감자 창고에 몰래 들어간 일이 있었다. 도둑질은 곧 발각되었고 죄수 몇 명은 그 "도둑"이 누구인지 알고 있었다. 수용소 당국에서 그 일을 알고는 그 죄인을 자기들에게 내놓으라고 명령했다. 안 그러면 수용소 전체를 며칠간 굶기겠다고 했다. 우리는 2,500명은 당연히 단식을 택했다.

아무것도 먹지 못한 그날 저녁 우리는 몹시 가라앉은 기분으로 토굴 같은 막사에 누워 있었다. 말은 거의 하지 않았으며, 누가 한마디라도 했다가는 그대로 폭발할 판이었다. 설상가상으로 불까지 나갔다. 기분은 나빠질 대로 나빠졌다. 그는 그때 우리들의 머리 속에 자리잡고 있는 모든 것들에 대해 짤막하게 이야기를 했다. 최근 며칠 동안에 병으로 죽거나 자살한 많은 동료들에 대해 이야기했다. 그러나 그들이 죽은 진짜 이유는 무엇이었을까, 희망을 포기했기 때문이라고 했다. 그는 앞으로도 있을 수 있는 희생자들이 사태를 그렇게 극단적으로 몰고 가지 않도록 막을 수 있는 방법이 있을 거라고 주장했다. 그리고 이런 충고를 해줄 수 있는 사람은 바로 나라고 했다.

맹세코. 나는 내 동료들의 영혼을 의학적으로 치료하기 위해 심리학 강의를 하거나 설교를 할 기분은 아니었다. 나도 춥고 배고팠으며, 짜증스러웠고 피곤했다. 그러나 다시없이 좋은 이 기회를 놓치지 말고 뭔가를 해야만 했다. 그 어느 때보다도 지금은 그들의 용기를 북돋워주는 것이 필요했던 것이다.

그래서 나는 먼저 가장 시시한 위로의 말부터 꺼냈다. 나는 말했다. 이 유럽에서 제2차 대전이 일어난 지 여섯 번째 겨울을 맞고 있지만 우리의 상태가 그래도 우리가 상상할 수 있는 최악의 상태는 아니지 않는가. 그리고 우리들 한 사람 한 사람이 다 자기가 그때껏 경험한 고통 중 그 무엇과도 바꿀 수 없는 손실이 있다면 그것이 무엇인지 스스로에게 물어보아야 한다. 내 추측으로는 우리들 중 이런 손실을 입은 사람은 거의 없다. 아직 살아있는 사람이라면 누구든지 희망을 가질 이유가 있다. 건강, 가족, 행복, 직업적 능력. 행운, 사회적 지위—이런 것들은 모두 다시 얻을 수 있거나 되찾을 수 있는 것들이다. 어쨌든 우리는 아직 성한 몸을 그대로 가지고 있지 않은가. 우리가 경험한 것은 무엇이든지 우리에게는 앞날에 한 재산이 되어줄 것이다. 그리고 니체의 말을 인용했다. *"Was mich micht umbringt macht starker."*(나를 죽이지 못한 것은 나를 더욱 더 강하게 만든다.)

그런 다음 나는 미래에 대해서 이야기했다. 솔직히 미래는 올 것 같지 않다. 우리는 제각기 자기가 살아남을 가망이 얼마나 적은지 스스로 짐작할 수 있을 것이다. 수용소에 아직은 발진티푸스가 널리 퍼지지 않았지만 나 자신이 살아남을 가망은 20대 1밖에 안 될 거라고 생각한다. 그렇지만 나는 희망을 잃거나 포기할 생각은 조금도 없다. 왜냐하면 미래에 무슨 일이 일어날지, 더구나 앞으로 한 시간 뒤에 무슨 일이 일어날지 아무도 모르기 때문이다. 앞으로 며칠 안에 깜짝 놀랄 만한 군사적 사건이 일어나 주지 않을까 하는 기대는 할 수 없다 해도, 수용소에서의 경험으로 보아서 적어도 개인에게는 얼마나 많은 기회가 그것도 아주 갑작스럽게 눈앞에 나타나는지를 누구보다도 우리가 잘 알고 있지 않은가. 예를 들면, 어떤 사람이 전혀 생각지도 않게 노동조건이 아주 좋은 특별 작업반에 들 수도 있다. 이것이야말로 죄수에게는 행운이라고 할 만한 것이다.

나는 미래와 미래에 드리워진 베일에 대해서만 말하지는 않았다. 과거에 대해서도 말했다. 과거의 모든 즐거웠던 일들에 대해서, 그리고 과거의 빛은 현재의 어둠 속에서조차 얼마나 밝게 빛나고 있는지에 대해서. 그리고 내 말이 설교처럼 들리지 않도록 하기 위해 다시 시 한 구절을 인용했다. *"Was Du erlebst, kann keine Macht der Welt Dir rauben."*(그대가 경험한 것은 지상의 어떠한 힘도 그대에게서 **빼앗지** 못하리라.) 우리의 경험뿐만 아니라 우리가 행한 모든 것, 우리가 가질 수 있었던 훌륭한 생각들, 우리가 겪었던 모든 고통들, 이 모든 것들은 이미 지나간 과거이긴 하지만 결코 없어진 것이 아니다. 우리가 그것을 만들어냈기 때문이다. 이미 행해진 것은 또한 일종의 실체이다. 아마 가장 확실한 실체일 것이다.

그런 다음 삶에 의미를 주는 많은 기회들에 대해서도 이야기했다. 나는 동료들에게(그들은 간간이 한숨만 내쉴 뿐 미동도 없이 누워 있었다) 어떠한 환경에서도 인간의 삶에는 반드시 의미가 있으며,

이 무한한 삶의 의미에는 고통받고 죽어가는 것, 궁핍, 그리고 죽음
까지도 포함되어 있다고 말했다. 어두운 막사 안에 누워서 내 말에
귀를 기울이고 있는 가련한 인간들에게, 나는 우리의 이 심각한 상
황에 과감히 맞서자고 했다. 희망을 잃어서는 안 되며, 우리의 투쟁
이 가망없는 것이긴 해도 그러나 그 가치와 의미를 떨어뜨리지는 말
아야겠다는 확신 속에서 용기를 가져야 할 것이라고 했다. 우리가
힘들 때에는 누군가가 우리 한 사람 한 사람을 내려다보고 있다. 그
사람은 우리의 친구일 수도 있고 아내일 수도 있으며, 죽었을 수도
있고 살아있을 수도 있다. 아니면 하나님일 수도 있다. 어쨌든 그는
우리가 자기를 실망시킬 거라고는 생각하지 않을 것이다. 그는 이
고통을 자랑스럽게―비참한 모습이 아니라―이겨나가며 어떻게 죽
어야 할지를 아는 우리의 모습을 보고 싶어할 것이라고 말했다.

그리고 끝으로 우리의 희생에 대하여, 그것은 어떤 것이라도 의
미가 있다는 것을 이야기했다. 이런 종류의 희생은 정상적인 세계,
물질 만능의 세계에서는 무의미한 것으로 비칠 수도 있다. 그러나
실제로는 우리의 희생에는 어떤 의미가 분명히 있다. 우리 중에 종
교적인 신앙을 가지고 있는 사람은 어렵지 않게 이해할 수 있을 거
라고 말했다. 여기에서 나는 수용소에 도착하자마자 하나님과 계약
을 맺으려 했던 동료 죄수의 이야기를 들려주었다. 그는 자신의 고
통과 죽음으로써 사랑하는 사람을 괴로운 종말에서 구해주고 싶어
했다. 이 사람에게는 고통과 죽음이 의미있는 것이었다. 그의 고통
과 죽음은 가장 뜻깊은 희생이었다. 그는 헛되이 죽고 싶지는 않았
던 것이다. 헛되이 죽고 싶은 사람은 아무도 없다.

내가 이런 말들을 하는 목적은, 그때 그리고 거기, 그 오두막에

안에서, 거의 가망없는 상황에서, 우리의 삶에 충만한 의미를 찾아보려는 것이었다. 전기가 다시 들어와 주위가 밝아지자, 비참한 몰골을 한 나의 친구들이 비틀거리며 내게 다가와 눈에 눈물을 머금고서 고맙다고 말하는 것이었다. 그런데 여기서 고백해야 할 것이 있다. 고통받고 있는 내 친구들과 교류할 정신적인 능력이 내게는 너무도 부족했다는 것, 그래서 그렇게 할 수 있는 많은 기회를 틀림없이 놓쳐버렸을 것이라는 점을 말이다.

이제 우리는 죄수의 정신적 반응의 제3 단계에 이르렀다. 즉 해방된 이후의 죄수들의 심리이다. 그러나 그보다 먼저 심리학자가, 특히 그가 그런 문제들에 대해 개인적으로 잘 알고 있는 사람이라면 더 자주 받게 되는 질문에 대해 살펴보겠다. 수용소 감시병들의 심리학적인 기질에 대해 뭐라고 말할 수 있는가? 피와 살로 이루어진 사람들이, 많은 죄수들이 말하는 그런 식으로 다른 사람들을 취급하는 것이 어떻게 가능한가? 일단 그런 이야기를 듣고 또 그런 일들이 실제로 일어났었다는 것을 믿게 되면, 그런 일들이 심리학적으로 어떻게 일어날 수 있었는가를 묻지 않을 수 없다. 이 질문에 간단하게 대답하기 위해서는 몇 가지 사실을 말해 두어야 한다.

첫째, 감시병들 중에는 새디스트들이 더러 있었다. 여기에서는 가장 순수한 임상적 의미에서의 새디스트를 말하는 것이다.

둘째, 이런 새디스트들은 언제나 감시병들 중에서도 정말로 가혹한 사람들이 필요할 때마다 선발되었다. 우리 작업장에서는 몇 분 동안이나마(혹독한 추위 속에서 두 시간 일한 후에) 작은 난로 앞에서 몸을 녹일 수 있도록 허용된 큰 즐거움이 있었다. 그런데 거기에는 우리에게서 이런 즐거움을 빼앗는 것을 낙으로 삼고 있는 감독들이 더러 있었다. 그들은 우리에게 난로 앞에 서 있지 못하게 할 뿐만 아니라 난로를 뒤엎어서 잘 타고 있는 불을 눈 속에 처박아 버리곤 했다. 그럴 때 그들의 얼굴은 얼마나 희열에 차 있었던가!

셋째, 감시병들 대다수는 여러 해 동안 수용소에서 점점 더 심해지는 야만적인 수법을 보아 왔기 때문에 감정이 둔해져 버렸다. 도덕적으로 정신적으로 무감각해진 이 사람들은 적어도 가학적인 수단에 적극적으로 가담하지는 않았다. 그러나 다른 사람들이 그런 짓을 하는 것을 말리지도 않았다.

넷째, 감시병들 중에서도 우리를 동정한 사람이 있었다는 것을 꼭 말해야겠다. 내가 마지막으로 있었던 수용소의 소장에 대해서만 말하겠다. 해방된 다음에 밝혀진 일인데, 이 사람은 상점이 있는 가장 가까운 작은 도시에서 죄수들에게 필요한 의약품을 구입하기 위해 자기 주머니에서 적지 않은 돈을 지출했다는 것이다.[1] 이런 사실을 미리 알고 있었던 사람은 그 자신도 죄수였던 수용소 의사 한

---

1) 이 친위대 지휘관에 관해 한 가지 흥미로운 사건은 그의 수용소에 있던 몇몇 유태인 죄수들이 그를 대하는 태도에 관한 것이다. 전쟁이 끝나고 미군이 들어와서 우리 수용소의 죄수들을 해방시켜 주었을 때, 헝가리 유태인 청년 세 명이 이 사람을 바바리아 숲속에 숨겨주었다. 그런 다음 이 친위대 소장을 찾으려고 혈안이 되어 있는 미군 사령관을 찾아가, 조건을 들어 주어야만 그가 있는 곳을 알려주겠다고 말했다. 미군 지휘관이 이 사람에게 절대 해를 입히지 않겠다는 약속을 해야 한다는 것이었다. 잠시 생각하더니, 미군 장교는 마침내 그 친위대 지휘관이 체포되더라도 해를 입지 않도록 안전을 보장하겠다는 약속을 이 유태인 젊은이들에게 했다. 미군 장교는 자신의 약속을 지켰다. 뿐만 아니라, 사실 이 강제수용소의 전임 소장은 어떤 의미에서는 자신의 지위를 되찾았다고 할 수 있다. 그는 인근 바바리아 부락 몇 곳에서 옷을 모아 우리들에게 나누어주는 일을 맡게 되었던 것이다. 그때까지도 우리는 운이 좋지 못해서 정거장에 도착하자마자 가스실로 보내진 아우슈비츠 수용소의 다른 죄수들에게서 물려받은 다 떨어진 옷을 입고 있었던 것이다.

사람뿐이었다. 우리와 똑같은 죄수였던 한 수용소 고참 관리인은 친위대 감시병들보다도 더 지독해서, 그는 걸핏하면 다른 죄수들을 때렸다. 그러나 그 수용소 소장은 내가 아는 한은 우리에게 손을 댄 적이 단 한 번도 없었다.

어떤 사람이 감시병이었느냐 죄수였느냐 하는 사실만으로는 그가 어떤 인간인지 거의 알 수 없다는 것이 분명하다. 인정(人情)은 어느 집단에서나 찾아볼 수 있다. 전체로 보면 비난받기 쉬운 집단에조차도 인정은 있는 법이다. 집단과 집단간의 경계는 서로 겹쳐져 있어서 이 사람들은 천사이고 저 사람들은 악마라는 식으로 말함으로써 문제를 단순하게 만들려 해서는 안 된다. 감시병이나 감독이 수용소에서 권세를 부릴 수 있었음에도 불구하고 죄수들에게 인정을 베푼 것은 확실히 주목할 만한 훌륭한 행위였다. 반면에 자기 자신의 동료들을 못살게 군 죄수의 비열함은 대단히 경멸할 만한 것이었다. 죄수들은 유난히 마음이 비뚤어진 그런 사람들에게서 분명하게 성격적 결함을 찾아냈다. 한편 어떤 감시병이 아주 작은 인정이라도 보여주면 마음 속 깊이 감동을 하는 것이었다. 나는 어느 날 감독이 나에게 빵 한 조각을 주었던 일을 기억하고 있다. 내가 보기에 그것은 그날 아침에 배급받은 것 중에서 남겨 놓은 것이 틀림없었다. 그때 나를 감동시켜 눈물을 흘리게 한 것은 이미 작은 빵 조각이 아니었다. 그 이상의 것이었다. 그가 나에게 준 것은 인간적인 그 "무엇"—선물에 곁들여지는 다정한 말과 표정이었다.

이 모든 것에서 우리는 이 세상에는 두 종류의 사람들이 있다는 것을 알게 된다. 그 두 종류의 인간들이 어느 곳에나 있어서, 그들은 사회의 모든 집단 속으로 침투한다. 어떤 집단이건 훌륭한 사람들로만 구성되거나 상스러운 사람들로만 구성되지는 않는다. 이런 의미에서 "순수한 부류"만으로 된 집단은 없다. 그러므로 수용소 감시병들 중에서도 가끔씩은 훌륭한 친구를 찾아볼 수 있었던 것이다.

강제수용소에서의 삶은 인간의 영혼을 갈기갈기 찢어서 파헤치고 그 깊은 곳까지 들춰냈다. 그런데 그 깊은 곳에서 우리가 다시 발견한 것이 기껏해야, 인간의 본성은 선과 악의 혼합물일 뿐이라는 사실이 놀랍지 않은가? 선과 악을 갈라놓는 틈새는 모든 인간의 정신을 꿰뚫고 지나가, 가장 깊은 밑바닥에 이르러, 강제수용소에 의해 적나라하게 드러난 마음 속 가장 깊은 곳에서 더욱 분명해졌다.

이제 우리는 강제수용소의 심리 상태에서 마지막 단계에 이르렀다. 즉 해방된 죄수의 심리상태를 다루고자 한다. 해방을 맞이한 경험에 대해 이야기하려면 그것은 자연히 개인적일 수밖에 없다. 몹시 긴장된 나날을 보내던 중 마침내 수용소 정문 위로 백기가 올라가던 날 아침의 이야기로부터 실마리를 풀어나가야겠다. 몹시 긴장하고 있던 우리의 마음은 완전히 풀어졌다. 그러나 우리가 기뻐 날뛰었다고 생각한다면 정말 잘못이다. 그러면 그때 무슨 일이 일어났던가?

지친 발걸음으로 우리 죄수들은 몸을 질질 끌며 수용소 정문을 향해 갔다. 겁먹은 눈으로 주위를 둘러보고 의아한 눈초리로 서로를 힐끔힐끔 쳐다보았다. 그리고는 과감하게 수용소 밖으로 몇 발자국 나가보았다. 이번엔 우리에게 고함질러대며 명령하는 소리도 없었고, 주먹질이나 발길질을 피하기 위해 재빨리 몸을 숙일 필요도 없었다. 설마, 이럴 리가! 그런데 이번에는 또 감시병들이 담배를 권하는 것이 아닌가! 처음에는 하마터면 그들을 알아보지 못할 뻔했다. 그들은 어느새 민간인 옷으로 갈아입고 있었던 것이다. 우리는 수용소 밖으로 쭉 뻗어 있는 길을 따라 천천히 걸어갔다. 얼마 못 가서 다리가 아프고 뒤틀리려고 했다. 그러나 우리는 계속 걸었다. 우리는 비로소 자유인의 눈으로 수용소 주위를 보고 싶었다. "자유다"라고 몇 번이나 스스로에게 되뇌었다. 그러나 아직 실감이 나지 않았다. 자유에 대해 그리고 잃어버린 그 의미에 대해 꿈꾸었던 몇 년간 이 말을 얼마나 자주 입에 올렸던가. 그런데 그것의 실체는 우리의 의식을 꿰뚫지 못했다. 자유가 우리의 것이 되었다는 사실을 실감할 수 없었다.

우리는 꽃이 가득 피어있는 들판에 이르렀다. 꽃들이 거기 피어 있는 것을 눈으로 보고 알았으나 그것을 느낄 수는 없었다. 색색의 꼬리 깃털을 가진 수탉 한 마리를 보았을 때 처음으로 반짝 하고 섬광 같은 기쁨이 스쳐갔다. 그러나 그것도 눈 깜짝할 사이에 지나가 버렸다. 우리는 아직 이 세상에 속하지 못하고 있었다.

저녁이 되자 우리는 막사로 다시 모여들었다. 한 사람이 옆 사람에게 조심스럽게 물었다. "얘기해 봐. 오늘 즐거웠나?"

그러자 그 사람은 우리들 모두가 똑같이 느꼈다는 것을 몰랐으므로 부끄러워하면서 우물쭈물 대답했다. "사실은 말이야, 조금도 즐겁지 않았어!" 우리는 문자 그대로 즐거움을 느낄 수 있는 능력을 상실했던 것이다. 우리는 그것을 천천히 다시 배워야만 했다.

해방된 죄수들에게 일어났던 일을 심리학 용어로 "자아감 상실(depersonalization)"이라고 부를 수 있다. 마치 꿈에서처럼 모든 것이 실재하지 않는 것 같고 있을 법하지도 않아 보였다. 우리는 그 모든 것을 사실이라고 믿을 수가 없었다. 지난 몇 년 동안 얼마나 자주 꿈에 속아왔던가! 우리는 해방될 그 날이 온 꿈을 꾸었었다. 그 날이 와서, 우리는 풀려나 집에 돌아가서 친구들과 반갑게 인사하고 아내와 껴안고 식탁에 둘러앉아 우리가 겪었던 모든 일들을 얘기하기 시작한다—꿈 속에서는 해방된 그 날을 얼마나 자주 보아왔던가. 그런데 그때—호루라기 소리가 귀를 찢는다. 기상 신호다. 자유의 꿈이 깨어지는 순간이었다. 지금 그 꿈이 현실이 되었다. 그러나 우리가 정말로 그것을 믿을 수 있었던가.

몸은 마음보다는 덜 억압된다. 몸은 처음 순간부터 새로운 자유를 잘 누릴 수가 있었다. 우선 게걸스럽게 먹어댔다. 몇 시간이고 몇 날이고, 심지어는 한밤중에도 먹어댔다. 사람이 그렇게 많이 먹을 수 있다는 사실이 놀라웠다. 죄수 한 사람은 근처에 사는 어떤 농부의 집에 초대되어 갔을 때, 먹고 먹고 또 먹더니 커피까지 마셨다. 그제야 혀가 풀린 그는 이번에는 몇 시간 동안이나 떠들어대기 시작했다. 여러 해 동안 그의 마음을 짓누르고 있던 압박감이 마침내 풀린 것이었다. 그가 말하는 것을 옆에서 보고 있자니, 그는 말을 *해야만* 하며, 이야기하고 싶은 그의 욕망을 아무도 막을 수 없다는 인상을 받게 되었다. 잠깐이라도 무거운 압박감(예를 들면, 게슈타포의 신문을 받는다거나 하는)을 받아 본 적이 있는 사람들은 이와 비슷한 반응을 보인다는 것을 나는 알고 있다. 혀가 풀어지는 것뿐만 아니라 마음 속에 있는 응어리까지 풀어지기 위해서는 여러 날이 지나야 했다. 그리고는 감정이, 그것을 억누르고 있던 그 기이한 속박을 뚫고 갑자기 폭발하듯 터져 나왔다.

석방된 지 며칠이 지난 어느 날. 나는 꽃이 피어있는 들판을 지나 시골길을 따라서 몇 마일을 걷고 또 걸었다. 수용소에서 가까운 작은 마을로 가는 중이었다. 종달새가 하늘로 날아올라 즐겁게 지저귀었다. 사방 몇 마일 안에는 사람의 그림자도 보이지 않았다. 보이는 것은 넓은 대지와 하늘과 종달새의 환희의 노래 소리 그리고 자유로운 공간뿐이었다. 나는 걸음을 멈추고서 주위를 둘러보고 하늘을 올려다보았다. 그리고는 무릎을 꿇었다. 그 순간에 내가 나 자신과 세상에 대해 아는 것은 거의 없었다—내가 가진 것이라곤 마음 속에서 울려나오는 한 마디뿐. "저는 좁은 감방 안에서 주님을 불렀습니다. 그리고 주님께서는 이렇듯 자유로운 공간 속에서 저에게 대답하셨습니다."

얼마나 오랫동안 거기에 그렇게 꿇어앉아 이 문장을 되뇌었을까. 이제는 잘 생각나지 않는다. 그러나 바로 그 날, 그 순간에 나의 새로운 삶이 시작되었다는 것을 알고 있다. 한 걸음 한 걸음씩. 내가 다시 한 인간이 될 때까지 앞으로 나아갔다.

수용소에서 최후의 며칠간 겪었던 극심한 정신적 긴장에서 벗어나는 과정에(신경전에서부터 정신적 평온에 이르기까지) 전혀 장해가 없었던 것은 분명 아니었다. 해방된 죄수에게는 더 이상의 정신적 배려는 필요 없을 거라고 생각하는 것은 잘못이다. 그렇게 오랫동안 그렇게도 엄청난 정신적 억압을 받아온 사람은 해방된 뒤에도 당연히 위험에 처해 있다는 사실에 주의를 기울여야 하며, 그 억압이 너무 갑작스럽게 풀렸기 때문에 특히 그렇다. 이 위험(정신건강이라는 의미에서)은 심리학적인 잠수병이라고 할 수 있다. 잠수부가 일하고 있던 잠함(潛函-밑을 열어도 물이 들어오지 않을 만큼 압착 공기를 유지하는 기밀함. 수중 공사에 쓴다;역주)에서 갑자기 나오면 (거기에서 엄청난 압력을 받고 있었으므로) 건강이 위험해지는 것과 마찬가지로, 정신적 억압에서 갑자기 풀려난 사람은 도덕적 정신적 건강에 손상을 입을 수 있다.

이 심리적 단계에서, 보다 원초적 본성을 지닌 사람들은 수용소 생활에서 보고 배운 잔인무도한 행위의 영향에서 벗어나지 못했다. 이제 자유로워지자, 그들은 자기의 자유를 자기 마음대로 무자비하게 휘둘러도 된다고 생각하는 것이었다. 그들에게 있어서 변화한 것은 오직 하나, 억압받는 자에서 이제는 박해자가 되었다는 것뿐이었다. 그들은 이제 선동의 대상이 아니라 선동자가 되어 고의적인 폭력과 불법을 자행했다. 그들은 자기들이 끔찍한 일을 겪었다는 이유로 자신들의 행위를 정당화했다. 이런 일은 별로 대수롭지 않은 조그만 사건들에서 자주 나타났다. 한번은 친구와 함께 수용소를 향해 들판을 가로질러 걷고 있는데, 갑자기 곡식이 파릇파릇 자라고 있는 밭으로 들어서게 되었다. 나는 무의식적으로 그것을 밟지 않으려고 피했다. 그러나 그 친구는 내 팔을 잡아 끌며 밭 가운데로 들어가는 것이었다. 나는 어린 곡식을 밟으면 안 된다고 더듬거리며 말을 했다. 그러자 그는 화를 내며 나를 노려보더니 소리질렀다. "무슨 소리야! 지금까지 우리가 빼앗긴 것이 얼만데 그래? 내 아내와 아이는 가스실에서 죽었어. 그 모든 일들을 다시 얘기할 필요는 없겠지. 그런데 자네는 내가 귀리 몇 포기 밟는 것을 못하게 한단 말인가!"

이런 사람들에게, 아무도 나쁜 짓을 할 권리는 없다는, 자신이 부당한 짓을 당했다고 해서 남에게 그렇게 해도 되는 건 아니라는 평범한 진리를 일깨워 주는 데에는 많은 시간이 필요했다. 우리는 그들에게 이 진리를 가르치려고 무진 애를 썼다. 그렇게 하지 않았으면 귀리 수천 포기를 망가뜨리는 것보다 훨씬 더 나쁜 결과를 초래하게 되었을 것이다. 소매를 걷어 부치고 내 코 앞에 주먹을 들이대며 고함치던 그 죄수의 모습이 아직도 눈에 선하다. 그는 소리쳤다. "내가 집에 돌아가는 그 날로 이 손을 피로 물들이지 않는다면 내 이 손을 아예 잘라 버릴 테다!" 이런 말을 하기는 했으나 그가 나쁜 사람은 아니었다는 말을 꼭 하고 싶다. 그는 수용소에서 가장 좋은 동료였고, 그 후에도 그랬다.

정신적 압박에서 갑자기 풀려난 데에서 생긴 도덕적 결함 말고도, 석방된 죄수의 성격을 손상시킬 수 있는 두 가지 다른 근본적인 경험이 있었다. 그것은 죄수가 이전의 생활로 돌아갔을 때 맛보게 된 비통함과 환멸이었다.

비통함은 전에 그가 살던 고장에서 부딪치는 많은 일들에서 비롯되었다. 그가 돌아가자 여기저기서 사람들이 그저 어깨만 움츠려 보이다거나 상투적인 인사말이나 건네고 있다는 걸 알았을 때, 그는 비참해지면서 그 모든 일들이 왜 자신에게 일어나야 했었는지를 묻고 싶어진다. "우리는 그런 일이 있었는지도 몰랐네"라든가 "우리 역시 고통을 겪었다네"라는 말들을 가는 곳마다 듣게 될 때, 그들은 저들이 자기한테 해줄 수 있는 말이 과연 저것밖에 없을까 하는 생각을 하게 되는 것이다.

환멸을 느끼는 것은 이와는 좀 다르다. 여기서 환멸은 자기와 같은 인간에 대한 것이 아니라(인간에 대해서라면 겉만 번드르르하고 감정도 없는 인간이 너무도 역겨워서 구멍 속에라도 기어 들어가서 그들이 하는 짓거리는 더 이상 듣지도 보지도 않았으면 좋겠다고 생각하게 된다) 너무도 잔인해 보이는 운명 그 자체에 대한 것이었다. 인간이 당할 수 있는 모든 고통의 절대 한계에 도달했다고 몇 년 동안 생각하고 있었는데 그는 이제 고통이란 한이 없는 것, 자기는 앞으로도 한층 더 많이 그리고 한층 더 혹독하게 고통 당할 수 있다는 사실을 알게 되었던 것이다.

수용소에서 어떤 사람에게 정신적 용기를 불어넣어 주기 위해서는 그가 미래에서 고대할 수 있는 어떤 것을 보여주어야 했다는 말을 앞에서 했다. 삶이 아직 그를 기다리고 있으며 그가 돌아오기를 기다리고 있는 사람이 있다는 점을 일깨워 주어야 했다. 그러나 해방된 다음에는? 어떤 사람들은 자기를 기다리고 있는 사람이 아무도 없다는 것을 알게 되었다. 그 사람에 대한 기억만으로도 수용소에서 용기를 가질 수 있었던 그 사람이 더 이상 존재하지 않는다는 사실을 알게 된 사람은 슬프도다! 자신의 꿈이 실현된 그 날, 모든 것이 자기가 바라던 것과는 너무나도 다르다는 것을 알게 된 사람은 슬프도다! 아마도 그는 몇 년 동안 마음 속으로만 그리던 집까지 전차를 타고 왔을 것이다. 그리고는 수천 번이나 꿈 속에서 하고 싶었던 대로 초인종을 눌렀다. 그런데 그가 알게 된 것은 문을 열어 주어야 할 사람이 거기에 없고 또 다시는 거기에 나타나지 않으리라는 것이었다.

우리 모두는 수용소에서, 우리가 겪은 그 고통을 보상해 줄 수 있는 이승의 행복은 없을 거라는 말들을 주고받았었다. 우리는 행복을 바라지는 않았다. 행복은 우리에게 용기를 주고, 우리의 고통,

우리의 희생 그리고 우리의 죽음에 의미를 주는 것이 아니었다. 그런데 우리는 불행에 대비하지 못했다. 적지 않은 죄수들을 기다리고 있던 이 환멸은, 몹시 극복하기 힘들다는 것을 이 사람들이 알게 되었고, 또한 정신의학자로서도 그들이 극복하도록 도와주기가 매우 어렵다는 사실을 알게 해 준 경험이었다. 그러나 정신의학자는 이 환멸 때문에 용기를 잃어서는 안 된다. 그와는 반대로 환멸이 더 좋은 자극제가 되어 줄 것이다.

그러나 해방된 죄수에게도, 자신이 수용소에서 체험한 일들을 되돌아보면서, 그 모든 것들을 어떻게 견뎌냈는지 더 이상 이해할 수 없게 될 날이 올 것이다. 해방의 날이, 모든 것이 아름다운 꿈처럼 보였던 그 날이 마침내 온 것처럼, 또한 수용소의 체험이 한낱 악몽이었을 뿐이라고 생각되는 날도 올 것이다.

집에 돌아온 사람에게 있어서 모든 경험 중 최고의 경험은 모든 고통을 겪은 후에 이제는 하나님 이외에는 더 이상 아무것도 두려워할 필요가 없다는 경이로운 느낌이다.

제2부
간략하게 본 로고데라피

간략하게 본 로고데라피*

    나의 짧은 자전적 이야기를 읽은 사람들은 대개 나의 치료법의 원리에 대해 더 자세히 그리고 분명하게 설명해 달라는 요청을 해 온다. 그래서 『죽음의 수용소에서 실존주의까지』라는 책 뒤에 로고데라피에 관한 개요를 덧붙였다. 그러나 그것으로는 충분하지 않으니 좀더 폭넓게 다루어 달라는 요청이 쇄도했다. 그리하여 이번 판에서는 완전히 다시 썼으며 상당 부분 설명을 덧붙였다.

    이 일은 쉽지 않았다. 독일어로 20권이나 되는 방대한 모든 자료를 짧은 분량으로 독자에게 전달하는 것은 거의 불가능한 일이다.

---

* 이 부분은 1962년에 출판된 *Man's Search for Meaning* 안에서 로고데라피의 기본개념으로 처음 소개된 이후 줄곧 개정되고 보완되었다.

언젠가 비엔나에 있는 내 진료실에 찾아왔던 한 미국인 의사가 생각난다. 그는 내게 이렇게 물었다. "저, 박사님, 당신은 정신분석가입니까?" 그래서 나는 대답했다. "정확히 말하면 정신분석가는 아닙니다. 심리치료 전문가라고 해야겠지요." 그러자 그는 계속해서 질문을 던졌다. "어느 학파에 속하고 있습니까?" "이건 내가 만든 이론입니다. 로고데라피(logotherapy)라고 하지요." "로고데라피가 뭔지 한마디로 말해줄 수 있습니까? 최소한 정신분석과 로고데라피의 차이는 무엇입니까?" "네, 하지만 그보다 먼저 당신은 정신분석의 본질이 무엇이라고 생각하는지 그걸 한마디로 말할 수 있겠습니까?" 그의 대답은 이러했다. "정신분석을 하고 있는 동안 환자는 긴 의자에 누워 때로는 몹시 하기 거북한 말까지도 의사에게 해야 하지요." 그의 말이 끝나자 나는 즉흥적으로 응수했다. "그래요. 그런데 로고데라피에서는 환자가 똑바로 앉아 있어도 되지만 때로는 몹시 듣기 거북한 말을 의사에게서 들어야 되지요."

물론 이것은 우스갯소리로 한 말이지 로고데라피의 요지를 설명한 것은 아니었다. 그러나 그 말에는 로고데라피가 정신분석에 비해서 덜 *회고적*이며 덜 *내성적(內省的)*인 방법이라는 뜻이 담겨 있다. 로고데라피는 보다 미래에, 다시 말하면 환자가 앞날에 충족시켜야 할 의미에 초점을 두고 있다.(사실 로고데라피는 의미 중심의 정신분석이다.) 동시에 로고데라피는 정신신경증이 발생하는 데에 큰 역할을 하고 있는 모든 악순환형성(vicious-circle formation)과 피드백 기제(feedback mechanism)를 파괴한다. 그렇게 함으로써 정신신경증 환자의 전형적인 자기 본위의 사고가 지속적으로 증진되고 강화되는 것을 막고 그것을 파괴한다.

사실 이런 식으로 말하는 것은 지나치게 단순화하는 것이다. 그러나 로고데라피를 통해 환자는 자기 삶의 의미를 있는 그대로 바라보고 자신의 삶을 새로운 방향으로 전환시킨다. 따라서 환자가 이런 의미를 깨우칠 수 있게 도와주면 그 스스로 자신의 신경증을 극복하는 데 많은 도움이 될 수 있다.

그럼 여기서 내가 왜 나의 학설에 "로고데라피"라는 이름을 붙이게 되었는지 설명해 보겠다. 로고스(logos)는 "의미"라는 뜻을 가진 그리스 어이다. 로고데라피, 즉 몇몇 학자들이 "비엔나 제3 심리 치료 학파"라고 부르는 이것은, 인간 실존의 의미뿐만 아니라 그러한 의미를 찾고자 하는 인간의 노력에 중점을 두고 있다. 로고데라피에 따르면, 삶에서 의미를 찾으려고 하는 이런 노력은 인간에게 동기를 부여하는 가장 중요한 힘이다. 이런 이유로 해서 나는 프로이드 정신분석학의 쾌락주의(즉 우리가 *쾌락을 찾고자 하는 의지*라고 부르는 것)와 대비해서, 그리고 아들러 심리학에서 우위 추구라는 용어를 사용하고 있는 *권력을 추구하는 의지*와 대비해서 *의미를 찾고자 하는 의지*라고 부르는 것이다.

의미를 찾고자 하는 의지

인간이 의미를 찾는 것은 그의 삶에 있어서 일차적으로 동기를 부여하는 것이지, 본능의 충동에 의한 "이차적 합리화"가 아니다. 이 의미는 인간에 의해서만 실현되어야 하고 또 그렇게 될 수 있는 유일하고 특수한 것이다. 그렇게 될 때에만 이 의미는 *의미를 찾고*

자 하는 자신의 *의지*를 만족시킬 어떤 의의를 갖게 된다. 의미라든 가 가치라고 하는 것은 "방어기제(defence mechanism)나 반동형 성(reaction formation), 승화(sublimation)에 지나지 않는다"고 주장하는 학자들도 더러 있다. 그러나 나로 말할 것 같으면, 나는 단순히 나의 "방어기제"를 위하여 살고 싶지도 않고, 또한 단지 나의 "반동형성"을 위해 죽을 각오가 되어 있지도 않다. 인간은 자신의 이념과 가치를 위하여 살며 또한 그것을 위하여 죽을 수도 있는 존재이다.

몇 년 전 프랑스에서 여론 조사를 한 적이 있었다. 그 결과는 응답자의 89%가, 인간은 그것을 위하여 살 "어떤 것"이 필요하다는 점을 인정한 것으로 나타났다. 더욱이 61%는 자신의 삶에서 그을 위해서는 기꺼이 죽을 수도 있는 어떤 것 혹은 어떤 사람이 있다고 했다. 나는 이 조사를 비엔나에 있는 나의 진료소에서 환자와 전 직원들을 대상으로 다시 해보았다. 그런데 결과는 프랑스에서 조사한 것과 사실상 같았다. 차이는 2%뿐이었다.

48개 대학에서 7,948명의 학생들을 대상으로 한 또 다른 통계 조사가 존스홉킨스대학의 사회학자들에 의해서 이루어졌다. 그들은 국립정신건강학회의 후원을 받아 2년간 조사한 부분을 우선 보고하였다. 학생들은, 지금 그들이 "매우 중요하다"고 생각하는 것이 무엇이냐는 질문에, 16%는 "돈을 많이 버는 것"이라고 대답하였고, 78%는 그들의 첫째 목표가 "삶의 목적과 의미를 찾는 것"이라고 대답하였다.

물론 그 중에는 가치에 대한 개인의 관심이 사실은 마음 속에 숨겨진 내적 갈등을 위장하고 있는 경우도 더러 있을 것이다. 만약 그렇다면, 그런 경우는 원칙 그 자체보다는 원칙에서 비롯된 예외를 보여주는 것이다. 이런 경우에서는 실제로 거짓 가치 (*pseudovalues*)를 다루고 있는 것이므로 그 가면을 벗겨버려야 한다. 그러나 인간에게 있어 확실하고 진짜인 것, 다시 말해 가능한 한 의미있는 삶이 되고자 하는 열망에 직면하게 되면 가면을 벗기는 일은 즉시 중단해야 한다. 만약 그때 중단하지 않는다면, 그 "가면을 벗기려는 심리학자"가 실제로 폭로하려는 것은 자기자신의 "숨겨진 동기"―즉 인간에게 내재한 순수한 것, 순수하게 인간적인 가치를 비하시키고 싶어하는 그 자신의 무의식―일 뿐이다.

실존적 욕구불만

의미를 찾으려는 인간의 의지는 좌절될 수도 있다. 이런 경우를 로고데라피에서는 "실존적 욕구불만"이라고 한다. "실존적"이라는 용어는 다음 세 가지로 쓰일 수 있다. (1) 실존 그 자체, 즉 인간 특유의 생존양식 (2) 존재 *의미* 그리고 (3) 개인의 존재에서 구체적인 의미를 찾으려는 노력, 다시 말하면 의미를 찾으려는 *의지*이다.

실존적 욕구불만은 정신신경증을 초래하기도 한다. 이 유형의 신경증은 종래 사용되고 있던 말, 즉 심인성(心因性) 신경증 (psychogenic neuroses)과 구별하기 위해 로고데라피에서는 "정신성 신경증(noögenic neuroses)"이라는 말을 만들어냈다. 정신성 신경증은 그 기원이 심리학적인 데에 있지 않고 인간 존재의 "정신론적"(mind라는 뜻의 그리스어 *noös*에서) 차원에 있다. 이것은

종교적인 것이 아니라 인간 특유의 영역에 속하는 어떤 것을 나타내
는 또 다른 심리치료법 용어이다.

정신성 신경증(NOÖGENIC NEUROSES)

정신성 신경증은 본능과 충동의 갈등에서가 아니라 존재에 관한
문제에서 생겨난다. 그러한 여러 문제들 가운데에서 의미를 찾으려
는 의지가 좌절되는 것이 큰 역할을 한다.

정신성 신경증의 경우에 적당하고 알맞은 방법은 일반적인 심리
치료법이 아니라 로고데라피인 것이 분명하다. 이것은 인간 특유의
영역에 과감하게 뛰어들어서 다루는 치료법이다.

사례 한 가지를 인용해 보겠다. 미국의 한 고위 외교관이 비엔나
에 있는 내 사무실로 찾아왔다. 뉴욕에서 5년 전부터 받아오던 정
신분석 치료를 계속하기 위해서였다. 나는 우선 그에게 왜 자신이
정신분석을 받아야 한다고 생각하며, 왜 애초에 정신분석을 시작
했는지에 대해 물어보았다. 결국 그 환자는 자기 직업에 불만을 가
지고 있었고, 미국의 외교정책을 수행하기가 매우 힘들다고 느끼
고 있는 것이 밝혀졌다. 그러나 그의 의사는 그가 아버지와 화해하
고 잘 지내도록 노력해야 한다는 말만 되풀이했다는 것이다. 왜냐
하면 그의 상관들뿐만 아니라 미국 정부도 아버지의 이미지에 "지
나지 않으며", 따라서 직업에 대한 그의 불만은 그가 무의식적으로
아버지에게 품고 있는 증오심에 기인하기 때문이라는 것이었다. 5
년 동안 정신분석 치료를 계속해오면서 그는 의사의 판단을 점점

더 많이 받아들이게 되었으며, 마침내 상징과 이미지라는 나무들 때문에 숲의 실체를 볼 수 없게 되고 말았다. 몇 번 상담을 하고 나자, 의미를 찾으려는 그의 의지가 직업 때문에 좌절되었으며 그는 사실은 다른 일을 하고 싶어한다는 것이 분명해졌다. 지금의 직업을 버리고 다른 일을 해선 안 될 이유가 전혀 없었으므로 그는 그렇게 했다. 그 결과는 매우 만족스러웠다. 그가 최근에 알려온 바에 의하면 그는 5년 이상이나 그 새로운 직업에 여전히 만족하고 있다. 이 사람의 경우, 내가 정신신경증 환자를 다루고 있다고는 전혀 생각하지 않았다. 그래서 그에게는 심리치료법도, 로고데라피도 필요 없었다. 그는 실제로 환자가 아니었기 때문이다. 갈등이라고 해서 전부 다 정신신경증을 일으키지는 않는다. 마찬가지로 고통도 언제나 병적인 현상은 아니다. 고통이 정신신경증의 한 현상이기보다는 오히려 인간적인 성취일 수 있다. 특히 고통이 실존적 욕구불만에서 생겨날 때 더욱 그렇다. 사람이 자신의 존재 의미를 찾거나 또는 그런 건 없다고 생각하거나 간에, 어느 경우이든 그것이 어떤 질병에서 생긴다거나 또는 어떤 질병을 일으킨다는 것을 나는 단호하게 부인한다. 실존적 욕구불만은 본질적으로 병을 일으키지도 않고 또한 병에 의해서 생기지도 않는다. 가치있는 삶에 대한 관심, 그리고 그러한 삶에 대한 절망조차도 실존적 고통이지 정신적 질병은 결코 아니다. 의사가 전자를 후자로 해석한다면 자기 환자에게 진정제를 잔뜩 먹여 존재에 관한 그의 절망을 없애버리려 하는 것도 당연한 일이다. 그러나 진정제보다는 오히려 증진 발전되는 환자의 실존적 위기감을 통하여 환자를 인도하는 것이 의사의 임무이다.

로고데라피는 환자가 인생의 의미를 찾도록 도와주는 역할을 하는 것이다. 로고데라피는 환자가 자기 존재의 숨은 로고스를 깨닫도록 해주므로, 그것은 하나의 분석과정이다. 그러나 로고데라피에서는 무엇인가를 다시 의식해 보도록 하는데, 그것은 개인의 무의식 속에 있는 본능적인 사실들을 다루는 데에만 국한되지 않고 실제로 존재하는 현실, 즉 의미를 찾고자 하는 의지뿐만 아니라 충족되어야 할 자기 존재의 잠재 의미 같은 것에도 관심을 두고 있다. 하지만 어떠한 분석이든, 그 치료과정에 정신론적인 차원을 포함시키는 것을 피할 때조차도, 환자로 하여금 그의 마음 속 깊은 곳에서 정말로 간절히 바라는 것이 무엇인가를 깨닫게 하려고 노력한다. 로고데라피는 인간이 충동과 본능을 단순히 만족시키고 기쁨을 얻는다거나 이드(id)와 자아(ego), 초자아(superego)의 상충하는 욕구를 단순히 조화시킨다거나 또는 사회와 환경에 단순히 적응하는 데에만 그 주된 관심을 두는 것이 아니라, 그보다는 인간이 의미를 충족시키는 데에 자기의 주요 관심을 두고 있는 존재로 본다는 점에서 정신분석에서 벗어났다.

정신 역학(NOÖ-DYNAMICS)

사실 의미를 추구하는 것은 마음의 평정을 주기보다는 정신적으로 긴장하게 만든다. 그러나 바로 그러한 긴장이야말로 정신건강에 없어서는 안 될 꼭 필요한 것이다. 내가 감히 말하거니와, 최악의 상황에서도 살아남기 위해서는 인생에 의미가 있다는 것을 아는 것보다 더 효과적인 것은 없다. "살아가야 할 *이유가* 있는 사람은 어떤 *방식으로든* 견딜 수 있다"고 한 니체의 말 속에는 많은 지혜가 담겨있다. 나는 이 말을 모든 심리치료법이 교훈으로 삼아야 한다고 생각한다. 나치스의 강제수용소에서도 자기가 해야 할 일이 있음을 알고 있는 사람들은 대부분 잘 살아남는다는 것을 목격할 수 있었다. 강제수용소에 관해 다른 사람들이 쓴 책들, 그리고 일본과 북한 및 베트남의 전쟁포로수용소에 대해 실시한 정신치료 연구조사에 의해서도 같은 결론에 도달했다.

나 자신의 경우, 아우슈비츠 강제수용소에 수감되었을 때, 출판할 준비가 다 되어 있던 원고를 압수당했었다.[1] 그 원고를 다시 쓰고 싶은 강렬한 열망이 수용소의 가혹 행위를 견뎌내게 했던 것이 분명하다. 예를 들면, 바바리아의 한 수용소에서 발진티푸스에 걸렸을 때, 나는 자유를 얻을 때까지 살아남게 되면 원고를 다시 쓰려고 작은 종이 조각들에다 많은 기록을 해두었다. 바바리아 강제수용소의 어두운 바라크 안에서 잃어버린 원고를 이렇게 복원함으로써 나는 죽음의 위험을 극복할 수 있었다.

이처럼 정신건강을 위해서는 어느 정도의 긴장이 필요하다는 것을 알 수 있다. 즉 이미 성취한 것과 앞으로 달성해야 하는 것 사이의 긴장, 또는 현재 어떤 사람인가 하는 것과 앞으로 어떤 사람이 될 것인가 사이의 간격 등이 그것이다. 이러한 긴장은 인간에게는

---

1) 이것은 1955년 뉴욕에서 *The Doctor and the Soul—An Introduction to Logotherapy*란 제목으로 Alfred A. Knopf에 의해 출판된 영역본으로, 내 책 중 첫 번째 번역서이다.

본래부터 있는 것이며 따라서 정신적 안정을 위해서는 필수불가결한 것이다. 그렇기 때문에 우리(의사)는 환자가 자기에게 잠재해 있는 의미를 찾을 수 있게 해주는 일에 주저해서는 안 된다. 그렇게 하지 않으면 의미를 찾고자 하는 환자의 의지를 잠재 상태에서 불러낼 수가 없기 때문이다. 사람이 무엇보다 우선적으로 필요로 하는 것은 마음의 안정, 또는 심리학에서 말하는 "항상성(恒常性)", 즉 긴장없는 상태라고 하는 것을 나는 정신건강상 위험한 오해라고 생각한다. 인간이 정말로 필요로 하는 것은 가치 있는 목표와 자유의지로 선택한 일을 위한 노력과 투쟁이지, 긴장없는 상태가 아니다. 인간이 필요로 하는 것은 어떻게든 긴장을 풀려고 하는 것이 아니라 찾아주기를 기다리고 있는 잠재 의미를 불러내는 것이다. 인간에게 필요한 것은 항상성이 아니라 내가 "정신역학"이라고 부르는 것, 다시 말해 한 극(極)은 찾아져야 할 의미로 표현되고 다른 극은 그것을 찾아야 하는 사람으로 표현되는 긴장이라는 자기장(磁氣場)에 있는 실존적 역학이다. 이것이 정상적인 상태에만 적용된다고 생각해서는 안 된다. 정신신경증 환자에게는 한층 더 효험이 있다. 만약 건축가가 낡은 아치를 튼튼하게 하고 싶다면 아치의 무게를 증가시키면 된다. 그렇게 하면 아치의 각 부분들이 더 강하게 결합되기 때문이다. 마찬가지로 의사가 환자의 정신건강을 촉진시키려 한다면 인생의 의미에 대해서 다시 생각해 보게 함으로써 충분한 긴장 상태를 만들어 주는 데에 주저하지 말아야 한다.

지금까지는 삶에 의미가 있음을 알게 함으로써 환자들에게 좋은 영향을 끼친다는 것을 말했다. 이제는 오늘날 그토록 많은 환자들이 호소하고 있는 느낌, 즉 그들의 삶 전체가 근본적으로 무의미하다는 느낌이 주는 해로운 영향에 대해 말해보겠다. 그 환자들은 그것을 위해 살아볼 만한 의미있는 가치가 있음을 깨닫지 못하고 있다. 그들은 자신들이 경험한 내면적인 공허감, 그들 자신 속에 있는 공허감에 시달리고 있다. 그들은 내가 말한 바 있는 "실존적 공허" 상태에 사로잡혀 있는 것이다.

실존적 공허

실존적 공허는 20세기에 들어와 광범위하게 퍼진 한 현상이다. 이것은 이해할 수 있는 일이며, 그렇게 된 것은 인간이 참된 의미로 인간이 된 이래 겪어야 했던 두 가지 손실 때문이기도 하다. 인류 역사가 시작되면서 인간은 기본적인 동물 본능의 일부를 상실했다. 동물들은 그 본능에 따라 행동하고 본능에 의해 자신을 안전하게 지키는데, 인간은 그것을 잃어버린 것이다. 그러한 안전함은, 에덴 동산처럼, 인간에게는 영원히 닫혔다. 인간은 선택을 해야 하는 것이다. 여기에다가 사회가 발전해감에 따라 또 한 가지를 상실했다. 인간의 행동을 지지해 주던 전통이다. 이제는 그것이 급속히 사라져가고 있다. 어떠한 본능도 인간에게 무엇을 해야 하는지 말해주지 않고, 어떠한 전통도 어떻게 해야 하는지 가르쳐주지 않는다. 그 대신 다른 사람들이 하는 대로 하고 싶어하고(순응:conformism), 다른 사람들이 그에게 바라는 대로 한다(전체주의:totalitarianism).

최근 한 통계 조사는 내가 가르치는 유럽 학생들 중 25%가 다소 두드러진 정도로 실존적 공허를 보여주고 있음을 밝혀냈다. 미국 학생들 사이에서는 25%가 아니라 60%나 되었다.

실존적 공허는 주로 권태를 느끼는 상태에서 두드러지게 나타난다. 이제 우리는 쇼펜하우어가, 인류는 고민과 권태라는 양극 사이를 오락가락하도록 운명지어졌다고 한 말을 이해할 수 있다. 실제로 오늘날에는 고민보다 권태가 더 많은 문제를 일으키고 있으며 정신과 의사의 치료를 더 많이 요구한다. 그리고 이것은 점점 더 중대한 문제가 되어가고 있다.

아마도 자동화가 발전되어감에 따라 평범한 노동자에게도 즐길 수 있는 여가시간이 엄청나게 많아지기 때문일 것이다. 애석한 것은 그들 중 많은 사람들이 새로 얻은 자유로운 시간에 무엇을 해야 할지를 모른다는 것이다.

한 예로, "일요병"이라는 것에 대해 생각해 보자. 이것은 눈코 뜰 사이 없이 바쁜 한 주일을 보내고 난 뒤 자신의 삶이 공허하게 느껴질 때, 자기의 생활에 알맹이가 없다는 것을 깨달은 사람들을 괴롭히는 일종의 우울증이다. 자살하는 사람들을 보면 원인이 이 실존적 공허감에 기인하는 경우가 적지 않다. 우울증, 반항심리, 약물중독 등 널리 만연되어 있는 현상들은, 그 밑에 존재에 대한 허무감이 깔려있음을 알지 못하고서는 이해할 수 없다. 이것은 또한 연금으로 생활하는 사람들이나 노인들이 느끼고 있는 것과 같은 위기감이기도 하다.

게다가 자신의 존재가 허무하다고 느끼면 갖가지 가면을 쓰거나 위장을 한다. 때때로 의미를 찾고자 하는 의지가 좌절되면 그것을 대신하여, 권력에 대한 의지나 재물을 얻으려는 의지로 보상되기도

한다. 다른 경우에서는 의미를 찾고자 하는 의지가 좌절된 자리에 쾌락을 추구하는 의지가 자리잡기도 한다. 그래서 실존적 공허를 성적(性的) 보상으로 메우려는 것이다. 그러한 경우에 성적 리비도(libido)가 존재의 진공 상태에서 미친 듯 날뛰는 것을 관찰할 수 있다.

정신병 환자의 경우에도 비슷한 일이 일어난다. 나중에 언급하게 될 특정 유형의 피드백 기제와 악순환형성이 그것이다. 이 증후군이 실존적 공허 상태를 침범하여 그 속에서 계속 번식해 가는 것을 우리는 반복해서 볼 수 있다. 그러한 환자들이 보이는 증세는 정신성 신경증은 아니다. 그러나 우리가 로고데라피에 의한 심리치료로 보완해 주어야만 환자가 자신의 상태를 극복하도록 도와줄 수 있을 것이다. 실존적 공허를 채워줌으로써 병이 더 이상 재발하는 것을 막을 수 있기 때문이다. 그러므로 로고데라피는 앞에서 지적한 대로, 정신성 신경증뿐만 아니라 심인성 신경증에도 필요한 치료법이다. 그리고 때로는 신체적 신경증, 즉 의사(擬似) 신경증에도 필요한 치료법이다. 이러한 각도에서 보면 마그다 B. 아놀드(Magda B. Arnold)가 말한 바 있는, "어떠한 치료법이든 어떤 점에 있어서는, 비록 제한적이긴 하나 로고데라피이어야 한다"[2]는 말은 옳다.

이제는 환자가 자기의 삶의 의미가 무엇이냐고 물어올 때 우리가 무엇을 해줄 수 있는지에 대해 생각해 보자.

---

2) Magda B. Arnold and John A. Gasson, *The Human Person*, Ronald Press, New York, 1954, p. 618.

삶의 의미

　나는 의사가 이 문제에 대하여 쉬운 말로 대답할 수 있을지 어떨지 의문이다. 삶의 의미는 사람에 따라 다르고, 그날 그날에 따라 그리고 수시로 달라지기 때문이다. 따라서 문제는 일반적인 삶의 의미가 아니라, 주어진 순간에 그 사람의 삶에 있어서의 특별한 의미가 무엇인가 하는 것이다. 이 문제를 쉬운 말로 대답하라고 하는 것은, 체스 챔피언에게 "말씀해 주십시오, 스승님, 제일 좋은 수는 무엇입니까?" 하고 묻는 것과 같다. 체스 경기에서 상황과 상대편의 독특한 개성을 생각하지 않고서는 제일 좋은 수란 있을 수 없다. 그렇게 간단한 것이 아니다.

　인간의 존재에 관해서도 마찬가지이다. 인생의 추상적인 의미를 찾아서는 안 된다. 사람마다 실현해야 할 구체적인 과제가 있으며, 살아가면서 그것을 실행에 옮길 자기만의 특별한 직업이나 사명을 가지고 있다. 그 속에서 그는 다른 사람으로 대체될 수도 없으며 그의 삶 또한 반복될 수 없다. 따라서 한 사람 한 사람의 과제는 그것을 수행하는 사람의 특수한 기회만큼이나 독특하고 유일한 것이다.

　살아가면서 마주치는 모든 상황마다 인간에게 도전을 나타내고 그에게 풀어야 할 문제를 선사하기 때문에, 삶의 의미에 대한 질문은 실제로 예정된 것인지도 모른다. 궁극적으로 자기 삶의 의미가 무엇이냐고 물어선 안 되며, 질문을 받은 사람은 바로 *자기자신이*라는 사실을 깨달아야 한다. 한 마디로 말해서 한 사람 한 사람이 삶으로부터 질문을 받는다는 말이며, 인간은 자기 자신의 삶에 쏠

모있는 사람이 됨으로써만 삶에 *대답*할 수 있을 뿐이고, 삶에 책임을 짐으로써만 대답할 수 있다는 말이다. 그러므로 로고데라피는 책임을 지는 데에서 존재의 참된 본질을 찾는 것이다.

존재의 본질

책임감에 대해 이렇게 강조하는 것은 로고데라피의 절대 명제에 나타나 있다. "인생을 이미 두 번 살고 있는 것처럼, 그리고 첫 번째는 지금 막 하려고 하는 것만큼이나 서투르게 행동했던 것처럼 살아라." 인간의 책임감을 자극하는 데 이 말보다 더 좋은 말은 없다고 생각한다. 이 말은 인간에게 첫째, 현재는 과거가 되며 둘째, 과거는 아직 변경되고 수정될 수 있다는 생각을 갖게 한다. 이와 같은 교훈 한 마디가 인간으로 하여금 그가 만들어낸 그의 삶과 그 자신이 무엇인가 하는 데 대한 삶의 궁극성뿐만 아니라 *유한성*에 직면하게 한다.

로고데라피는 환자로 하여금 그 자신이 책임을 져야 하는 것에 대해 충분히 깨닫게 해주려고 노력한다. 따라서 그 자신이 무엇을 책임져야 하는지, 무엇에 책임이 있는지 또는 누구에게 책임을 져야 하는지를 이해하는 선택권은 환자에게 맡겨야 한다. 그것이 로고데라피 치료 전문가가 모든 심리치료 전문가들 중에서 환자에게 가치 판단을 강요하려는 유혹을 가장 적게 받는 이유이다. 왜냐하면 그는 환자가 판단의 책임을 의사에게 전가하는 것을 결코 용납하지 않을 것이기 때문이다. 그러므로 자기의 인생 과업에 대한 책임이 사회에 있다고 생각하든 또는 자신의 양심에 있다고 생각하든 그것은 환자에게 달려있다. 그러나 자신의 인생을 단순히 자기에게 할당된 일이라고 생각하지 않고 스스로 다른 사람들에게 일을 할당해 주는 감독이라고 생각하는 사람들도 있다.

로고데라피는 가르치지도, 설교하지도 않는다. 로고데라피는 도덕적 훈계와는 거리가 멀며 논리적 추론과도 거리가 멀다. 비유적으로 말하면, 로고데라피 치료 전문가가 하는 역할은 화가의 역할이라기보다는 안과 전문의의 역할이라고 할 수 있다. 화가는 자기눈에 비친 세상을 우리에게 전해주려 하고, 안과 의사는 우리가 있는 그대로의 세상을 볼 수 있게 해주려고 한다. 로고데라피 치료 전문가의 역할은 모든 잠재 의미를 환자가 의식하고 볼 수 있도록 하기 위하여 환자의 시야를 넓혀 주는 데에 있다.

인간은 책임을 질 줄 알며 따라서 자기 삶의 잠재 의미를 실현해야 한다. 삶의 참된 의미를, 마치 무슨 비밀스런 방식이라도 되는 것처럼 인간의 영혼(psyche) 속에서 찾으려고 할 것이 아니라, 세상 속에서 찾아야 한다는 점을 강조하고 싶다. 나는 이 본질적인 특성을 "인간 존재의 자아초월(self- transcendence)"이라고 이름붙였다. 그것은 인간은 언제나 자기자신이 아닌 다른 어떤 것을 향하거나 또는 다른 누군가에게로 주의를 돌린다는 사실을 뜻한다. 바로 자기자신이야말로 실현해야 할 의미, 또는 직면해야 할 또 하나의 인간이다. 그런데 자기자신에 대해 잊으면 잊을수록 그만큼 인간은 더 인간다워지며 또한 자기자신을 더 잘 실현시킬 수 있다. 소위 자아실현(self-actualization)이라는 것은 달성할 수 있는 목표가 절대 아니다. 인간은 자아실현을 이루기 위해 많은 노력을 하지만,

그러면 그럴수록 더욱 더 목표에서 빗나가기 때문이다. 다시 말하면, 자아실현이란 자아초월의 부수적인 결과로서만 가능한 것이다.

이제 우리는 삶의 의미란 언제나 변하는 것이며, 그러나 결코 없어지지는 않는다는 것을 알았다. 로고데라피에 의하면 삶 속에 존재하는 이 의미를 세 가지 다른 방법으로 찾을 수 있다. (1) 일을 창조해내거나 어떤 행위를 함으로써 (2) 무엇인가를 체험하거나 누군가를 만남으로써 (3) 피할 수 없는 고통을 향해 우리가 취하는 태도로써. 첫째는 달성하고 성취하는 방법으로 매우 분명하다. 둘째와 셋째는 좀더 상세한 설명이 필요하다. 삶에서 의미를 발견하는 두 번째 방법은 선(善)이나 진리, 아름다움 같은 것을 체험함으로써, 자연과 문화를 체험함으로써, 그리고 무엇보다 중요한 것은 다른 어떤 인간을 유일무이한 바로 그 사람 속에서 체험하는 것, 즉 그를 사랑함으로써 찾는 방법이다.

사랑의 의미

사랑은 다른 사람을 그의 인격의 가장 깊은 핵심까지 파악할 수 있는 유일한 방법이다. 그 누구도 어떤 사람을 사랑하지 않고서는 그의 실체를 충분히 알 수가 없다. 사랑함으로써 사랑하는 사람의 본질적인 특성과 특징들을 알 수 있는 것이다. 더욱이 그 사람 안에 잠재되어 있는 것, 아직 실현되지는 못했으나 마땅히 실현되어야 할 것이 무엇인지를 알게 된다. 더 나아가, 사랑하고 있는 사람은 사랑으로써 자신이 가장 사랑하는 사람이 이 잠재 능력들을 실현할 수 있게 해준다. 그가 무엇을 할 수 있으며 무엇이 되어야 하는지를 깨닫게 해줌으로써 이 잠재 능력들을 실현시키는 것이다.

로고데라피에서는 사랑을 소위 승화라는 의미에서의 성적 충동이나 본능의 단순한 부수 현상(epiphenomenon)[3]으로 보지는 않는다. 사랑은 섹스와 마찬가지로 기본적인 하나의 현상이다. 섹스는 사랑을 표현하는 한 방법이다. 섹스는 그것이 사랑의 매개체가 되는 즉시 그리고 그러한 한에서는 정당화되고 신성시되기까지도 한다. 그러므로 사랑이 섹스의 단순한 부산물로 이해될 수는 없으며, 그보다는 오히려 섹스가 사랑이라고 불리는 궁극적인 결합의 경험을 표현하는 한 방법인 것이다.

삶에서 의미를 찾는 세 번째 방법은 고통에 의해서이다.

고통의 의미

우리는 절망적인 상황에 직면했을 때, 바꿀 수 없는 운명을 만나게 되었을 때조차도 삶에서 의미를 찾아낼 수 있다는 사실을 결코 잊어서는 안 된다. 왜냐하면 그때 문제가 되는 것은 좀처럼 보기 드문 인간의 잠재 능력을 최고의 상태로 증명해야 하기 때문이다. 즉 한 개인의 비극을 승리로 바꾸고, 한 사람의 곤경을 성취로 변화시키는 것이다. 더 이상 상황을 바꿀 수 없을 때—수술이 불가능한 암 같은 불치병을 생각해 보자—우리는 자신을 변화시키려 한다.

---

3) 일차적 현상의 결과로서 발생하는 현상.

명쾌한 사례를 인용해 보겠다. 한번은 나이가 지긋한 의사가 심한 우울증 때문에 상담하러 나를 찾아왔다. 그 사람은 이 세상 그 누구보다도 사랑했던 아내를 2년 전에 잃고 그 슬픔에서 헤어나지 못하고 있었다. 자, 이제 내가 그를 어떻게 도울 수 있을까? 그에게 무슨 말을 해주어야 한단 말인가? 나는 그에게 다른 말은 한 마디도 하지 않고 한 가지 질문만 했다. "만약 당신이 죽고 부인께서 뒤에 남게 되었다면 어떻게 되었을까요, 선생님?" 그러자 그가 말했다. "오, 그건 아내에게 끔찍한 일일 거요. 그녀가 얼마나 고통스럽겠소!" 그래서 나는 대답했다. "그것 보십시오, 선생님. 부인께서는 그런 고통을 겪지 않으셔도 됩니다. 그리고 부인께 그 고통을 주지 않은 사람은 바로 당신이지요. 그 대가로 지금 당신이 살아남아서 부인을 애도해야 하는 겁니다." 그는 아무 말 없이 내 손을 잡더니 조용히 내 사무실을 나갔다. 어떤 면에서 고통은 희생의 의미와 같은 어떤 의미를 찾는 순간부터 더 이상 고통이 아니다.

물론, 이것은 엄밀한 의미에서는 치료가 아니었다. 첫째 그의 절망은 병이 아니었고, 둘째 나는 그의 운명을 바꿀 수 없었기 때문이었다. 내가 그의 아내를 되살려낼 수는 없었던 것이다. 그러나 그때부터 그가 적어도 자신의 고통 속에서 한 가지 의미를 볼 수 있게 되었으므로, 바꿀 수 없는 자신의 운명을 대하는 그의 태도를 변화시키는 데에는 성공했다. 인간의 주된 관심이 쾌락을 얻거나 고통을 피하는 것이 아니라, 그보다는 자신의 삶에서 의미를 찾으려 한다는 것이 로고데라피의 기본 신조 중의 하나이다. 바로 그 때문에 인간은 자신의 고통에 의미가 있다고 확신하면 기꺼이 그 고통을 받아들이기까지 하는 것이다.

그러나 의미를 발견하기 위해 고통이 꼭 필요한 것은 아니라는 사실을 분명히 해두고 싶다. 나는 단지 의미란 고통 속에서조차도 —만약 그 고통을 피할 수 없는 것이 확실하다면—찾을 수 있다는 점을 강조하려는 것뿐이다. 그러나 만일 그것이 피할 수 있는 것이라면 우리가 해야 할 의미있는 일은 그 원인을 제거하는 일일 것이다. 그 원인이 심리적인 것이든 생리적인 것이든 또는 정치적인 것이든 간에 말이다. 불필요하게 고통당하는 것은 용감한 것이 아니라 피학적(被虐的)인 행위이다.

이디뜨 바이스코프 요엘슨(Edith Weisskopf-Joelson)은 죽기 전 조지아 대학의 교수로 재직하고 있을 때 로고데라피에 관한 논문에서 이렇게 주장했다. "현대의 정신위생학은, 사람들은 당연히 행복해져야 하며, 불행은 부적응의 한 증세라는 점을 강조하고 있다. 이러한 가치체계는, 자신이 불행하다는 생각 때문에 더 불행해지는, 피할 수 없는 불행의 짐을 더 증가시키고 있다는 사실에 책임을 져야 할 것이다."[4] 그리고 또 다른 논문에서 그녀는, "오늘날 미국 문화에서는 불치의 환자가 자신의 고통에 자부심을 가지고서, 자신의 고통이 아무런 가치가 없는 것이 아니라 고귀한 것이라고 여길 기회가 거의 없으며, 따라서 그는 불행할 뿐만 아니라 불행한 것을 부끄럽게 여겨야 한다. 이러한 건전하지 못한 경향들에 반기를 드는 것을 로고데라피가 도와줄 수 있을 것이다."라는 희망을 나타냈다.[5]

---

4) "Some Comments on a Viennese School of Psychiatry." *The Journal of Abnormal and social Psychology*, 51 (1955), pp. 701-3.
5) "Logotherapy and Existential Analysis." *Acta Psychotherapeutica*, 6 (1958), pp. 193-204

자신의 일을 하거나 인생을 즐길 기회로부터 단절되는 상황이란 있게 마련이다. 그런데 여기서 결코 배제할 수 없는 것이 고통의 불가피성이다.

고통에 대한 이러한 도전을 용감하게 받아들임으로써 삶은 최후의 순간까지 의미를 지니게 되며, 이 의미를 문자 그대로 죽을 때까지 간직하는 것이다. 다시 말하면, 삶의 의미는 절대적인 것이라는 말이다. 그것은 삶의 의미가 피할 수 없는 고통이라는 잠재 의미까지도 포함하기 때문이다.

내가 강제수용소에서 겪었던 체험 하나를 다시 생각해 보자. 그때 수용소에서 살아남을 확률은 정확한 통계에 의해서도 입증되었듯이, 28대 1도 되지 않았다. 아우슈비츠에 도착했을 때 외투 안에 감추어둔 내 첫 번째 책의 원고가 구제될 가망은 전혀 없는 듯 했다. 그리하여 나는 정신적 자식을 잃는 고통을 겪어야 했고 그 일을 극복해야만 했다. 이제 내게 남은 것은 아무것도, 그리고 아무도 없는 것 같았다. 육신의 자식도, 정신의 자식도 그 어느 것도 남지 않았다! 그런 상황에서 나는, 나의 삶에 궁극적으로 아무런 의미가 없는 것인가 하는 의문에 직면하게 되었다. 내가 그토록 열심히 찾으려고 애쓰고 있는 이 질문에 대한 대답이 이미 나에게 마련되어 있었으며, 또한 곧 나에게 주어지리라는 사실을 나는 미처 알지 못하고 있었다. 이 일은 내 옷을 모두 내주고 그 대신 아우슈비츠 정거장에 도착하는 즉시 가스실로 보내진 어떤 죄수가 입었던 다 해어진 누더기를 물려받았을 때 일어났다.

내 원고 뭉치 대신, 새로 얻어 입은 외투 주머니에서 내가 발견한 것은 히브리 기도서에서 찢어낸 기도문 한 장이었는데, 거기에는 유태인의 가장 중요한 기도문인 *Shema Yisrael*이 적혀 있었다. 이와 같은 "우연의 일치"를, 내 생각을 단순히 종이 위에 적기만 하지 말고 그 생각대로 살라는 도전으로밖에 달리 내가 어떻게 받아들여야 했겠는가.

얼마 후, 머지않아 나는 죽을 거라는 생각을 했던 기억이 난다. 그러나 이 위기 상황에서도 나의 관심은 내 동료들의 관심과는 달랐다.

그들의 의문은, "우리가 수용소에서 살아남게 될까? 만일 그렇지 않다면 이 모든 고통은 아무 의미가 없을 테니까" 하는 것이었다. 나를 따라 다니는 의문은 이런 것이었다. "이 모든 고통, 나를 둘러싸고 있는 이 죽음에 의미가 있을까? 만일 의미가 없다면 결국은 살아남아야 할 의미도 없기 때문이다. 어떤 우연한 일—탈출하느냐 못 하느냐와 같은—에 그 의미가 달려있는 삶이라면 결국 살 가치가 전혀 없는 것이다."

임상에 따른 문제들

오늘날에는 신경증 증세보다는 인간적인 문제로 정신과 의사를 찾는 환자가 점점 더 많아지고 있다.

그런 사람들 중에는 옛날 같으면 사제나 목사나 랍비를 찾아가야 했을 사람들도 있다. 지금 그들은 성직자에게로 가는 것을 거부하며 그 대신 "내 인생의 의미는 무엇인가?" 하는 문제를 가지고 의사를 만난다.

로고드라마(A LOGODRAMA)

다음의 한 예를 보자. 열 한 살 된 아들을 잃고 자살을 기도했던 한 어머니가 내 병원에 입원한 적이 있다. 쿠르트 코쿠렉(Kurt Kocourek) 박사가 치료 그룹에 참가해 보라고 그녀에게 권했다. 나는 그가 심리극을 연출하고 있는 방에 우연히 들어가게 되었다. 그녀가 자기 이야기를 하고 있었다. 아이가 죽자 그녀는 소아마비로 다리를 못쓰는 큰 아들과 단 둘만 남게 되었다. 이 불쌍한 아이는 휠체어에 앉은 채 혼자서는 움직이지도 못했다. 어머니는 끝내 자기의 운명에 반기를 들었다. 그러나 어머니가 아들과 함께 자살하려 했을 때 그것을 말린 건 바로 이 불구의 아들이었다. 그는 살고 싶었던 것이다! 그에게 삶은 아직 의미있는 것이었다. 그런데 그의 어머니는 왜 그렇지 못했을까? 어떻게 그녀의 삶에 아직도 의미가 있을 수 있단 말인가? 그리고 우리는 그녀가 그것을 깨닫도록 어떻게 도와줄 수 있을까?

즉흥적으로 나는 그 토론에 참가했다. 그리고 거기에 있던 다른 부인에게 질문을 던졌다. 내가 그녀에게 몇 살이냐고 묻자 그녀는 대답했다. "서른 살이예요." 나는 말했다. "아니, 당신은 서른 살이 아니라 여든 살이고, 지금 임종을 맞고 있습니다. 그리고 지금 자신의 삶을 되돌아보고 있습니다. 자식은 없지만 경제적으로 성공했고 사회적 명성으로 가득 찼던 삶을 말입니다." 그러면서 그녀에게 이런 상황에서 무엇을 느끼게 될지 상상해 보라고 했다. "어떤 생각이 들겠습니까? 당신 자신에게 뭐라고 말하겠습니까?" 그 토의가 진행되는 동안 녹음해 놓은 테이프에서 그녀가 직접 말한 것을 인용해 보겠다. "오, 난 백만장자와 결혼해서, 부귀영화를 맘껏 누렸고 흥청망청 마음대로 살았어요. 남자들과 바람도 피웠고, 그들을 많이도 울렸지요! 그런데 이제 내 나이 여든 살인데, 내가 낳은 자식 하나 없어요. 이렇게 늙어서 되돌아보니 그것들이 다 무슨 소용인지 모르겠습니다. 정말이지, 이렇게밖에는 말할 수가 없군요, 내 인생은 실패였어요!"

다음으로 다리가 아픈 아들을 둔 어머니에게 *그녀의 삶도 그런 식으로 회상하고 있다고* 상상해 보라고 했다. 그녀가 한 말을 테이프에 녹음된 대로 들어보자. "나는 아이들을 갖고 싶었고, 이 소원은 이루어졌어요. 그런데 한 아이는 죽었고 다른 아이는 불구예요. 이 아이는 만약 내가 계속 돌봐주지 않으면 사회시설에 보내질 거예요. 비록 다리를 못쓰고 혼자서는 움직일 수도 없지만 결국 그 애도 내 아들이예요. 그래서 나는 그 애에게 내가 할 수 있는 한 모든 것을 다 할 수 있도록 해주었어요. 내 아들을 그 누구보다 훌륭한 사람으로 키웠어요." 이 대목에서 그녀는 눈물을 펑펑 쏟으면서 울었다. 그러면서 말을 계속했다. "나는 내 삶을 평온하게 되돌아 볼 수 있어요. 내 삶은 의미로 가득 차 있었고 나는 그것을 실현하려고 열심히 노력했기 때문입니다. 나는 최선을 다했습니다. 내 아들을 위해 최선을 다했어요. 내 삶은 실패가 아니었어요!" 마치 임종을 맞은 것처럼 자신의 삶을 되돌아보면서, 그녀는 갑자기 거기에서 의미를, 자기의 모든 고통까지도 포함하고 있는 의미를 찾을 수 있었다. 같은 이유로, 예를 들어 자기의 죽은 아들의 삶과 같은 짧은 삶이 기쁨과 사랑으로 그토록 풍요로울 수 있으며, 80년이나 살아온 사람의 삶보다 더 많은 의미를 지닐 수 있다는 사실도 또한 분명해졌다.

잠시 후 나는 다른 문제로 넘어갔다. 이번에는 그룹 전체에 내가 직접 질문을 던졌다. 문제는 척수성 소아마비 혈청을 개발하는 연구에 사용되는 원숭이는 혈청을 뽑기 위해 계속해서 척수에 구멍이 뚫리는데, 그 원숭이가 과연 그 고통의 의미를 파악할 수 있겠는가 하는 것이었다. 거기 모인 사람들 모두가 이구동성으로 물론 원숭이는 그럴 수 없다고 대답했다. 원숭이의 제한된 지능으로는 인간의 세계, 즉 고통의 의미를 이해할 수 있는 유일한 세계인 인간의 세계에 끼어들 수 없다는 것이었다. 그래서 나는 다음 문제로 나아갔다. "그러면 인간은 어떻습니까? 여러분은 인간 세계가 우주 진화의 종착점이라고 확신합니까? 다른 차원 그러니까 인간의 세계를 넘어선 다른 세계, 인간의 고통의 궁극적인 의미에 대한 질문에 해답을 찾을 수 있는 세계가 있다고는 생각하지 않습니까?"

초의미(SUPER-MEANING)

이러한 궁극적인 의미는 필연적으로 인간의 제한된 지적 능력을 능가하고 초월한다. 로고데라피에서는 이와 관련해서 초의미(超意味)라는 말을 한다. 인간에게 요구되는 것은, 몇몇 실존주의 철학자들이 가르치듯 삶의 무의미함을 참고 견디는 것이 아니라, 삶의 절대적인 의미를 합리적인 말로는 파악할 수 없는 자신의 무능함을 인정하는 것이다. 로고스(*logos*)는 논리(logic)보다 심원하다.

초의미라는 개념을 알지 못하는 치료 전문가는 머지않아 자기 환자 때문에 당황하게 될 것이다. 내가 여섯 살 짜리 딸아이에게서 질문을 받았을 때 그랬던 것처럼. 그 애는 나에게 이런 질문을 했다. "왜 우리는 선한 주님이라고 말하나요?" 그래서 나는 말했다. "몇 주일 전 너는 홍역을 앓았었잖니? 그런데 선한 주님께서 네 병을 완전히 낫게 해 주셨잖아?" 그러나 어린 딸은 그 말에 만족하지 못했다. 그 애는 이렇게 반박했다. "그래요. 하지만 아빠, 잊지 마세요. 그 분이 나한테 홍역을 갖다 주신 게 먼저예요."

그러나 환자가 굳건한 종교적 신앙심을 가지고 있다면 그의 종교적 확신을 치료 효과에 이용하는 데에 반대할 여지가 없으며, 그렇게 함으로써 그의 정신적인 힘을 끌어낼 수 있을 것이다. 그렇게 하기 위해서는 치료 전문가가 환자의 입장에 서보아야 한다. 나는 전에 바로 그렇게 한 적이 있다. 동유럽 출신의 한 랍비가 나를 찾아와 자기 이야기를 하였다. 그는 첫 번째 아내와 여섯 아이들을 아우슈비츠 강제수용소의 가스실에서 잃었다. 그런데 지금 두 번째 아내가 아이를 낳을 수 없다는 것을 알게 된 것이었다. 나는, 아이를 낳는 것이 삶의 유일한 의미는 아니다, 만일 그렇다면 삶 자체가 무의미해질 것이며, 또한 그 자체가 무의미한 것이 단순히 영원히 존재한다고 해서 의미있게 될 수는 없다고 말했다. 그러나 그 랍비는 자기는 정통 유태인인데 자기가 죽은 후 카디쉬(Kaddish)[6]를 읽어 줄 아들이 하나도 없다고 절망하고 있었다.

나는 거기서 단념하고 싶지 않았다. 그를 돕고 싶은 마음에서 마지막으로, 천국에서 아이들을 다시 보고 싶지 않으냐고 물어보았다. 그랬더니 그는 별안간 울기 시작했다. 그 아이들은 순결한 순교

---

6) 죽은 사람을 위한 기도문.

자로 죽었기 때문에,[7] 천국에서 가장 높은 자리에 앉을 수 있지만, 자기는 늙고 죄 많은 사람이므로, 그 아이들과 같은 자리에 앉을 수 없을 거라는 것이었다. 그가 절망하는 진짜 이유는 거기에 있었다. 나는 단념하지 않고 다시 물었다. "바로 그 이유 때문에 당신이 아이들보다 오래 살아남아 있다고 생각할 수는 없습니까? 요 몇 년간 겪은 고통을 통해 당신은 정화되었을 것입니다. 그래서 마침내 당신도, 비록 그 아이들만큼은 아니겠지만, 그래도 한국에서 그들과 한 자리에 앉을 만큼은 깨끗해졌다고 생각할 수는 없습니까? 시편에 하나님은 너의 모든 눈물을 거둔다는 구절이 있지 않습니까?[8] 그러니 당신의 고통도 아마 전혀 헛되지는 않을 겁니다." 몇 년만에 처음으로 그는 내가 깨우쳐준 새로운 관점을 통해 자신의 고통으로부터 해방될 수 있었다.

삶의 일과성

인간의 삶에서 의미를 빼앗는 것처럼 보이는 것은 고통뿐만이 아니라, 죽음 또한 그렇다. 내가 입이 닳도록 하는 말이 있다. 즉, 인생에서 참으로 덧없는 것은 잠재가능성뿐이다, 가능성이란 실현되는 바로 그 순간 현실이 되기 때문이다, 그것들은 과거 속에 남겨

---

7) *L'Kiddush basbem*, 즉 하나님의 이름으로 성화(聖化)되었기 때문에.

8) 나의 유리함을 주께서 계수하셨으니 나의 눈물을 주의 병에 담으소서. 이것이 주의 책에 기록되지 아니하였나이까? 시편 56장 8절.

지고 전해져서, 그 속에서 덧없이 지나가 버리는 일과성(一過性)으로부터 구제되고 보존된다. 과거 속에서는 돌이킬 수 없이 상실되는 것은 없으며 모든 것이 변하지 않는 모습으로 저장되기 때문이다.

따라서 우리의 존재가 일회적인 것이라 해서 무의미해지는 것은 결코 아니다. 그러나 삶의 일과성은 책임감을 만들어낸다. 모든 것은 본질적으로 한번 지나가 버리고 마는 잠재가능성들을 우리의 현실로 만드는 데에 달려있기 때문이다. 인간은 수많은 현재의 가능성들 중에서 끊임없이 선택을 한다. 이들 중 어떤 것을 무위로 하고 어떤 것을 실현시킬 것인가? 무엇을 선택해야 한 번의 실현으로 불멸의 "발자국을 시간의 모래밭에" 남길 것인가? 어떠한 순간에도 인간은, 좋건 나쁘건 간에, 무엇이 자기 존재의 기념비가 될 것인가를 결정해야만 한다.

대체로 인간은 일과성이라는 그루터기만 남은 밭만 생각하고, 결정적으로 그의 행동, 기쁨, 그리고 고통까지도 구제해 주었던 과거라는 풍성한 곡창은 그냥 지나쳐버리고 만다. 아무것도 취소될 수 없고 아무것도 없애버릴 수 없다. 무엇을 한 적이 있다는 것이 가장 확실한 실재라고 나는 말하고 싶다.

로고데라피는, 인간의 존재는 본질적으로 덧없는 것이라는 점을 염두에 두고 있으나, 염세적이지 않고 적극적으로 행동한다. 이 점을 비유적으로 표현한다면 이렇게 말할 수 있을 것이다. 염세주의자는 벽에 걸린 달력을 매일 한 장씩 찢어낼 때마다 점점 얇아져 가는 것을 두렵고 슬픈 마음으로 지켜보는 사람과 비슷하다. 반면에 인생의 문제에 적극적으로 도전하는 사람은 매일 달력에서 한 장씩 뜯어

내어 먼저 그 뒷면에다 일기를 몇 자 적은 다음 전의 것들과 함께 차곡차곡 조심스럽게 묶어 두는 사람과 같다. 그는 이 일기에 적어놓은 모든 귀중한 것들과 이미 최선을 다해 살아온 자신의 모든 생애를 자부심과 기쁨으로 회상할 수 있다. 자신이 늙어가고 있다는 것을 알게 된들 그에게 무슨 상관이 있겠는가? 젊은이들을 보면서 그들을 부러워할 어떤 이유라도 있을까? 혹은 흘러가 버린 청춘을 그리워하며 향수에 젖을 무슨 이유라도 있을까? 무엇 때문에 그가 젊은이들을 부러워하겠는가? 젊은이가 가지고 있는 가능성. 젊은 사람에게 마련되어 있는 미래 때문일까? 그는 이렇게 생각할 것이다. "원, 천만의 말씀. 가능성 대신에 나는 내 과거 속에 실체를 가지고 있다. 내가 한 일과 사랑했던 사람의 실체뿐만 아니라 용감하게 견뎌낸 고통의 실체까지도. 그 고통들은 비록 남들이 부러워할 만한 것은 아니더라도 내가 정말로 가장 자랑스럽게 생각하는 일들이다."

테크닉으로서의 로고데라피

죽음에 대한 두려움 같은 실제적인 두려움을 정신역학적 해석으로 진정시킬 수는 없다. 반대로, 광장공포증(agoraphobia)과 같은 신경성 공포증도 철학적 이해로는 치유될 수 없다. 그런데 로고데라피는 이러한 두 가지 경우를 함께 다룰 수 있는 특수한 테크닉을 발전시켰다. 이 테크닉이 사용될 때 어떤 일이 일어나는지 이해하기 위해서, 신경증 환자들에게서 자주 볼 수 있는 상태, 즉 예측불안(anticipatory anxiety)을 출발점으로 삼아보자. 환자가 두려워하고 있는 바로 그것을 일으킨다는 것이 이 공포증의 특색이다. 예를 들어, 큰 방에 들어가거나 많은 사람을 대하게 되면 얼굴이 붉어질까봐 걱정하는 사람은 실제로 그런 상황에 놓이게 되면 얼굴을 더 많이 붉히는 경향이 있다. 이런 점에서 볼 때 "소원은 생각의 아버지"라는 말을 "공포는 사건의 어머니"라고 바꾸어 말할 수도 있을 것이다.

매우 아이러니컬하게도, 두려움 때문에 두려워하는 일이 일어나는 것과 같은 식으로, 강제된 의도는 강제로 바라는 것을 불가능하게 만든다. 이 과도한 의도 즉 "과잉의도(hyper-intention)"—나는 이렇게 부른다—는 특히 성적(性的) 신경증의 사례에서 많이 볼 수 있다. 남성이 자기의 성적 능력을 입증하려고 애쓰면 애쓸수록, 또 여성이 오르가즘을 경험하려고 애쓰면 애쓸수록 그들은 성공하기가 그만큼 더 어려워진다. 쾌락은 그저 부수적인 결과나 부산물이어야 하며, 그것 자체를 목표로 삼으면 그 정도에 따라 파멸되고 망쳐지게 된다.

위에서 말한 과도한 의도 외에도 과도한 주의(注意), 또는 로고데라피에서 말하는 "과잉투사(hyper-reflection)"가 있는데, 이 또한 병을 가져올 수 있다. 다음의 임상 보고서가 내가 말하는 바를 보여줄 것이다. 한 젊은 여인이 나를 찾아와 불감증을 호소하였다. 그녀의 병력을 보고 어릴 때 아버지에게서 성적 학대를 당했었다는 것을 알 수 있었다. 그러나 그녀가 성적 신경증을 보이는 것은 이 외상성(外傷性) 경험 자체 때문은 아니라는 것을 쉽게 알 수 있었다. 정신분석을 소재로 한 통속 소설을 읽고, 그 환자는 언제나 자기가 경험한 정신적 외상(trauma)이 언젠가는 그 대가를 치르게 될 것이라는 두려움 속에서 살아왔다는 것이 밝혀졌던 것이다. 이

예측불안은, 자기의 여자다움을 확인하려는 과도한 의도와 자기의
파트너보다는 오히려 자기 자신에게 더 주의를 집중하는 과도한 주
의라는 두 가지 결과를 가져왔다. 이래서는 그 환자가 성적 쾌감의
절정을 경험할 수 없는 것이 당연하다. 왜냐하면 오르가즘은 그 자
체를 목적으로 하지 않고 의도되지 않은 결과여야 하며 파트너에게
내맡겨야 하는데, 그렇지 못하고 오르가즘 자체가 의도와 주의의
대상이 되었기 때문이다. 단기간의 로고데라피 치료를 받은 후, 오
르가즘을 경험할 수 있는 능력을 보이려는 환자의 과도한 주의와
의도는, 로고데라피 치료법에서 사용하는 용어로 소개하자면, "역
투사(dereflection)" 상태로 되었다. 그녀의 주의가 적절한 대상,
즉 파트너를 향해 다시 초점을 맞추게 되자 자연히 오르가즘을 느
낄 수 있게 되었다.[9]

　로고데라피는, 로고데라피 테크닉이 "역설적 의도(paradoxical
intention)"라고 부르는 것, 즉 두려움이 두려움을 낳으며 또한 과
잉의도는 바라는 것을 이루지 못하게 한다는 이중적인 사실에 근거
를 두고 있다. 이 역설적 의도에 관해서는 독일어로 1939년에 발표
한 바 있다.[10] 이런 접근 방법으로 공포증 환자는 한 순간이나마 자
기가 두려워하는 것이 정확하게 무엇인지 알게 된다.

---

9) 성적 무능력 환자를 치료하기 위하여, 위에서 간략하게 설명한 과잉의도와 과잉투
　사라는 이론에 입각하여 특수한 로고데라피 치료 테크닉이 개발되었다. (Viktor
　E. Frankle, "The Pleasure Principle and Sexual Neurosis", *The
　International Journal of Sexology*, Vol. 5, No. 3 (1952), pp. 128-30). 물론
　이것을 로고데라피의 원리에 대한 간단한 설명으로 다룰 수는 없다.
10) Viktor E. Frankl, "Zur medicamentosen Unterstutzung der
　Psychotherapie bei Neurosen," *Schweizer Archiv fur Neurogie und
　Psychiatrie*, Vol. 43, pp. 26-31.

한 가지 사례를 보자. 한 젊은 내과 의사가 땀을 많이 흘리는 것에 대한 두려움 때문에 내게 상담하러 왔다. 땀을 많이 흘릴 거라고 생각할 때마다 이 예측불안은 지나치게 많은 땀을 흘리도록 촉진제 역할을 하는 것이었다. 이 순환 형성을 끊기 위해 나는 그 환자에게, 땀이 다시 나려고 할 경우에는 '내가 땀을 얼마나 많이 흘릴 수 있는지 사람들에게 보여주자'고 느긋하게 마음먹어 보라고 충고해 주었다. 일주일 뒤에 그는 다시 와서 내게 보고했다. 누구든 자기의 예측불안을 일으키는 사람을 만날 때마다, '전에는 땀을 4리터밖에 못 흘렸는데 이번에는 최소한 40리터는 흘려야겠다'고 속으로 생각했다는 것이다.

그 결과 그는 땀 공포증으로 4년이나 고생했는데 단 한 번의 치료로 일주일도 안 되어 영원히 그 공포에서 벗어났다.

독자들은 이 과정에서 그 환자의 태도가 반전되는 것에 주목할 것이다. 그것은 그의 두려움이 어떤 역설적인 소망으로 대체되었기 때문이다. 이 치료로 불안이라는 돛에서 바람이 빠진 것이다.

그러나 이 과정은 타고난 유머 감각으로 자기 자신에게 초연해질 수 있는 인간의 능력을 특별히 사용해야만 한다. 자기 자신에게서 분리될 수 있는 인간의 이 기본적인 능력은 로고데라피 치료 테크닉에서 말하는 역설적 의도가 작용될 때마다 실현된다. 그와 동시에 환자는 자신의 신경증 증세로부터 자신을 떼어놓을 수 있게 된다. 이 말은 고든 W. 올포트 교수의 말과도 일치한다. 그는 『개인과 종교(The Individual and Religion)』라는 저서에서 이렇게 말하고 있다.

"신경증 환자가 자기를 보고 웃을 줄 알게 된다면 그는 이제 자신을 통제할 수 있게 된 것이며 아마 치료되고 있는 중일 것이다."[11]
역설적 의도는 바로 올포트 교수의 말을 실험에 의해 확인해서 임
상적으로 적용한 것이다.

이 방법을 좀더 분명히 밝혀보기 위해 사례를 몇 가지 더 보기로
하자. 다음 사례는 어떤 경리 직원에 관한 것이다. 그는 병원을 여
러 군데 전전하며 많은 의사들에게서 치료를 받아왔으나 아무 효
과도 없었다. 우리 병원으로 왔을 때는 자살하고 싶다고 말할 정
도로 극도의 절망 상태에 빠져 있었다. 그는 몇 년 동안 손가락 경
련으로 고생해 왔는데 최근에는 일자리를 잃을 지경에 이르렀다는
것이었다. 따라서 당장 그리고 단기간 내에 치료하지 않으면 안
될 상황이었다. 치료가 시작되자 에바 코즈데라 Eva Kozdera 박
사는 환자에게 평소 하던 것과는 정반대로 해보라고 권했다. 즉
최대한 깨끗하고 보기좋게 쓰려고 애쓰지 말고 아무렇게나 휘갈겨
쓰려고 노력해보라는 것이었다. 이 말을 듣고 그는 자신에게, "그
래, 내가 얼마나 악필인지 사람들에게 보여주는 거다"하고 말했
다. 그런데 그가 일부러 글씨를 휘갈겨 쓰려고 하자 그렇게 되지
않는 것이었다. "아무렇게나 쓰려고 했지만 잘 되지 않더군요." 하
고 다음 날 그는 말했다. 이렇게 해서 48시간도 안 되어 그 환자는
손가락 경련에서 해방되었고, 그 후 관찰 기간 동안에도 재발하지
않았다. 그는 다시 행복해졌고 자기 일을 잘 하고 있다.

이와 비슷한 사례로, 그러나 글씨 쓰는 게 아니라 말하는 데에 문
제가 있는 환자를 비엔나 외래병원 이비인후과의 한 동료 의사가 나

---

11) New York, The Macmillan Co., 1956, p. 92.

에게 데려왔다. 그 의사가 여러 해 동안 치료해본 환자 중에서 가장 말을 심하게 더듬는 사람이었다. 그 환자가 기억할 수 있는 한 그는 단 한 순간도 언어 장애에서 벗어나 본 적이 없다. 꼭 한 번만 빼고는. 그가 열두 살 때 일이었다. 그때 시내 전차를 몰래 타고 가다가 차장에게 붙잡혔다. 도망치려면 자기가 말더듬이라는 것을 보여주는 길밖에 없다고 생각하고는, 자기는 불쌍한 말더듬이라는 것을 증명하려고 애를 썼다. 그런데 그가 말을 더듬으려고 애를 쓰자 그렇게 되지 않더라는 것이었다. 말할 것도 없이 그는, 치료를 하려는 건 아니었지만, 역설적 의도를 경험한 것이었다. 그러나 이렇게 소개함으로써 역설적 의도가 한 가지 증세를 가진 경우에만 효과가 있는 게 아닌가 하는 인상을 주어서는 안 되겠다. 이 로고데라피 치료 테크닉으로 비엔나 외래병원의 내 의료진은 정도가 심하고 오래된 강박성 신경증 환자들까지도 치료하는 데 성공했다. 60년 동안이나 결벽증으로 고생해온 한 노부인을 예로 들어 보겠다.

에바 코즈데라 박사는 역설적 의도를 써서 치료를 시작했다. 그리고 두 달 후 그 환자는 정상적인 생활을 할 수 있게 되었다. 비엔나 외래병원의 신경정신과에 입원하기 전에는 "사는 게 지옥이었다"고 그 부인은 고백했다. 강박관념과 세균공포증으로 인한 장애로 그녀는 마침내 하루종일 침대에 누워서 집안일도 전혀 할 수 없었다. 그녀가 이제는 그 증세가 완전히 없어졌다고 말하는 것은 정확하지 않을지도 모른다. 가끔은 강박관념이 생길 수도 있기 때문이다. 그러나 그녀가 말하는 것처럼 "그것에 대한 농담"도 할 수 있게 되었다. 요는 역설적 의도를 적용한 것이다.

역설적 의도는 또한 수면장애의 경우에도 적용될 수 있다. 불면에

대한 두려움[12]은 잠을 자야 한다는 과잉의도를 갖게 하는데, 이 과잉
의도가 이번에는 잠을 이루지 못하게 하는 결과를 낳는 것이다. 이
유별난 두려움을 극복하기 위해서 나는 환자에게 잠을 자려고 애쓰지
말고 그 반대로 하라고, 즉 될 수 있는 대로 오래 깨어 있으려고 애써
보라고 항상 충고한다. 다시 말하면 잠을 자야 한다는 과잉의도는 잠
을 이루지 못할 거라는 예측 불안에서 생겨난 것이므로, 잠들지 않으
려는 역설적 의도로 바꿔야 하는 것이다. 그러면 잠이 올 것이다.

역설적 의도가 만병통치약은 아니다. 그러나 그것은 강박충동 상
태와 공포증을 치료하는 데에는 유용한 도구로 쓰일 수 있다. 특히
예측 불안으로 두려움을 갖고 있는 경우에 효과가 크다. 더욱이 그것
은 단기 치료법이다. 단기 치료가 반드시 일시적인 치료효과만 가져
온다고 단정해서는 안 된다. "프로이드 정통 심리학이 가장 흔히 빠
지는 착각은 치료기간의 길이가 치료효과의 지속성과 비례한다고 생
각하는 것이다"라고 에밀 A. 구트하일(Emil A. Gutheil)이 최근에
말한 적이 있다.[13] 예를 들면 내 기록부에는 역설적 의도 치료를 받
은 지 20년도 더 지난 환자에 관한 보고서가 있는데, 그렇게 오래되
었음에도 불구하고 그 치료효과는 영구적인 것으로 입증되었다.

가장 주목할 만한 사실은 역설적 의도는 발병 원인의 근거와는
관계없이 효과를 얻을 수 있다는 점이다. 이것으로 이디뜨 바이스
코프 요엘슨이 한 말이 맞았음을 알 수 있다. 그녀는 이렇게 말했

---

12) 불면에 대한 두려움은 대다수의 경우, 우리의 신체 조직은 실제 필요한 최소한의
   수면량을 자급자족한다는 사실을 모르는 데에서 비롯된다.
13) *American Journal of Psychotherapy*, 10 (1956), p. 134.

다. "전통적인 심리치료법에서는 발병 원인에서 찾아낸 것에 근거를 두고 치료해야 한다는 주장을 하고 있지만, 경우에 따라서는 아주 어린시절에 어떤 요인으로 해서 생긴 신경증이 성인이 되어서는 전혀 다른 요인들 때문에 나을 수도 있다."[14]

정신신경증을 일으키는 실제 원인은, 그것이 전적으로 신체적인 것이냐 아니면 정신적인 것이냐 하는 체질상의 요소들과는 별도로, 예측불안과 같은 피드백 기제가 중요한 발병 요인인 것 같다. 어떤 증세가 어떤 공포증에 의해 생기면 그 공포증은 증세를 일으키고, 그러면 그 증세가 이번에는 그 공포증을 강화시킨다. 이와 비슷한 연쇄 작용은 자신을 괴롭히는 생각들과 싸우는 강박관념의 경우에서 볼 수 있다.[15] 그런데 그것에 의해서 환자는 자기를 괴롭히는 생각들을 더 많이 하게 된다. 압력은 반대압력을 촉진하기 때문이다. 그래서 증세는 다시 강화된다! 그와는 반대로, 환자가 자신의 강박관념과 싸우기를 그치고 그 대신 역설적인 방법으로—즉 역설적인 의도를 적용해 봄으로써—그 강박관념이 어리석은 것이라고 생각하려고 애쓴다면, *악순환은 근절되고*, 증세는 줄어들다가 마침내는 없어지고 만다. 다행히 증세를 초래하고 유도해내는 실존적 공허를 경험하지 않은 경우에는 환자는 신경성 두려움을 비웃을 수 있게 될 뿐만 아니라 그것을 완전히 무시하게 될 수도 있다.

---

14) "Some Comments on a Viennese School of Psychiatry." *The Journal of Abnormal and Social Psychology.* 51(1955), pp. 701-3.
15) 이런 현상은 환자가 자신의 강박관념 때문에 곧 정신이상이 될 거라거나 또는 이미 정신이상이 되었을 거라는 두려움 때문에 유발되는 일이 종종 있다. 환자는 강박성 신경증이 이런 방향으로 그를 위험에 빠뜨리기보다는 오히려 이전의 정신이상 증세에 대해 면역시킨다는 실험적인 사실을 깨닫지 못하고 있는 것이다.

지금까지 본 대로, 예측불안은 역설적 의도에 의해 깨뜨려져야
하며, 과잉의도와 과잉투사는 역투사(dereflection)에 의해 깨뜨려
져야 한다. 그러나 역투사는 결국 환자가 삶에서 자신에게 알맞은
직업과 사명에 적응하지 않으면 이루어질 수 없는 것이다.[16]

순환형성을 깨뜨리기 위해서는 신경증 환자가 자기에게 관심을
기울이면 안 된다. 그것이 연민이든 동정이든 간에. 치료를 위한 계
기가 되는 것은 자아 초월이다!

집단적 신경증

각 시대마다 그 나름의 집단적 신경증을 가지고 있으며, 각 시대
마다 이에 대처하는 그 나름의 정신치료법을 필요로 한다. 현대의
집단 신경증인 실존적 공허는 허무주의의 사사롭고 개인적인 형태
로 표현될 수 있다. 허무주의란 존재에 아무 의미도 없다는 주장으
로 정의될 수 있기 때문이다. 하지만 정신치료법이, 현대의 추세인
허무주의적 철학의 충격과 영향에서 자유로워지지 않는다면, 대규
모로 일어날 이런 문제에 결코 대처할 수가 없을 것이다. 그렇지 않
으면 정신치료법은 대중적 신경증을 치료하기보다는 오히려 그 증
세를 드러내는 것이 되고 말 것이다. 정신치료법은 허무주의 철학

---

16) 이 신념은 올포트 교수의 말에 의해 뒷받침되었다. 즉 그는, "노력의 초점이 갈등
    에서 이기심 없는 목표로 옮겨짐에 따라. 비록 신경질환이 완전히 없어지지는 않는
    다 해도 삶 전체가 보다 건전해진다."고 말했다.(op. cit., p. 95).

을 반영할 뿐만 아니라, 비록 본의 아니게 무심코 하는 것이긴 하지만, 환자에게 실제로 인간의 있는 그대로의 모습보다는 희화화(戱畵化)한 모습을 전해줄 것이다.

무엇보다 먼저, 인간이 "아무것도 아닌 존재임", 즉 인간이 생물학적, 심리학적, 사회학적 조건의 결과에 지나지 않는다거나 혹은 유전과 환경의 산물에 지나지 않는다는 이론을 가르치는 데에는 본래부터 위험이 내재되어 있다. 이러한 인간관은 신경증 환자로 하여금 자기가 믿고 싶은 것은 어떻게 해서든지 믿게 만든다.

다시 말하면 환자는 자기가 외적인 영향이나 상황의 담보물이며 희생물이라고 생각하는 경향이 있다는 말이다. 이 신경증적 숙명론은 인간은 자유롭다는 것을 부정하는 어떤 심리치료법에 의해 조장되고 강화되었다.

사실, 인간은 유한한 존재이며, 인간의 자유는 제한되어 있다. 인간의 자유란 주위상황으로부터의 자유가 아니라, 주위상황에 대하여 자신의 태도를 결정하는 자유이다. 이에 대해서는 앞에서 말한 적이 있다. "신경학 및 정신의학 두 분야에 걸친 교수로서 나는 인간이 어느 정도까지 생물학적, 심리학적, 사회학적 상황의 지배를 받는지 아주 잘 알고 있다. 그러나 두 분야의 교수라는 것 외에도 네 군데 수용소에서―즉 강제수용소에서―살아남은 생존자이기도 하므로, 그런 입장에서 나는 또한 상상할 수도 없는 최악의 상황에서도 인간은 예기치 못할 정도로 두려워하지 않고 도전하는 것을 목격했다."[17]

---

17) "Value Dimensions in teaching," 헐리우드 영화 제작자에 의해 만들어진. 캘리포니아 전문대학을 위한 칼라 텔리비젼 필름.

범결정론(Pan-Determinism)에 대한 비판

정신분석은 소위 범성욕주의(pan-sexualism)로 인해 비난을 많이 받고 있다. 나로서는 이 비난이 대관절 정당한 것인지 의심스럽다. 내가 보기에는 이보다 훨씬 더 그릇되고 위험한 가정이 있는데, 그것은 내가 "범결정론(pan-determinism)"이라고 부르는 것이다. 그것은 어떠한 상황에 처해서라도 그것에 대응하여 자신의 태도를 결정할 수 있는 인간의 능력을 무시하는 인간관이다. 인간은 완전히 조건지어지고 결정되는 것이 아니라, 주어진 상황에 굴복할 것인가 아니면 그것에 맞설 것인가를 스스로 결정한다. 다시 말하면, 인간은 결국 자기결정적이라는 말이다. 인간은 그저 존재하기만 하는 것이 아니라 항상 자신의 존재가 어떻게 될까, 자기가 다음 순간에는 무엇이 될까를 결정한다.

같은 맥락에서, 인간은 누구에게나 어떤 순간에라도 변할 수 있는 자유가 있다. 그러므로 우리는 어떤 집단 전체에 관한 통계조사라는 큰 테두리 안에서만 인간의 미래를 예언할 수 있으며, 개개의 개인성은 본질적으로 예언할 수 없다. 이런 예언의 근거는 생물학적, 심리학적 그리고 사회학적 조건들이다. 그러나 인간 존재의 주요 특징의 하나는 그러한 조건을 극복하고 초월할 수 있는 능력을 가지고 있다는 것이다. 인간은 가능하다면 세상을 좀더 낫게 변화시킬 수 있는 능력이 있으며, 또한 필요하다면 자기 자신을 좀더 낫게 변화시킬 수 있는 능력이 있다.

J 박사의 경우를 예로 들어 보겠다. 그는 나의 전 생애를 통해 만난 사람 중에서 내가 감히 메피스토펠레스적인 존재, 악마 같은 인

물이라고 말하고 싶은 유일한 사람이었다. 그 당시 그는 "슈타인호프의 대량 학살자"(슈타인호프는 비엔나에 있는 큰 정신병원이다;역주)라고 불리고 있었다. 나치스가 안락사(安樂死) 프로그램을 시작하자 그는 모든 권한을 장악했고, 자기에게 주어진 그 일에 얼마나 열광적이었던지 단 한 사람의 정신병자도 놓치지 않고 가스실로 보내려고 혈안이 되어 있었다. 전쟁이 끝난 후 비엔나로 돌아와서 나는 J 박사가 어떻게 되었느냐고 물었다. "그는 소련 사람들에게 체포되어 슈타인호프의 독방에 격리되었다. 그런데 다음 날 보니 그의 방문은 열려 있었고 그 후로 다시는 J 박사를 보지 못했다."고 사람들은 말했다. 그 후 나는 그가 다른 사람들처럼 동료들의 도움을 받아 남미로 갔다고 믿었다. 그런데 최근에 전직 오스트리아 외교관 한 사람을 상담하게 되었다. 그 사람은 오랫동안 철의 장막 뒤에서, 처음엔 시베리아에, 다음에는 그 유명한 모스크바의 류비앙카 감옥에 감금되어 있었다. 내가 그에게 신경학적 검사를 하고 있는데, 그는 갑자기 J 박사가 어떻게 되었는지 아느냐고 물었다. 내가 안다고 하자 그는 말을 계속했다. "류비앙카에서 그 사람을 만났지요. 그는 거기서 마흔 살쯤에 방광암으로 죽었습니다. 그러나 죽기 전에 그 사람은 선생님이 상상도 할 수 없을 만큼 좋은 사람이 되었습니다! 그는 모든 사람들을 위로해 주었습니다. 죽기 전에 최고의 도덕적 수준에 이르렀던 것이지요. 그 사람은 내가 오랫동안 감옥 생활을 하면서 만난 가장 훌륭한 친구였습니다."

이것이 슈타인호프의 대량 학살자인 J 박사에 관한 이야기이다. 우리가 어찌 감히 인간의 행동을 예언할 수 있겠는가? 기계의 움직임이나 자동장치의 움직임에 대해서는 예언할 수 있다. 더 나아

가 인간 영혼(*psyche*)의 메커니즘이나 "동력설"(dynamisms-자연
현상을 힘의 작용으로 설명하려는 이론 또는 철학 체계;역주)까지도 예
언해 보려고 할 수는 있다. 그러나 인간은 영혼 이상의 존재이다.

자유란, 그러나 최후의 단어가 아니다. 자유는 줄거리의 한 부분일
뿐이며 진리의 반쪽에 지나지 않는다. 자유는 전체 현상으로 볼 때,
적극적인 면이 책임감이라면 그 소극적인 면일 뿐이다. 사실상 자유
는 책임감에 의해 존속되지 않는 한 단순한 독단으로 타락해 버릴 위
험을 안고 있다. 그 때문에 내가 동부 해안에 있는 *자유의 여신상
(the Statue of Liberty)*은 서부 해안에 있는 *책임의 조상(a Statue
of Responsibility)*으로 보완되어야 한다고 충고하는 것이다.

정신병 치료의 신조

한 인간을 최소한의 자유도 없는 상태로 제약하려는 것은 상상도
할 수 없는 일이다. 비록 제한된 것이긴 해도, 신경증 환자나 정신
병 환자들에게도 자유의 잔재가 남아있다. 그래서 실은 환자의 마
음 속 가장 깊은 부분은 정신병도 건드리지를 못한다.

치유될 수 없는 정신이상자는 자신의 유용성을 잃어버렸는지는
모르지만, 인간의 존엄성은 간직하고 있다. 이것이 나의 정신병 치
료의 신조이다. 이러한 신조가 없다면 치료 전문가가 될 수 없다고
생각한다. 누구를 위한 치료인가? 고칠 수 없이 손상된 두뇌기관을
위해서인가? 만일 환자가 그 이상의 것이 아니라는 게 분명하다면
안락사는 정당화될 것이다.

다시 인간화된 정신 의학

너무나 오랫동안—사실은 반세기 동안이나—정신의학은 인간의
마음을 단순히 하나의 메커니즘으로 해석하려고 애썼다. 그리고 그
결과로 정신적 질병에 대한 치료를 단순히 어떤 기술로만 보려고
했다. 이 꿈은 이미 깨어졌다고 나는 믿고 있다. 지금 지평선 위로
어렴풋이 나타나기 시작하는 것은 심리학적으로 다루는 의학의 모
습이 아니라 인간화된 정신치료법의 모습이다.

그러나 아직도 자신의 역할을 주로 기술자의 역할로 해석하려 하
는 의사가 있다면, 그는 환자에게서 그 질병 뒤에 가려진 인간을 보
는 대신 환자를 하나의 기계로밖에는 보지 않는다는 점을 고백해야
할 것이다!

인간은 다른 여러 사물들 속에 있는 한 가지 사물이 아니다. 사
물들은 서로가 서로를 결정하지만, 인간은 궁극적으로 자기결정적
인 존재이다. 자기가 어떤 인간이 되었는가는—주어진 재능과 환
경의 범위 안에서—그 자신에 의해 만들어진 것이다. 예를 들면,
강제수용소에서, 즉 살아있는 실험실이며 시험장인 그곳에서, 우
리 동료들 중 어떤 사람들은 다른 사람들이 성자처럼 처신할 때 돼
지처럼 처신하는 것을 우리는 보았다. 인간은 자기 자신 속에 두
가지 가능성을 함께 가지고 있으며, 그 중 어느 것을 실현시키느냐
하는 것은 주어진 상황에 달려있는 것이 아니라 자신의 결정에 달
려있다.

우리 세대는 현실적이다. 우리는 실제 있는 그대로의 인간의 모
습을 알게 되었기 때문이다. 결국 인간은 아우슈비츠의 가스실에

초대받은 존재이다. 그러나 인간은 또한 주기도문이나 *Shema Yisrael*을 외우며 머리를 꼿꼿이 세우고 가스실로 들어가는 존재이기도 하다.

제3부
비극적 낙관론의 사례
-개정판에 부친 후기

비극적 낙관론의 사례*
-개정판에 부친 후기

이 글을 이디뜨 바이스코프 요엘슨의 영전에 바친다. 미국에서 로고데라피 연구에 바친 그녀의 선구적인 노력은 일찍이 1955년에 시작되었으며, 이 분야에 대한 그녀의 공헌은 이루 말할 수 없이 귀중한 것이다.

우선 "비극적 낙관론"이라는 말에서 무엇을 알 수 있는지 우리 자신에게 물어보자. 간단히 말해서 그것은, 로고데라피에서 일컫는 "비극의 3요소"에도 불구하고 사람은 누구든지 현재도 앞으로도 변함없이 낙관적이라는 것을 뜻한다. 여기서 말하는 3요소란 인간의

---

* 이 장은 1983년 6월 독일의 레겐스부르크 대학에서 열렸던 제3회 로고데라피 세계 대회에서 내가 발표했던 강연 내용을 기초로 한 것이다.

모든 면을 제한하는 것, 즉 (1) 고통 (2) 죄악 그리고 (3) 죽음을 뜻한다. 사실 이 장은 이 모든 것에도 불구하고 삶에 예스라고 말하는 것이 어떻게 가능한가, 문제는 항상 다른 방식으로 제기되는데 삶이 보여주는 비극적인 형상에도 불구하고 그 잠재의미를 어떻게 계속해서 지닐 수 있는가 하는 의문을 불러일으킨다. "모든 것에도 불구하고 삶에 대해 예스라고 말하는 것", 이 말은 독일어로 펴낸 내 책의 제목에서 그대로 따온 것인데, 결국 그것은 어떤 상황, 심지어 가장 비참한 상황하에서일지라도 삶이란 잠재적으로 의미있음을 전제로 한다. 또한 삶의 부정적인 것들을 자기 나름대로 긍정적인 혹은 건설적인 것으로 변화시킬 수 있는 인간의 역량을 전제조건으로 한다. 다시 말하면, 무엇을 가지고 주어진 상황을 최상의 것으로 만들 것인가 하는 것이다. "최상의 것-the best"란 라틴어로 *optimum*(한정된 조건 아래에서 최상;역주)이라는 말이며, 그래서 내가 비극적 낙관론(tragic optimism)이라고 말하는 것이다. 그것은 비극에 직면해서 가지는 낙관주의이고 또한 다음 세 가지를 항상 최상의 상태로 고려하는 관점에서 보는 낙관주의이다. 그것은 (1) 고통을 인간적인 성취 및 실현으로 바꾸기 (2) 죄악으로부터 자신을 보다 낫게 변화시킬 기회를 이끌어내기 그리고 (3) 삶의 일과성으로부터 책임있는 행동을 취할 동기를 이끌어내기이다.

그러나 명심해야 할 것은 낙관주의란 지시를 받거나 명령을 받는 것이 아니라는 점이다. 모든 가망성에 대해, 모든 희망에 대해 가리지 않고 낙관적이어야 한다고 자신에게 강요할 수는 없다. 그리고 희망에 적용되는 것은 3요소 중 다른 두 구성 요소 즉 믿음과 사랑에도 적용된다. 믿음과 사랑 또한 명령할 수 없는 것이기 때문이다.

유럽인들의 눈에는 미국 문화의 특징은 "행복해지라"고 계속 반복해서 지시하고 명령하는 것으로 보인다. 그러나 행복이란 얻으려고 해서 얻어지는 것이 아니다. 그것은 결과로서 생기는 것이어야 한다. "행복해지는" 데에는 어떤 이유가 있어야 한다. 일단 그 이유를 알게 되면 그 다음에는 자동적으로 행복해진다. 우리가 아는 것처럼 인간은 행복을 추구하는 존재가 아니라, 본래부터 갖추어져 있으나 드러나지 않고 있는 잠재의미를 주어진 상황에서 실현시킴으로써 행복해질 이유를 찾는 존재이다.

이유를 찾아야 하는 이 필요성은 인간만이 가지고 있는 또 다른 특성—즉 웃음과 비슷하다. 만일 당신이 누군가를 웃기고 싶다면, 예를 들어 그에게 농담을 한다거나 해서 웃을 만한 이유를 제공해야 한다. 웃으라고 아무리 채근을 해도 진정으로 웃게 할 방법은 전혀 없다. 그렇게 하는 것은 카메라 앞에서 포즈를 취하고 있는 사람들에게 "치즈" 하고 말하라는 것과 같다. 나중에 사진을 보면 인위적인 미소 속에 그들의 얼굴 표정이 굳어 있는 것밖에는 볼 수 없다.

로고데라피에서는 그러한 행동패턴을 "과잉의도"라고 부른다. 그것은 성적 신경증, 즉 성적 불감증이나 무능력을 일으키는 인과관계에서 중요한 역할을 한다. 자신을 상대방에게 내맡김으로써 자신을 잊어버려야 하는데, 환자가 오르가즘, 즉 성적 쾌감을 느끼려고 애를 쓰면 쓸수록 이러한 성적 쾌감의 추구는 더욱 더 자멸하고 만다. 소위 "쾌락원칙"이라고 하는 것이 사실은 즐거움 망쳐버리기가 된 셈이다.

일단 한 개인의 의미찾기가 성공을 하게 되면, 그는 그 보상으로 행복해질 뿐만 아니라 고통을 잘 이겨낼 수 있는 능력도 얻게 된다.

그런데 만약 의미찾기가 허사가 된다면 어떤 일이 일어날까? 이렇게 되면 당연히 치명적인 상태에 빠질 것이다. 예를 들어, 전쟁포로 수용소나 강제수용소와 같은 극단적인 상황에서 때때로 무슨 일들이 일어났었는지 다시 생각해 보자. 첫째로, 미군 병사들이 나에게 말한 것처럼, 어떤 행동패턴이 그들이 "체념증(give-up-itis)"이라고 부르는 것으로 결정된다. 강제수용소에서, 어느 날 아침 다섯 시에 일어나 일하러 나가기를 거부하고 그 대신 오두막에서 똥과 오줌으로 축축하게 젖은 짚단 위에 누워있는 사람들의 행동을 이 행동과 견줄 수 있을 것이다. 그들의 마음을 바꿔놓을 수 있는 것은 아무것도 없었다. 경고도 위협도 다 소용없는 것이었다. 그 다음에는 전형적인 일이 일어난다. 그들은 주머니 깊숙이 감추어 두었던 담배 한 개비를 꺼내 피워 무는 것이다. 그 순간 우리는 48시간쯤 후에는 그가 죽으리라는 것을 알게 된다. 의미를 찾으려는 노력은 주저앉고 말았으며, 그에 따라 즉흥적인 쾌락추구가 그 뒤를 이은 것이다.

우리가 매일매일 마주치게 되는, 이와 유사한 또 다른 일이 생각나지 않는가? 나는 지금 전세계적인 현상으로 자신들을 "미래가 없는 세대"라고 부르는 젊은이들이 생각난다. 확실한 것은 그들이 의지하려고 하는 것은 담배 한 개비 정도가 아니라는 점이다. 그것은 마약이다.

사실, 마약 현상은 보다 일반적인 집단현상, 즉 우리의 실존적 욕구가 좌절된 데서 비롯되어 우리 산업사회에서는 이제 보편적인 현상이 되어버린, 모든 것이 무의미하다는 의식의 한 단면일 뿐이다. 오늘날 신경증의 원인론(原因論)에서 이 무의미하다는 의식이 차지

하는 비중이 점차 커지고 있다고 주장하는 사람들이 단지 로고데라피 치료 전문가들 뿐만은 아니다. 스탠포드대학의 어빈 D. 얄롬(Irvin D. Yalom) 박사는 그의 저서 『실존적 심리치료(Existential Psychotherapy)』에서 이렇게 쓰고 있다. "40명의 환자가 치료를 받으려고 정신과 외래병동에 계속 밀려들었다…… 그 중 12명(30%)은 의미를 포함한 중요한 문제(자가 평가나 또는 치료 전문가의 판단으로 선고를 받은)를 가지고 있었다."[1] 팔로 알토(Palo Alto)에서 동쪽으로 수천 마일 떨어진 곳에서도 사정은 1% 정도의 차이 밖에는 없다. 가장 최근의 관련 통계 자료는 비엔나의 전 인구 중 29%가 그들의 삶에서 의미가 상실되었다고 호소하고 있다는 점을 지적하고 있다.

무의미하다는 느낌을 갖게 되는 원인에 대해서 이렇게 말하는 사람도 있을지 모른다. 즉 사람들은 살아가야 할 목적이 없더라도 충분히 그런 대로 살아갈 수가 있다고. 의미는 전혀 없더라도 수단을 가지고 있다는 말이다. 물론 이 말은 지나치게 단순화한 감이 없지는 않다. 사실 어떤 사람들은 수단조차도 가지고 있지 않기 때문이다. 특히 나는 일자리를 얻지 못한 많은 사람들을 생각한다. 50년 전, 나는 내가 "실업 신경증"이라고 이름 붙인 병에 걸린 젊은 환자들의 사례를 분석한, 우울증의 한 특수 유형에 관한 연구 논문[2]을 출판했다. 거기에서 나는 이 신경증이 실제로는 이중으로 잘못된

---

1) Bagic Books, New York, 1980. p. 448.
2) "Wirtschaftskrise und Seelenleben vom Standpunkt des Jugendberaters," Sozialaztliche Rundschau, Vol. 4 (1933), pp. 43-46.

동일시에서 비롯되었음을 밝혔다. 즉, 일자리를 잃은 것을 자신이 쓸모없게 된 것과 동일하게 생각하고, 또 하나, 쓸모없게 되었다는 것을 무의미한 삶을 살고 있다는 것과 동일하게 생각한다는 것이다. 따라서 청년 단체나 성인 교육기관, 공공 도서관 등과 같은 데에 자발적으로 참여해 보라는 내 권유를 그들이 받아들이자마자— 다시 말하면 그들이 지금 가지고 있는 많은 자유시간을 보수는 없으나 의미있는 활동으로 채울 수 있게 되자마자—그들의 주머니 사정은 그대로이고 굶주림도 여전하지만, 그래도 우울증은 사라졌다. 인간은 복지만으로는 살지 못한다는 것은 진리이다.

한 개인의 사회경제적인 사정에 의해 야기된 실업 신경증과 함께, 정신역학이나 생화학적 조건으로까지 그 원인을 더듬어 보아야 하는 다른 유형의 우울증도 있다. 때문에 정신치료법과 약물치료법이 함께 처방된다. 그러나 무의미하다는 느낌에 관해서라면 그것 자체가 곧 병리학적인 문제는 아니라는 점을 간과하거나 잊어서는 안 된다. 내가 말하고 싶은 것은, 그것은 어떤 신경증을 나타내는 신호와 증후라기보다는 한 사람의 사람됨의 증거라는 것이다. 비록 그것이 어떤 병적인 것에 의해 야기되지는 않는다 하더라도 그러나 병리학적인 반응을 일으킬 수는 있다. 바꾸어 말하면, 병을 일으킬 수 있는 원인을 잠재적으로 가지고 있다는 말이다. 젊은 세대에 온통 퍼져 있는 대중 신경 증후군을 한번 생각해 보자. 이 증후군의 세 단면—우울증, 공격성, 약물중독—이 로고데라피에서 말하는 "실존적 공허"라고 부르는 것, 즉 허무하고 무의미하다는 생각에 기인하고 있음은 많은 경험적 사실이 뒷받침해주고 있다.

우울증 증세를 보이는 사례가 모두 다, 모든 것이 무의미하다는 생각에서 기인되는 것인지를 밝혀내야 할 필요가 없음은 말할 것도 없고, 자살─우울증의 결과로 이따금 발생하는─도 또한 항상 존재에 대한 허무감 때문에 하는 것은 아니다. 그러나 자살하는 사람들이 모두 다 자신의 삶이 무의미하다는 생각 때문에 자살을 기도하는 것은 아니라 하더라도, 한 개인이, 자신이 그것을 위해 살아갈 가치가 있는 어떤 의미와 목적을 깨닫게 되었다면 당연히 자신의 삶에서 자살하고 싶은 충동을 극복하려 할 것이다.

따라서 만약 어떤 강력한 의미찾기 노력이 자살을 방지하는 데에 결정적인 역할을 할 수 있다면, 자살을 감행하기 전에 중재를 해보면 어떨까? 나는 젊었을 때 오스트리아의 가장 큰 국립병원에서 4년 동안 일한 적이 있다. 그곳에서 심한 우울증 환자들이 수용된 병동을 담당했는데, 그들은 대부분이 자살을 기도했다가 그곳에 입원한 환자들이었다. 나는 4년 동안 환자 12,000명의 사례를 자세히 연구해 봐야겠다고 일찌감치 마음을 먹었다. 지금도 자살할 경향이 있는 사람을 만날 때마다 그때의 경험에서 결론을 이끌어낼 수 있을 정도로 상당히 많은 경험을 쌓았다. 자살하려 했던 사람들에게 나는 이런 말을 들려준다. 즉 환자들은 자살기도가 수포로 돌아갔을 때 얼마나 기뻤는지 모른다고 몇 번이나 되풀이해서 내게 말했다. 그리고 몇 주일이나 몇 달 혹은 몇 년이 지난 후 다시 나를 찾아와서 자기들의 문제에는 해결방법이 있었고, 의문에는 해답이 있었으며, 자기들의 삶에는 의미가 있다는 것이 밝혀졌다고 말을 했다 등등. 나는 설명을 계속한다. "사정이 좋아지는 경우가 비록 천 번에 한 번 정도밖에는 안 된다 해도 그런 일이 어느 날 바로 당신 경우에 일어나지 않으리라고 누가 장담할 수 있겠는가? 그러니 우선은 살아남아야 한다. 그래서 그 날 새벽을 보기 위해 지금 죽어서는 안 된다는 책임감을 가지고 살아야 한다"라고.

대중 신경 증후군의 두 번째 단면, 즉 공격성에 대해서는 캐롤린 우드 셰리프(Carolin Wood Sherif)가 주도했던 한 실험을 예로 들어보고자 한다. 그녀는 보이스카웃 단원들이 서로서로에 대해 공격성을 갖도록 인위적으로 조작했다. 그리고는 젊은이들이 어떤 공격 목표—즉 자기들이 먹을 식품이 들어 있는 운반 차량을 진흙 구덩이에서 끌어내는 합동작업 같은—에 헌신할 때에만 그 공격성이 누그러진다는 사실을 관찰했다. 공동의 목표가 생기자마자 그들은 자신들이 실현시켜야 할 한 가지 의미에 의해 결속되었던 것이다.[3]

세 번째 문제인 약물 중독에 관해서는 안네마리 폰 포르스트메이어(Annemarie von Forstmeyer)가 발표한 조사 결과가 생각난다. 그녀는 자신이 조사한 알코올 중독자의 90%가 삶에 아무런 의미가 없다는 극단적인 생각에 빠져있음이 실험과 통계로 입증되었다고 기록하고 있다. 스탠리 크리프너(Stanley Krippner)가 조사한 약물중독자들은 100%가 "만사가 무의미해 보인다"고 믿고 있다.[4]

이제 의미 그 자체의 문제로 돌아가 보자. 이 문제를 다루기 전에 먼저 치료 전문가는 인간이 전 생애를 통하여 직면하지 않을 수 없는 그때그때의 상황에 본래부터 있으나 겉으로 드러나지 않고 있는 잠

---

3) 이 실험에 대해 좀더 알고 싶으면, Viktor E. Frankl의 *The Unconscious God*, New York, Simon and Schuster, 1978, p. 140과 Viktor E. Frankl, *The Unhearded Cry for Meaning*, New York, Simon and Schuster, 1978, p. 36 을 보라.
4) 좀더 알고 싶은 사람은, *The Unconscious God*, pp. 97-100과 *The Unhearded Cry for Meaning*, pp. 26-28을 보라.

재의미에 대해 관심을 가지고 있다는 점을 분명히 해두고 싶다. 그러므로 나는 먼 앞날까지도 포함하는 의미가 존재한다는 것은 부정하고 싶지 않지만, 전체로서의 삶의 의미에 대해 여기에서 자세히 말하고 싶지는 않다. 유사점을 찾아보기 위해 영화를 한번 생각해 보자. 한 편의 영화는 몇 천 장에 달하는 수많은 장면으로 구성되어 있으며, 각 장면마다 뜻이 있고 의미가 있으나, 영화의 마지막 결말을 보기 전에는 전체의 의미를 알 수 없다. 그러나 영화의 각 구성부분, 즉 하나하나의 장면을 먼저 이해하지 못하고서는 영화 전체를 이해할 수가 없다. 우리의 인생과 비슷하지 않은가? 인생의 최종 의미 역시 오직 그 마지막 순간에, 바야흐로 죽음을 눈앞에 둔 순간에 가서야 그 모습이 드러나지 않는가? 그리고 이 최종 의미는 또한 순간순간 직면했던 상황의 잠재의미가 개개인이 저마다 가진 최상의 지식과 믿음을 실현시켰느냐 못했느냐에 달려있는 것이 아닌가?

로고데라피 치료라는 각도에서 보는 바로는, 의미와 그리고 의미에 대한 인식이 공중을 떠돌아다니거나 상아탑 속에 머물러 있지 않고 완전히 현실적인 것이 되어야 하는 문제가 아직 남아있다. 간단히 말해서 나는 의미에 대한 인식을—구체적인 상황에서 개인이 느끼는 의미에 대한—칼 뷔힐러(Karl Bühler)의 개념을 따른 aha!의 경험과 게슈탈트(Gestalt) 인식, 말하자면 막스 베르트하이머 (Max Wertheimer)의 이론을 따른 노선 중간쯤에 두고 싶다. 게슈탈트 인식이 어떤 "입장"에서 어떤 "양상"을 갑자기 깨닫게 되는 것을 뜻하는 반면, 의미에 대한 인식은, 내가 아는 대로 좀 더 명확히 요약하면, 현실이라는 배경에서 어떤 가능성이 있는가를 알게 되는 것, 즉 쉬운 말로 하면, 주어진 상황에서 무엇을 할 수

있는가를 알게 되는 것이라는 점에 관한 한, 의미에 대한 인식은 게
슈탈트라는 고전적 개념과는 다르다.

그러면 인간은 어떻게 의미를 발견하는 일에 전념할 것인가? 샤
를로트 뷔힐러(Charlotte Bühler)는 다음과 같이 말했다. "우리
가 할 수 있는 것은 인간의 삶이란 궁극적으로 무엇인가 하는 문제
에 대한 해답을 찾은 듯한 사람들의 삶을 그렇지 못한 사람들과 비
교하여 연구하는 것이 전부이다."[5] 그러나 그러한 전기적(傳記的)
인 접근 말고도 생물학적인 방법으로 접근해 보는 것도 괜찮을 것
이다. 로고데라피에서는 양심이란 주어진 어떤 상황 속에서 우리가
나아가야 할 방향을 지시하는 자극제라고 생각한다. 그러한 과제를
수행하기 위해서 양심은 사람이 직면하게 되는 상황에 어떤 척도를
적용해야만 한다. 그리고 이 상황은 일련의 기준에 비추어서 그리
고 가치의 계층체계에 비추어서 평가되어야 한다. 그러나 이 가치
들은 인간이 의식하고 있는 수준에서는 신봉되거나 채택될 수 없
다. 그 가치들은 우리 인간의 진화과정에서 구체화되었다. 그것들
은 우리의 생물학적 과거에 기초를 두고 있으며 우리의 생물학적
깊이에 뿌리를 박고 있다. 콘라드 로렌쯔(Konrad Lorenz)도 자신
의 생물학적 *a priori* 개념을 전개하면서 마음 속에 나와 비슷한 생
각을 가졌었던 것 같다. 최근에 우리 두 사람이 평가방법의 생물학
적 근거에 관한 나의 견해를 놓고 토론한 적이 있는데, 그 자리에서
그는 열광적으로 내 의견에 찬성했다.

5) "Basic Theoritical Concepts of Humanistic Psychology," *American
Psychologist*, XXVI (April 1971), p. 378.

로고데라피에서 가르치는 대로, 삶에서 의미를 찾는 데에는 세 가지 중요한 방법이 있다. 첫째로 어떤 작품을 창조해내거나 어떤 행위를 함으로써 찾는 방법이 있다. 둘째는 어떤 것을 체험해 보거나 누군가와 우연히 마주쳐보는 방법이다. 다시 말하면 의미는 일에서뿐만 아니라 사랑 속에서도 찾을 수 있다는 말이다. 이디뜨 바이스코프 요엘슨은 여기에 대해 이렇게 말했다. "경험하는 것도 성취하는 것과 똑같이 가치가 있을 수 있다는 로고데라피 치료상의 개념이 곧 치료법이다. 그것은 경험이라는 내면의 세계를 희생해서 얻어진 눈에 보이는 세계만을 우리가 지나치게 강조하는 것을 보완해 주기 때문이다."[6]

그러나 가장 중요한 것은 세 번째 방법이다. 자기 힘으로 바꿀 수 없는 운명에 직면한, 가망없는 상황에 처한 희망없는 희생양조차도 자기자신을 뛰어넘고 초월하여 성장할 수 있으며, 그렇게 함으로써 자신을 변화시킨다. 그런 사람은 개인적인 비극을 승리로 바꿀 수도 있다. 앞에서 언급했던 것처럼, 로고데라피에 희망을 걸고 말한 사람은 이디뜨 바이스코프 요엘슨이었다. 그녀는 이렇게 말했다. "로고데라피는 오늘날의 미국 문화에 나타나고 있는 어떤 불건전한 경향들을 없애는 데 도움을 줄 수 있을 것이다. 오늘날 미국에는 자신의 고통을 자랑스럽게 여기며 그것을 부끄러워하지 않고 고귀하게 생각할 기회를 거의 갖지 못한 불치의 환자들이 있다. 그래서 그들은 불행할 뿐만 아니라 자신이 불행한 것을 부끄러워한다."

---

6) "The Place of Logotherapy in the World Today." *The International Forum for Logotherapy*. Vol. 1, No. 3 (1980), pp. 3-7.

4반세기 동안 국립병원의 신경과를 운영하면서, 나는 자신의 어려운 처지를 인간적인 성취로 바꾸어놓는 환자들의 역량을 수없이 보았다. 그런 실제적인 체험 외에 경험에서 얻은 증거도 고통 속에서 의미를 발견할 수 있는 가능성을 뒷받침하는 데에 유용하다. 예일대학 내과 연구원들의 말을 들어보자. "베트남 전쟁의 많은 포로들에게서 깊은 감명을 받았다. 그 죄수들은 분명히 주장했다. 비록 그들이 이루 말할 수 없는 스트레스를—독방 감금과 고문과 질병 그리고 영양실조가 만연한—받고 있었지만, 그럼에도 불구하고 자기들은… 성장체험이라는 점에서 본다면 그 포로생활에서 얻은 것이 있다고 했다."[7]

그러나 비극적 낙관론에 대한 가장 설득력있는 찬성론은 라틴어로 *argumenta ad hominem*이라고 말하는 것이다. 한 예를 들어, 제리 롱(Jerry Long)은 로고데라피에서 말하는 "인간 정신의 도전적인 힘"[8]을 보여주는 살아있는 증거이다. Texakrana Gazette 지(紙)는 제리 롱에 대해 이런 기사를 썼다. "제리 롱은 3년 전 다이빙 사고로 목이 부러져 전신이 마비되었다. 사고를 당했을 때 그는 17살이었다. 지금 롱은 입에 막대기를 물고서 타이프라이터를 친다. 그는 특수 전화로 지역사회대학에서 두 과정을 '수강'하고 있다. 내부 통화장치로 롱은 학급 토의에서 듣고 참여하는 것을 다할 수가 있다. 그는 또 책을 읽고 텔리비젼을 보고 글을 쓰면서 시

---

7) W. H. Sledge, J. A. Boydatun and A. J. Rabe, "Self-Concept Changes Related to War Captivity," *Arch. Gen. Psychiatry.* 37 (1980), pp. 430-443.
8) "인간 정신의 도전적인 힘"은 사실은 1983년 6월에 열린 제3회 로고데라피 세계대회에서 제리 롱이 발표한 논문 제목이다.

간을 보낸다." 그리고 나에게 보낸 편지에서 그는 이렇게 말했다. "저는 저의 삶이 많은 의미와 목적을 지녔다고 생각합니다. 그 운명의 날에 제가 택한 태도는 제 개인적인 삶의 신조가 되었습니다. 저는 목이 부러졌지만 그것이 나를 파괴하지는 못했습니다. 지금 대학에서 심리학 입문과정을 수강하고 있습니다. 저의 장애가 다른 사람들을 더 많이 도울 수 있는 능력을 갖도록 해 줄 것이라고 믿습니다. 이런 고통이 없었더라면 저는 절대 이렇게 성장하지 못했을 거라는 것을 알고 있습니다."

이 말은 의미를 발견하는 데에는 고통이 절대 필요하다는 뜻인가? 결코 그런 말은 아니다. 내가 말하고 싶은 것은 이 책의 제2부에서 지적한 것처럼, 만일 고통이 피할 수 없는 것이라면 그 고통에도 불구하고—아니, 비록 고통스럽더라도—의미는 쓸모가 있다는 것뿐이다. 만일 고통이 피할 수 있는 것이라면 우리가 해야 할 의미 있는 일은 그 고통의 원인을 제거하는 것이다. 불필요한 고통은 영웅적인 것이 아니라 피학적인 것이기 때문이다. 반대로 만일 고통을 만들어내는 상황을 바꿀 수 없다 해도 자신의 태도를 바꿀 수 있는 여지는 아직 남아 있다.[9] 롱은 자기가 택해서 목을 부러뜨린 것은 아니었다. 그러나 자신에게 일어난 일로 해서 자신이 파괴당하

---

9) 제2차 세계대전 동안에 바르샤바 게토 대변혁을 주도했던 폴란드의 한 심장학자가 훗날 오스트리아 TV와 인터뷰하는 것을 들은 적이 있는데, 그 내용을 나는 잊지 못할 것이다. "영웅적인 행동이란 어떤 것입니까?" 하고 기자가 큰 소리로 묻자 그 의사는 조용히 대답했다. "들어보세요. 총을 들고 쏘는 것은 훌륭한 일이 아닙니다. 그러나 만일 나치스 친위대원이 당신을 즉석에서 처형하려고 가스실이나 공동묘지로 끌고 가는데, 당신은 점잔빼고 걸어가는 것 말고는 아무것도 할 수 없다고 합시다. 잘 아시겠지만, 이것이 바로 내가 영웅주의라고 하는 것입니다." 말하자면 개인적인 태도에 입각한 영웅주의인 것이다.

지는 않겠다고 결심했던 것이다.

우리가 이미 알고 있다시피 무엇보다 중요한 것은 우리에게 고통을 일으키는 상황을 자기 나름대로 변화시키는 것이다. 그러나 가장 좋은 것은 필요하다면 "고통에 대처하는 노하우"를 터득하는 것이다. 그리고 평범한 일반 사람들은 그와 같은 의견을 갖고 있다는 경험에 근거한 증거도 있다. 최근 오스트리아의 한 여론조사에서 밝혀진 바로는, 조사에 응한 사람들 대부분이 가장 존경하는 사람은 뛰어난 예술가들이나 훌륭한 과학자들이 아니고, 위대한 정치가나 이름난 운동선수들도 아니었다. 머리를 높이 세우고 모진 운명을 정복하는 사람들이 가장 존경받고 있다고 그 여론 조사는 보고했다.

이제 비극의 3요소 중 두 번째 요소, 즉 죄악으로 돌아가 살펴보자. 여기에서는 내가 항상 흥미를 가지고 있는 신학적인 개념은 피하고 싶다. 내가 말하고자 하는 것은 소위 *mysterium iniquitatis*(불가해한 사악함:역주), 즉 생물학적, 심리학적 그리고 사회학적 요인들까지 충분히 더듬어 올라가 볼 수 없기 때문에 최종 분석에서 여전히 불가해한 채로 남아있는 어떤 죄악에 대해서이다. 어떤 사람의 죄악을 전체적으로 설명하려는 것은 설명을 통해 그 사람의 범죄행위를 없애려는 것과 같고, 또 그 사람을 자유롭고 책임있는 인간이 아니라 수리할 수 있는 기계로 보는 것과 같은 것이다. 범인들조차도 이런 취급을 받는 것은 아주 싫어하며, 오히려 자기의 행위에 책임을 지려 한다. 나는 일리노이 주의 한 교도소에서 복역중인 어떤 죄수로부터 편지를 받았는데, 그는 개탄하며 이렇게 말했다. "범인들에게는 자신을 해명할 기회가 절대 주어지지 않습니다. 주어진 많은 변명거리 중에서 선택할 수 있을 뿐입니다. 사회가 비난을 받을 때, 그 비난은 대부분 희생자에게 가해지는 것입니다." 그리고 또 나는 산 쿠엔틴 교도소의 죄수들에게 연설할 때 이렇게 말했다. "여러분들은 나와 똑같은 인간들입니다. 죄를 짓고 죄인이 되는 것은 여러분의 자유입니다. 그러나 이제는 죄에서 몸을 일으켜 자기자신을 초월하여 성장하고 보다 낫게 변화함으로써 여러분이 저지른 죄를 극복하는 데 책임을 져야 합니다."

그들은 내 말을 이해했다.[10] 그리고 전과자인 프랭크로부터 짧은 편지를 받았다. 그는 이렇게 썼다. "저는 전과자들을 위한 로고데라피 모임을 시작했습니다. 우리 27명은 굳게 결속되어 있으며, 새로 참가한 사람들은 처음 모임을 시작한 우리들이 동료의식을 가지고 힘껏 도와준 덕분에 다시는 죄를 짓지 않고 있습니다. 딱 한 명만이 다시 들어갔는데—그도 지금은 자유의 몸입니다."[11]

집단적 범죄행위라는 개념에 대하여, 나는 개인적으로 한 개인이 다른 개인이나 또는 한 집단에 대해 책임을 져야 한다는 것은 절대 부당하다고 생각한다. 제2차 세계대전이 끝난 이래로 나는 집단적 범죄 개념에 대해 지칠 줄 모르고 공개적으로 논의하고 있다.[12] 그러나 사람들을 그들이 믿는 맹신으로부터 떼어놓는 데에는 때때로 많

---

10) Josepf B. Fabry, *The Persuit of Meaning*, New York, Harper and Row, 1980도 보라.
11) Viktor E. Frankl, *The Unhearded Cry for Meaning*, New York, Simon and Schuster, 1978, pp. 42-43을 참조하라.
12) Viktor E. Frankl, *Psychotherapy and Existentialism*, New York, Simon and Schuster, 1967도 보라.

은 교훈적인 책략이 필요하다. 어떤 미국인 부인이 나에게 비난을 퍼부은 적이 있다. 그녀는 나에게 이렇게 말했다. "어째서 당신은 아직도 독일어로 책을 쓸 수가 있습니까, 아돌프 히틀러의 언어로?" 그래서 나는, 만일 그녀가 주방에서 쓰는 식칼을 들고 있을 때 내가 당황하고 놀라서, "그렇게 많은 살인자들이 피해자들을 찔러 죽이는 데 그 칼을 사용했는데, 어째서 당신은 아직도 그 칼을 쓸 수가 있습니까?"라고 소리치면 뭐라고 대답하겠느냐고 응수했다. 그 여자는 내가 독일어로 책을 쓰는 데에 더 이상 반감을 가지지 않았다.

비극의 3요소 중 세 번째 요소는 죽음에 관한 것이다. 그것은 삶과도 관계가 있다. 삶을 이루고 있는 매순간은 언제나 죽어가고 있으며, 그 순간은 결코 되풀이되지 않기 때문이다. 그런데 이 일회성이야말로 우리에게 삶의 한 순간 한 순간을 최선을 다해 살아야 한다고 요구하는 독촉장이 아니겠는가? 그것은 분명히 그렇다. 그리고 그런 까닭에 나는 다음 구절을 절대 원칙으로 삼고 있다. 인생을 이미 두 번 살고 있는 것처럼, 그리고 첫 번째는 지금 막 하려고 하는 것만큼이나 서투르게 행동했던 것처럼 살아라.

사실 적절하게 행동할 기회나 의미를 충족시킬 잠재적 가능성은 우리의 삶이 되돌릴 수 없는 것이라는 점에 영향을 받는다. 잠재적 가능성만 해도 그렇다. 우리가 어떤 기회를 이용해서 잠재의미를 실현시킨 순간 그것은 더 이상 잠재적 가능성이 아니기 때문이다. 우리는 그 가능성이 안전하게 넘겨져서 침잠해 있던 과거 속에서 그것을 건져 올렸다. 과거 속에서는 돌이킬 수 없이 상실되는 것은 아무것도 없다. 오히려 그와는 반대로 무엇이든 고쳐지지 않은 채 저장되어 깊숙이 감추어진다. 사실 사람들은 덧없이 지나가 버린,

그루터기만 남은 밭만 보려고 하며, 자기들의 삶에 풍성한 수확을 가져다주었던 과거의 곡창은 한번 흘낏 보고는 잊어버리는 경향이 있다. 행동은 행해졌고, 사랑은 사랑되었으며, 그리고 고통은 용기와 위엄을 가지고 극복되었다.

이로써 늙은 사람들을 동정해야 할 이유가 전혀 없다는 것을 알게 되었을 것이다. 동정하기는커녕 젊은 사람들이 그들을 부러워해야 한다. 노인들은 미래에 아무런 기회도 잠재적 가능성도 없는 것이 사실이다. 그러나 그들은 그보다 더 많은 것을 가지고 있다. 미래의 잠재성 대신 과거 속에 실체를 가지고 있는 것이다─ 그들이 현실로 만들어낸 잠재적 가능성들, 그들이 충족시킨 의미들, 그들이 실현시킨 가치들을. 아무것도 그리고 아무도 과거로부터 쌓여온 이 자산을 훔쳐갈 수는 없다.

고통 속에서 의미를 발견하는 잠재적 가능성이라는 관점에서 보면 삶의 의미는 절대적인 것이다. 최소한 잠재적으로는 그렇다. 그 절대적 의미는 그러나 모든 개인의 절대적 가치와 일치된다. 그것은 인간의 위엄이라는, 없애려 해도 없앨 수 없는 특성을 보장해 주는 것이다. 어떠한 상황에서도, 가장 비참한 상황에서도, 삶에는 여전히 잠재적으로 의미있는 것이 남아있는 것과 꼭 같이, 모든 개인의 가치 또한 그에게(남자든 여자든) 여전히 남아있다. 그런데 그것은 그 사람이 과거에 실현했던 가치에 기초하고 있기 때문에 그런 것이지, 지금 현재 그것을 잊지 않고 간직하고 있느냐 아니냐 하는 유용성 여부에 달려있는 것은 아니다.

좀더 명확하게 말하자면 이 유용성이란 흔히 사회의 이익을 위하여 기능을 다한다는 말로 한정된다. 그러나 오늘날의 사회는 성취

능력으로 특징지어지고, 그 결과로 출세하고 운이 좋은 사람들을 숭배하며 특히 젊은이들을 숭배한다. 사회는 그렇지 않은 모든 사람들의 가치를 사실상 무시하며, 그렇게 함으로써 인간의 품위라는 의미로서의 가치있는 것과 유용성이라는 의미에 있어서의 가치있는 것 사이의 명확한 차이를 모호하게 만들고 있다. 만일 어떤 사람이 이 차이를 인식하지 못하고 한 개인의 가치가 현재의 유용성만으로 가늠된다고 생각한다면, 어디 한번 생각해 보자. 그렇게 생각하는 사람이. 히틀러의 프로그램에 따라 행한 안락사는 늙거나 불치병에 걸렸거나 정신박약아이기 때문에, 또는 기타 심신의 장애로 인해 사회적 유용성을 상실한 사람들을 모두 "자비롭게" 죽이려는 것이었다고 변론하지 않는다면, 그것은 그 자신의 개인적인 모순을 드러내는 일이 될 뿐이다.

인간의 품위와 단순한 유용성을 혼동하는 것은, 많은 대학의 캠퍼스와 정신치료를 받는 긴 소파에 파고 든 현대의 허무주의로까지 거슬러 올라가 보아야 하는 어떤 개념상의 혼란에서 비롯된 것이다. 정신분석을 훈련하는 과정에서도 그런 식으로 어떤 사상을 주입시키는 일이 일어날 수 있다. 허무주의란 세상이 아무것도 아니라고 주장하는 것이 아니라, 모든 것이 무의미하다고 말하는 것이다. 조지 사전트(George Sargent)가 "학술적인 무의미함"이라는 개념을 세상에 발표했을 때 그는 옳았다. 그에게 다음과 같이 말한 한 치료 전문가를 그는 잊지 않고 있다. "조지, 당신은 세상이 그저 우스꽝스러운 것이라는 걸 깨달아야 합니다. 세상에 정의란 없습니다. 모든 것이 뒤죽박죽이지요. 이 사실을 깨달아야만 자신이 진지하게 받아들이는 것이 얼마나 어리석은 일인가를 이해하게 될 겁니다. 이 우주에는 원대한 목적도 없습니다. 그저 *존재할* 뿐이지요. 당신이 오늘 어떻게 행동할 것인가를 결정하는 데에는 특별한 의미가 조금도 없습니다."[13]

이런 비판을 일반적인 것이라고 생각해선 안 된다. 원칙적으로 훈련은 꼭 필요한 것이다. 그러나 만일 그렇다면 치료 전문가들은 자기자신의 허무주의를 감추기 위한 방어기제인 냉소적 성향을 훈련받는 사람들에게 주입시키기보다는, 그들이 허무주의에 면역을 갖게 해 주어야 한다는 것을 알아야 한다.

로고데라피 치료 전문가들도 다른 심리치료 학파에 의해 규정된 훈련 및 면허요건을 따라야 할 것이다. 다시 말하면, 사람은 누구든지, 만일 필요하다면 늑대처럼 울부짖을 수도 있지만, 내가 강조하고 싶은 것은, 그런 행위를 할 때에도 그가 늑대 가죽을 쓴 양이라는 점이다. 본래 로고데라피에 갖추어져 있는 인간에 대한 기본개념과 삶의 철학원리를 저버릴 필요는 전혀 없다. 다음과 같은 사실에 비추어볼 때 별로 어렵지 않게 그런 성실함을 유지할 수 있다. 즉 일리저베드 S. 루커스(Elizabeth S. Lukas)는 "로고데라피는 심리치료의 전 역사를 통해 볼 때 가장 독단적이지 않은 학파이다"[14]라고 말했었다. 그리고 나는 제1회 로고데라피 세계대회(1980년 11월 6일

---

13) "Transference and Countertranceference in Logotherapy." *The International Forum for Logotherapy*. Vol. 5, No. 2 (Fall/Winter 1982), pp. 115-118.

14) 로고데라피는 심리치료에 관심이 있는 사람들에게 억지로 무엇을 강요하지는 않는다. 그것은 동양식의 시장보다는 수퍼마켓과 비교할 만하다. 동양의 시장에서는 고객이 물건을 사면서 이야기를 주고받는다. 수퍼마켓에서는 눈앞에 진열되어 있는 많은 상품들 중에서 자기가 쓸 만하고 가치있다고 생각하는 것들을 고를 수 있을 뿐이다.

부터 8일까지 캘리포니아 샌디에고에서 열렸다)에서 심리치료의 재인간화(再人間化)뿐만 아니라 내가 로고데라피의 "탈스승화(degurufication)"라고 이름붙인 것도 주장했다. 나의 관심은 "자기주인의 목소리"를 흉내내기만 하는 앵무새를 키우는 데 있지 않고, "독립적이고 창의력이 풍부하며 혁신적이고 독창적인 영혼들"에게 횃불을 전달하는 데에 있다.

지그문트 프로이드는 이렇게 주장했다. "각양각색의 많은 사람들을 모두 똑같이 굶주리게 해보라. 배고픔이라는 긴박한 자극이 증가함에 따라 개인적인 차이는 모호해질 것이다. 그리고 그곳에 채워지지 않는 식욕이라는 한 가지 표현만이 일제히 나타날 것이다." 천만다행히도, 지그문트 프로이드는 강제수용소의 내부 사정을 몰라도 되었다. 그의 환자들은 아우슈비츠의 오물 속이 아니라 빅토리아풍의 호화로운 긴 의자 위에 누워 있다. 아우슈비츠에서는 "개인적인 차이"는 "모호"해지지 않았다. 그러나 사람들은 보다 더 달라졌다. 즉 백조와 성자의 가면을 스스로 벗어 던졌던 것이다. 그리고 오늘날 여러분들은 더 이상 주저 말고 "성자"라는 말을 쓸 필요가 있다. 막시밀리안 콜베(Maximilian Kolbe) 신부를 생각해 보라. 그는 단식하다가 마침내 아우슈비츠에서 석탄산 주사로 살해되었다. 그리고 1983년 성자로 모셔졌다.

여러분들은 예외적인 몇 가지 실례에만 의존한다고 나를 비난하기 쉬울 것이다. *"Sed omnia praeclara tam difficilia quam rara sunt"*(그러나 모든 훌륭한 것은 찾아내기 힘든 만큼이나 실현시키기도 어렵다). 스피노자의 『윤리학』의 마지막 구절이다. 여러분은 물론 우리가 정말로 "성자"에 관하여 언급할 필요가 있는지 어떤지 물어볼 것이다. 훌륭한 사람들에 대해 말하는 것만으로는 충분치 못한가? 그런 사람들이 소수에 불과하다는 것은 사실이다. 그 이상으로, 그들은 항상 소수로 남을 것이다. 그렇지만, 바로 그 렇기 때문에 그 소수에 끼려고 도전한다는 것을 나는 안다. 우리들 의 세상이 별로 좋은 상태는 아니지만, 우리들 각자가 최선을 다하 지 않는다면 모든 것이 한층 더 나빠지게 될 것이기 때문이다.

그래, 경계를 게을리 하지 말자—두 가지 의미에서의 경계를.

아우슈비츠 이래로 우리는 인간이 무엇을 할 수 있는지 안다.

그리고 히로시마 이래로 우리는 무엇이 위기에 처해 있는지 안다.

참고문헌

로고데라피에 관한 영문 참고문헌

1. BOOKS

Bulka, Reuven P., The Quest for Ultimate Meaning:Principles and Applications of Logotherapy. Foreword by Viktor E. Frankl. New York, Philosophical Library, 1979.

Crumbaugh, James C., Everything to Gain: A Guide to Self-Fulfillment Through Logoanalysis. Chicago, Nelson-Hall, 1973.

_____, William M. Wood and W. Chadwick Wood, Logotherapy: New Help for Problem

Drinkers. Foreword by Viktor E. Frankl. Chicago, Nelson-Hall, 1980.

Fabry, Joseph B. The Pursuit of Meaning: Viktor Frankl, Logotherapy, and Life. Preface by Viktor E. Frankl. Boston, Beacon Press, 1968; New York, Harper and Row, 1980.

_____, Reuven P. and William S. Sahakian, eds., Logotherapy in Action. Foreword by Viktor E. Frankl. New York, Jason Aronson, Inc., 1979.

Frankl, Viktor E., Man' s Search for Meaning: An Introduction to Logotherapy. Preface by Gordon W. Allport. Boston, Beacon Press, 1959; paperback edition, New York, Pocket Books, 1980.

_____, The Doctor and the Soul: From Psychotherapy in Logotherapy. New York, Alfred A. Knopf, Inc.; second, expanded edition, 1965; paperback edition, New York, Vintage Books, 1977.

_____, Psychotherapy and Existentialism:Selected Papers on Logotherapy. New York, Washington Square Press, 1967; Touchstone paperback, 1978.

_____, The Will to Meaning: Foundations and Applications of Logotherapy. New York and Cleveland, The World Publishing Company, 1969; paperback edition, New York, New American Library, 1981.

_____, The Unconscious God: Psychology and Theology. New York, Simon and Schuster, 1978.

_____, The Unheard Cry for Meaning:Psychotherapy and Humanism. New York, Simon and Schuster, 1978; Touchstone paperback, 1979.

_____, Synchronization in Buchenwald, a play, offset, $ 5.00. Available at the Institute of Logotherapy, 2000 Dwight Way, Berkeley,

California 94704.

Leslie, Robert C., Jesus and Logotherapy: the Ministry of Jesus as Interpreted Through the Psychotherapy of Viktor Frankl. New York and Nashville, Abingdon Press, 1965; paperback edition, 1968.

Lucas, Elizabeth, Meaningful Living: Logotherapeutic Guide to Health. Foreword by Viktor E. Frankl. Cambridge, Massachusettes, Schenkman Publishing Company, 1984.

Takashima, Hiroshi, Psychosometic Medicine and Logotherapy. Foreword by Viktor E. Frankl. Oceanside, New York, Dabor Science Publications, 1977.

Tweedie, Donald F., Logotherapy and the Christian Faith: An Evaluation of Frankl' s Existential Approach to Psychotherapy. Preface by Viktor E. Frankl. Grand Rapids, Baker Book House, 1961; paperback edition, 1972.

______, The Christian and the Couch: An Introduction to Christian Logotherapy. Grand Rapids, Baker Book House, 1963.

Ungersma, Aaron J., The Search for Meaning: A New Approach in Psychotherapy and Pastoral Psychology. Philadelphia, Westminster Press, 1961; paperback edition, foreword by Viktor E. Frankl, 1968.

Wawrytko, Sandra A., Analecta Frakliana: The Proceedings of the First World Congress of Logotherapy(1980), Berkeley, Institute of Logotherapy Press, 1982.

Note:The following are selected books by Viktor E. Frankl published in German and not translated into English:

Frankl, Viktor E., Anthropologische Grundlagen der Psychotherapie, Bern, Huber, 1981.

______, Die Sinnfrage in der Psychotherapie. Vorwort von Konrad Lorenz. Munich, Piper, 1982.

______, Der Mensch vor der frage nach dem Sinn: Eine Auswahl aus dem Gesamtwerk. Vorwort von Konrad Lorenz. Munich, Piper, 1982.

______, Die Psychotherapie in der Praxis: Eine kasuistische Einfurung fur Aerzte. Vienna, Deuticke, 1982.

______, Der Will zum Sinn: ausgewaelte Vortraege uber Logotherapie. Vern, Huber, 1982.

______, Das Leiden am sinnlosen Leben: Psychotherapie fur heute. Freiburg im Breisgau, Herder, 1984.

______, Psychotherapie fur den Laiden: Rundfunkvortraege uber Seelenheikunde. Freibrug im Breisgau, Herder, 1983.

______, Theorie und Therapie der Neurosen: Einfuhrung in Logotherapie und Existenzanalyse. Munich, Reinhardt, 1983.

2. CHAPTERS IN BOOKS

Arnold, Magda B., and John A. Gasson, "Logotherapy and Existential Analysis," in The Human Person, New York, Ronald Press, 1954.

Ascher, L. Michael, "Paradoxical Intention" in Handbook of Behavioral Interventions, A Goldstein and E. B. Foa, eds. New York, John Wiley, 1980.

______, and C. Alex Pollard, "Paradoxical Intention," in The Therapeutic Efficacy of the Major Psychotherapeutic Techniques, Usuf Hariman ed., Springfield, Illinois, Charles C. Thomas, 1983.

Barnitz, Harry W., "Frankl's Logotherapy," in Existentialism and the New Christianity. New York, Philosophical Library, 1969.

Bruno, Frank J., "The Will to Meaning," in Human Adjustment and Personal Growth:Seven Pathways. New York, John Wiley and Sons, Inc., 1977.

Bulka, Reuven P., "Hasidism and Logotherapy: Encounter Through Anthology," in Mystics and Medics: A Comparison and Mystical and Psychotherapeutic Encounters. New York, Human Sciences Press, 1979.

______, "From Confusion to Fusion," in The Other Side of the Couch : What Therapists Believe, E. Mark Stern, ed. New York, The Pilgrim Press, 1981.

______, " Logotherapy and Judaism--Some Philosophical Comparisons," in Psychology-Judaism Reader, Reuven P. Bulka and Mosch HaLevi Spero, eds. Springfield, Illinois, Charles C. Thomas, 1982.

Corey, Gerald, "Viktor Frankl, "in Professional and Ethical Issues in Counseling and Psychotherapy. Belmont, California, Wadsworth, 1979.

Downing, Lester N., "Logotherapy" in Counseling Theories and Techniques. Chicago, Nelson-Hall, 1975.

Ellis, Albert, and Eliot Abrahams, "The Use of Humor and Paradoxical Intention," in Brief Psychotherapy in Medical and Health

Practice. New York, Springer, 1978.

Elmore, Thomas M., and Eugene D. Chambers, "Anomie, Existential Neurosis and Personality: Relevance for Counseling," in Proceedings, 75th Annual Convention, American Psychological Association, 1967, 341-42.

Fabry, Joseph B., "Use of the Transpersonal in Logotherapy," in Transpersonal Logotherapy. Seymour Boorstein, ed. Palo Alto, Science and Behavior Books, 1980.

______, "Logotherapy in Sharing Groups," in Innovations to Group Psychotherapy, George Gazda, ed. Springfield, Illinois, Charles C. Thomas, 1981.

______, "Logotherapy," in Great Issues 1982, Tory State University Press, Tory, Alabama, 1982.

Frankl, Viktor E., contributions to Critical Incidents in Psychotherapy, S. W. Standal and R. J. Corsini, eds. Englewood Cliffs, New Jersey, Prentice-Hall, 1959.

______, "Logotherapy and the Collective Neuroses," in Progress in Psychotherapy, J. H. Masserman and J. L. Moreno, eds. New York, Grune and Stratton, 1959.

______, "The Philosophical Foundations of Logotherapy," (paper read before the Lexington

Conference on Phenomenology on April 4, 1963), in Phenomenology: Pure and Applied, Erwin Straus, ed. Pittsburgh, Duquesne University Press, 1964.

_______, "Fragments from the Logotherapeutic Treatment of Four Cases. With an Introduction and Epilogue by G. Kaczanowski," in Modern Psychotherapeutic Practice: Innovations in Technique, Arthur Burton, ed. Palo Alto, Science and Behavior Books, 1965.

_______, "The Will to Meaning," in Are You Nobody? Richmond, Virginia, John Knox Press, 1966.

_______, "Accepting Responsibility" and "Overcoming Circumstances," in Man's Search for Meaningful Faith: Selected Readings, Judith Weidmann, ed. Nashville, Graded Press, 1967.

_______, "Comment on Vatican II's Pastoral Constitution on the Church in the Modern World," in World. Chicago, Catholic Action Federations, 1967.

_______, "Paradoxical Intention: A Logotherapeutic Technique," in Active Psychotherapy, Harold Greenwald, ed. New York, Atherton Press, 1967.

_______, "The Significance of Meaning for Health," in Religion and Medicine:Essays on Meaning, Values and Health, David Belgum, ed. Ames, Iowa, The Iowa State University Press, 1967.

_______, "The Task of Education in an Age of Meaninglessness," in New Prospects for the Small Liberal Arts College, Sidney S. Letter, ed. New York, Teachers College Press, 1968.

_______, "Self-Transcendence as a Human Phenomenon," in Readings in Humanistic Psychology, Anthony J. Sutich and Miles A. Vich, eds. New York, The Free Press, 1969.

_____, "Beyond Self-Actualization and Self-Expression," in Perspectives on the Group Process: A Foundation for Counseling with Groups, C. Gratton Kemp, ed. Boston, Houghton Mifflin Company, 1970.

_____, "Logotherapy," in Psychopathology Today:Experimentation, Theory and Research, William S, Sahakian, ed. Itasca, Illinois, F. E. Peacock Publishers, 1970.

_____, "Reductionism and Nihilism," in Beyond Reductionism : New Perspectives in the Life Sciences (The Alpbach Symposium, 1968), Arthur Koestler and J. R. Smythies, eds. New York, Macmillan, 1970.

_____, "Universities and the Quest for Peace," in Report of the First World Conference on the role of the University in the Quest for Peace. Binghamton, New York, State University of New York, 1970.

_____, "What is Meant by Meaning?" in Values in an Age of Confrontation, Jeremiah W. Canning, ed. Columbus, Ohio, Charles E. Merrill Publishing Company, 1970.

_____, "Dynamics, Existence and Values" and "The Concept of Man in Logotherapy," in Personality Theory:A Source Book, Harold J. Vetter and Barry D. Smith, eds. New York, Appleton-Century-Crofts, 1971.

_____, "Youth in Search of Meaning," in Students Search for Meaning, James Edward Doty, ed. Kansas City, Missouri, The Lowell Press, 1971.

_____, "Addresses Before the Third Annual Meeting of the Academy of Religion and Mental Health," in Discovering Man in Psychology:A

Humanistic Approach, Frank T. Severin, ed. New York, McGrow-Hill, Inc., 1973.

______, "Beyond Pluralism and Determinism," in Unity Through Diversity: A Festschrift for Ludwig von Bertalanffy, William Ray and Nicholas D. Rizzo, eds. New York, Gordon and Breach, 1973.

______, "Meaninglessness: A Challenge to Psychologists," in Theories of Psychopathology and Personality, Theodore Millon, ed. Philadelphia, W. B. Saunders Company, 1973.

______, "Encounter: The Concept and Its Vulgarization," in Psychotherapy and Behavior Change 1973, Hans H. Strupp, et al., eds. Chicago, Aldine Publishing Company, 1974.

______, "Paradoxical Intention and Dereflection: Two Logotherapeutic Techniques," in Psychiatry:A World View, Silvano Arieti, ed. New York, John Wiley and Sons, Inc., 1975.

______, "Logotherapy," in Encyclopaedic Handbook of Medical Psychology, Stephen Krauss, ed. London and Boston, Butterworth, 1976.

______, "Man's Search for Ultimate Meaning," in On the Way to Self-Knowledge, Jacob Needlemann, ed. New York, Alfred A. Knoph, Inc., 1976.

______, "The Depersonalization of Sex," in Humanistic Psychology : A Source Book, I. David Welch, George A. Tate and Fred Richards, eds. Buffalo, New York, Prometheus Books, 1978.

______, "Meaninglessness: A Challenge to Psychiatry," in Value and Values in Evolution, Edward A. Maziarz, ed. New York, Gordon and

Breach, 1979.

_______, "Logotherapy," in The Psychotherapy Handbook, Richie Herink, ed. New York, New American Library, 1980.

_______, "Opening Address to the First World Congress of Logotherapy: Logotherapy on its Way to Degrufication," in Analecta Frakliana : The Proceedings of the First World Congress of Logotherapy (1980), Sandra A. Wawrytko, ed. Berkeley, Institute of Logotherapy Press, 1982.

_______, "Logotherapy," in Encyclopedia of Psychology, Vol. 2, Raymond J. Corsini, ed. New York, John Wiley, 1984.

Freilicher, M., "Applied Existential Psychology: Viktor Frankl and Logtherapy," in PsychoSources, Evelyn Shapiro, ed. New York, Bantam Books, 1973.

Frey, David H., and Frederick Heslet, "Viktor Frankl," in Existential Theory for Counselors. Boston, Houghton Mifflin company, 1975.

Friedman, Maurice, "Viktor Frankl," in The Worlds of Existentialism. New York, Random House, 1964,

Gale, Raymond, F., "Logotherapy," in Who Are You? The Psychology of Being Yourself. Englewood Cliffs, New Jersey, Prentice-Hall, 1974.

Hoeland, Elihu S., "Viktor Frankl," in Speak Through the Earthquake:Religious Faith and Emotional Health. Philadelphia, United Church Press, 1972.

Kiernan, Thomas, "Logotherapy," in Shrinks, etc.:A Consumer' s Guide to Psychotherapies. New York, The Dial Press, 1974.

Korchin, Sidney J., "Logotherapy," in Modern Clinical Psychology,

New York, Basic Books, 1976.

Lande, Nathaniel, "Logotherapy(Viktor Frankl), in Mindstyles, Lifestyles:A Comrehensive Overview of Today's Life-Changing Philosophies. Los Angeles, Price, Stern, Sloan, 1976.

Ledermann, E. K., "Viktor E. Frankl's Ontological Value Ethics," in Existential Neurosis. London, Butterworth, 1972.

Leslie, Robert, "Frankl's New Concept of Man," in Contemporary Religious Issues, Donald E. Hartsock, ed. Belmont, California, Wadsworth Publishing Company, 1968.

Liston, Robert A., "Viktor Frankl," in Healing the Mind: Eight Views of Human Nature. New York, Praeger, 1974.

Lukas, Elizabeth, "The Logotherapeutic Method of Dereflection," in The Therapeutic Efficacy of the Major Psychotherapeutic Techniques, Usuf Hariman, ed., Springfield, Illinois, Charles C. Thomas, 1983.

McCarthy, Colman, "Viktor Frankl," in Inner Companions. Washington D. C., Acropolice Books, Ltd., 1975.

McKinny, Fred, "Man's Search for Meaning." in Psychology in Action. New York, Macmillan, 1967.

Marks, Isaac, M., "Paradoxical Intention(Logotherapy)," in Fears and Phobias. New York, Academic Press, 1969.

______, "Paradoxical Intention," in Behavior Modification, W. Stewart Agras, ed. Boston, Little, Brown and Company, 1972.

______, "Paradoxical Intention(Logotherapy)," in Encyclopaedic Handbook of Medical Psychology, Stephen Krauss, ed. London and

Boston, Butterworth, 1976.

Maslow, Abraham H., "Comments on Dr. Frankl' s Paper," in Readings in Humanistic Psychology, Anthony J. Sutich and Miles A. Vich, eds., New York, The Free Press, 1969.

Massey, Robert F., "Frankl," in Personality Theories. New York, Van Nostrand, 1981.

Matson, Katinka, "Viktor E. Frankl/Logotherapy," in The Psychology Omnibook of Personal Development. New York, William Morrow and Company, Inc., 1977.

Misiak, Henry, and Virginia Staudt Sexton, "Logotherapy," in Phenomenological, Existential, and Humanistic Psychologies: A Historical Survey. New York, Grune and Stratton, 1973.

Page, James D., "Frankl," in Psychopathology. Chicago, Aldine Publishing Company, second edition, 1975.

Patterson, C. H., "Frankl' s Logotherapy," in Theories of Counseling and Psychotherapy. New York, Harper and Row, 1966.

Price, Johanna, "Existential Theories: Viktor Frankl," in Abnormal Psychology:Current Perspectives. Del Mar, California, Communication Research Machines, 1972.

Reynolds, David L., "Logotherapy," in Morita Psychotherapy. Berkeley, University of California Press, 1976.

Rosenhan, David L., and Martin E. P. Seligman, "Viktor Frankl and Logotherapy," in Abnormal Psychology. New York, Norton, 1984.

Sahakian, William S., "Viktor Frankl," in History of Psychology.

Itasca, Illinois, F. E. Peacock Publishers, Inc., 1968.

______, "Logotherapy," in Psychotherapy and Counseling Studies and Technique. Chicago, Rand McNally, 1969.

______, "Logotherapy Approach to Personality," in Psychology of Personality. Chicago, Rand McNally, 1974.

______, "Logotherapy: The Will to Meaning," in History and Systems of Psychology. New York, John Wiley and Sons, inc., 1975.

______, Mable Lewis Sahakian, "Viktor E. Frankl: Will to Meaning," in Realms of Philosophy. Cambridge, Massachusetts, Schenkman Publishing Company Inc., 1974.

Salit, Norman, "Existential Analysis:Logotherapy--the Gulf Narrows," in The Worlds of Norman Salit, Abraham Burstein, ed. New York, Bloch, 1966.

Schilling, S. Paul, " 'The Unconscious God' : Viktor Frankl," in God Incognito. Nashville and New York, Abingdon Press, 1974.

Schneider, Marius G., "The Existentialistic Concept of the Human Person in Viktor Frankl' s Logotherapy," in Heirs and Ancestors, John K. Ryan, ed. Washington D. C., Catholic University of America Press, 1973.

Schultz, Duane P., "The Self-Transcendent Person:Frankl' s Model," in Growth Psychology:Models of the Healthy Personality. New York, Van Nostrand Reinhold, 1977.

______, "Frankl' s Model of the Self-Transcendent Person," in Psychology in Use: An Introduction to Applied Psychology. New York,

Macmillan, 1979.

Spiegelberg, Herbert, "Viktor Frankl:Phenomenology in Logotherapy and Existenzanalyse," in Phenomenology in Psychplogy and Psychiatry. Evanston, Illinois, North-Western University Press, 1972.

Strunk, Orlo, "Religious Maturity and Viktor E. Frankl," in Mature Religion. New York and Nashville, Abingdon Press, 1965.

Tyrell, Bernard J., "Logotherapy and Christotherapy," in Christotherapy: Healing through Enlightenment. New York, The Seabury Press, 1975.

Vanderveldt, James H., and Robert P. Odenwald, "Existential Analysis," in Psychiatry and Catholicism. New York, McGraw-Hill, 1952.

Varma, Ved, "Egotherapy, Logotherapy and Religious Therapy," in Psychotherapy Today. London, Constable, 1974.

Weeks, Gerald R., and Luciano L' Abate, "Research on Paradoxical Intention," in Paradoxical Psychotherapy. New York, Brunner/Mazel, 1982.

Weisskopf-Joelson, Edith, "Six Representative Approaches to Existential Therapy:A. Viktor E. Frankl," in Existential-Phenomenological Alternatives for Psychology, Ronald S. Valle and Mark King, eds. New York, Oxford University Press, 1978.

Williams David A., and Joseph Fabry, "The Existential Approach: Logotherapy," in Basic Approaches to Group Psychotherapy and Group Counseling, George M. Gazda, ed. Charles M. Gazda, ed. Charles C.

Thomas, Springfield, Illinois, 1982.

Yalom, Irvin D., "The Contributions of Viktor Frankl," and "Dereflection," in Existential Psychotherapy, New York, Basic Books, 1980.

Zavalloni, Roberto, "Human Freedom and Logotherapy," in Self-Determination. Chicago, Forum Books, 1962.

3. ARTICLES AND MISCELLANEOUS

Ansbacher, Rowena R., " The Third Viennese School of Psychotherapy." Journal of Individual Psychology, XV (1959), 236-37.

Ascher, L. Michael, "Employing Paradoxical Intention in the Behavioral Treatment of Urinary Retention." Scandinavian Journal of Behavior Therapy, Vol. 6, Suppl. 4(1077), 28.

______, "Paradoxical Intention: A Review of Preliminary Research." The International Forum for Logotherapy, Vol. 1, No. 1 (Winter 1978-Spring 1979), 18-21.

______, "Paradoxical Intention in the Treatment of Urinary Retention." Behavior Research and Therapy, Vol. 17 (1979), 267-70.

______, "Paradoxical Intention Viewed by a Behavior Therapist." The International Forum for Logotherapy, Vol. 2, No. 3 (Spring 1980), 13-16.

______, "Employing Paradoxical Intention in the Treatment of Agoraphobia." Behavior Research and Therapy, Vol. 19 (1981), 533-42.

______, "Application of Paradoxical Intention by Other Schools of

Therapy." The International Forum for Logotherapy, vol. 4, No. 1 (Spring-Summer 1981), 53-55.

______, and Jay S. Efran, "Use of Paradoxical Intention in a Behavior Program for Sleep Onset Insomnia." Journal of Consulting and Clinical Psychology, 46 (1978), 547-50.

______, and Ralph MacMillan Turner, "Paradoxical Intention and Insomnia: An Experimental Investigation." Behavior Research and Therapy, Vol. 17 (1979), 408-11.

______, and Ralph MacMillan Turner, "A Comparison of Two Methods for the Administration of Paradoxical Intention." Behavior Research and Therapy, Vol. 18 (1980), 121-26.

Atlas, Alan J., "Logotherapy and the Book of Job." The International Forum for Logotherapy, Vol. 7, No. 1 (Spring/Summer 1984), 29-33.

Ballard, R. E., "An Empirical Investigation of Viktor Frankl's Concept of the Search for Meaning: A Pilot Study with a Sample of Tuberculosis Patients." Doctoral dissertation, Michigan State University, 1965.

Bazzi, Tullio, "Paradoxical Intention and Autogenic Training-- Convergence or Incompatibility?" The International Forum for Logotherapy, Vol. 2, No. 2 (Summer-Fall 1979), 35-37.

______, "A Center of Logotherapy in Italy." The International Forum for Logotherapy, Vol. 2, No. 3 (Spring 1980), 26-27.

Bennett, Chris, "Application of Logotherapy to Social Work Pratice." Catholic Charities Review, Vol. 58, No. 3 (March 1974), 1-8.

Birnbaum, Ferdinand, "Frankl' s Existential Psychology from the Viewpoint of Individual Psychology." Journal of Individual Psychology, XVII (1961), 162-66.

Boeckmann, Walter, "Logotherapy as a Theory of Culture." The International Forum for Logotherapy, Vol. 2, No. 3 (Spring 1980) 44-45.

Boeringa, J. Alexander, "Blushing:A Modified Behavioral Intervention Using Paradoxical Intention." Psychotherapy:Theory, Research and Practice, Vol. 20, No. 4 (Winter 1983), 441-44.

Boeschmeyer, Uwe, "Logogeriatrics." The International Forum for Logotherapy, Vol. 5, No. 1 (Spring-Summer 1982), 9-15.

Bordeleau, Louis-Gabriel, "La Relation entre les Valeurs de Choix Vocationnel et les Valeurs Creatrices chez V. E. Frankl." Doctoral Thesis presented to the Faculty of Psychology of the University of Ottawa, 1971.

Bulka, Reuven P., "An Analysis of the Viability of Frankl' s Logotherapeutic System as a Secular Theory." Thesis presented to the Department of Religious Studies of the University of Ottawa as partial fulfillment of the requirements for the degree of Master of Arts, 1969.

______, "Denominational Implications of the Religious Nature of Logotherapy." Thesis presented to the Department of Religious Studies of the University of Ottawa as partial fulfillment of the requirements for the degree of Doctor of Philosophy, 1971.

______, " Logotherapy and Judaism--Some Philosophical Comparisons." Tradition, XII (1972), 72-89.

______, "Logotherapy and Judaism." Jewish Spectator, XXXVII, No. 7 (Sept. 1072), 17-19.

______, "Death in Life--Talmudic and Logotherapeutic Affirmations." Humanitas(Journal of the Institute of Man), X, No. 1 (Feb. 1974), 33-42.

______, "The Ecumenical Ingredient in Logotherapy." Journal of Ecumenical Studies, XI, No. 1 (Winter 1974), 13-24.

______, "Logotherapy as a Response to the Holocaust." Tradition, XV (1975), 89-96.

______, "Logotherapy and Talmudic Judaism." Journal of Religion and Health, XIV, No. 4 (1975), 277-83.

______, "Logotherapy and the Talmud on Suffering: Clinical and Meta-Clinical Perspectives." Journal of Psychology and Judaism, Vol. 2, No. 1 (Fall 1977), 31-44.

______, "Logotherapy--A Step Beyond Freud: Its Relevance for Jewish Thought." Jewish Life (Fall 1977-Winter 1978), 46-53.

______, "Is Logotherapy a Spiritual Therapy?" Association of Mental Health Clergy Forum, Vol. 30, No. 2 (Jan. 1978).

______, The Work Situation: Logotherapeutic and Talmudic Perspectives." Journal of Psychology and Judaism, Vol. 2, No. 2 (Spring 1978), 52-61.

______, "Hasidism and Logotherapy: Encounter Through Anthology." Journal of Psychology and Judaism, Vol. 3, No. 1 (Fall 1978), 60-74.

______, "Is Logotherapy Authoritarian?" Journal of Humanistic Psychology, Vol. 18, No.4 (Fall 1978), 45-54.

______, "Frankl's Impact on Jewish and Thought." The International Forum for Logotherapy, Vol. 2, No. 3 (Spring 1980), 41-42.

______, "The Upside-Down Thumb:Talmudic Thinking and Logotherapy." Voices: Journal of the American Academy of Psychotherapy, 16(1) (spring 1980), 70-74.

______, "Different Paths, Common Thrust--the Shoalogy of Berkovits and Frankl." Tradition, 19(4) (Winter 1981), 322-39.

______, "Logotherapy as an Answer to Burnout." The International Forum for Logotherapy, Vol. 7, No.1 (Spring/Summer 1984), 8-17.

Bruck, James Lester, "The Relevance of Viktor Frankl's 'Will to Meaning' for Preaching to Juvenile Delinquents." A Master of Theology Thesis submitted to the Southern   Baptist Theological Seminary, Louisville, Kenturky, 1966.

Calabrese, Edward James, "The Evolutionary Basis of Logotherapy." Dissertation, University of Massachusetts, 1974,

Carrigan, Thomas Edward, "The Meaning of Meaning in Logotherapy of Dr. Viktor E. Frankl." Thesis presented to the School of Graduate Studies as partial fulfillment of the requirements for the degree of Master of Arts in Philosophy, University of Ottawa, Canada, 1973.

Cavanagh, Michael E., "The Relationship Between Frankl's 'Will to Meaning' and the Discrepancy Between the Actual Self and the Ideal Self." Doctoral dissertation, University of Ottawa, 1966.

Chastain, Mills Kent, "The Unfinished Revolution: Logotherapy as Applied to Primary Grades 1-4 Values Clarification in the Social Studies

Curriculum in Thailand." Thesis, Monterey Institute of International Studies, 1979.

Cohen, David, "The Frankl Meaning." Human Behavior, Vol. 6, No. 7 (July 1977), 56-62.

Colley, Charles Sanford, "An Examination Five Major Movements in Counseling Theory in Terms of How Representative Theorists (Freud, Williamson, Wolpe, Rogers and Frankl) View the Nature of Man." Dissertation, University of Alabama, 1970.

Crumbaugh, James C., "The Application of Logotherapy." Journal of Existentialism, V (1965), 403-12.

______, "Cross Validation of Purpose-in Life Test Based on Frankl' s Concepts." Journal of Individual Psychology, XXIV (1968), 74-81.

______, "Frankl' s Logotherapy: A New Orientation in Counseling." Journal of Religion and Health, X (1971), 373-86.

______, "Aging and Adjustment:The Applicability of Logotherapy and the Purpose-in Life Test." The Gerontologist, XII (1972), 418-20.

______, "Changes in Frankl' s Existential Vacuum as a Measure of Therapeutic Outcome." Newsletter for Research in Psychology (Veterans Administration Center, Bay Pines, Florida), Vol. 14, No. 2 (May 1972), 35-37.

______, "Frankl' s Logotherapy: An Answer to the Crisis in Identity." Newsletter of the Mississippi Personal and Guidance Association, IV, No. 2 (Oct. 1972), 3.

______, "Patty' s purpose: Perversion of Frankl' s Search for Meaning,"

Journal of Graphoanlysis (July 1976), 12-13.

______, "Logoanalysis," Uniquest (The First Unitarian Church of Berkeley), No. 7 (1977), 38-39.

______, "the Seeking of Noetic Goals Test (SONG): A Complementary Scale to the Purpose in Life Test (PIL)." Journal of Clinical Psychology, Vol. 33, No. 3 (July 1977), 900-7.

______, " Logotherapy as a Bridge Between Religion and Psychotherapy." Journal of Religion and Health, Vol. 18, No. 3 (July 1979), 188-91.

______, "Logotherapy: New Help for Problem Drinkers," The International Forum for Logotherapy, Vol. 4, No. 1(Spring-Summer 1981), 29-34.

______, and Gordon L. Carr, "Treatment of Alcoholics with Logotherapy," The International Journal of the Addictions, 14(6) (1979), 847-53.

______, and Leonard T. Maholick, "the Case for Frankl's 'Will to Meaning.'" Journal of Existential Psychiatry, IV (1963), 43-48.

______, and Leonard T. Maholick, "an Experimental Study in Existentialism: The Psychometric Approach to Frankl's Concept of Noogenic Neurosis." Journal of Clinical Psychology, XX (1964), 200-7.

______"Sister Mary Raphael and Raymond R. Shrader, "Frankl's Will to Meaning in a Religious Order"(delivered before Division 24, American Psychological Association, at the annual convention in San Francisco, Aug. 30, 1968). Journal of Clinical Psychology, XXVI (1970)

206-7.

Dansart, Bernard, "Development of a Scale to Measure Attitudinal Values as Defined by Viktor Frankl." Dissertation, Northern Illinois University, De Kalb, 1974.

Dickson, Charles W., "Logotherapy and the Redemptive Encounter." Dialogue (Spring 1974), 110-14.

______, "Logotherapy as a Pastoral Tool." Journal of Religion and Health, XIV, No. 3 (1975), 207-13.

"The Doctor and the Soul: Dr. Viktor Frankl," Harvard Medical Alumni Bulletin, XXXVI, No. 1 (Fall 1961), 8.

Duncan, Franklin D., "Logotherapy and the Pastoral Care of Physically Disabled Persons." A thesis in the Department of Psychology of Religion submitted to the faculty of the Graduate School of Theology in partial fulfillment of the requirements for the degree of Master of Theology at Southern Baptist Theological Seminary, Louisville, Kentucky, 1968.

Eger, Edith Eva, "Viktor Frankl & Me." Association for Humanistic Psychology Newsletter (Feb. 1976), 15-16.

______, "My Use of Logotherapy with Clients." The International Forum for Logotherapy, Vol. 4, No. 2 (Fall/Winter 1981), 94-100.

Eisenberg, Mignon, "The Logotherapeutic Intergenerational Communications Group." The International Forum for Logotherapy, Vol. 2, No. 2 (Summer-Fall 1979), 23-25.

______, "The Logotherapeutic Intergenerational Encounter Group: A

Phenomenological Approach." Dissertation. Southeastern University, New Orleans, 1980.

______, "Logotherapy and the College Student." The International Forum for Logotherapy, Vol. 2, No.3 (Spring 1980), 22-24.

______, "My 'Second Meeting' with Viktor Frankl." The International Forum for Logotherapy, Vol. 2, No. 3 (Spring 1980), 53-54.

______, "Logotherapy--Prescription for Survival." The International Forum for Logotherapy, Vol. 5, No. 2 (Fall/Winter 1982), 67-71.

______, "Logotherapy in Israel." The International Forum for Logotherapy, Vol. 6, No.2 (Fall/Winter 1983), 67-73.

Eisner, Harry R., "Purpose in Life as a Function of Locus of Control and Attitudinal Values: A Test of Two of Viktor Frankl's Concepts." Dissertation, Marquette University, 1978.

Ellison G., G. Hare and M. Whiddon, "Logotherapy with Chronic Mental Patients." Journal of the Mississippi Academy of Science, XXVI, 102.

Eng, Erling, "The Akeda, Oedipus, and Dr. Frankl." Psychotherapy: Theory, Research and Practice, Vol. 16, No. 3 (Fall 1979), 269-71.

Fabry, Joseph, "A Most Ingenious Paradox." The Register-Leader of the UnitarianUniversalist Association, Vol. 149 (June 1967), 7-8.

______, "The Defiant Power of the Human Spirit." The Christian Ministry (March 1972), 35-36.

______, "Application of Logotherapy in Small Sharing Groups." Journal of Religion and Health, XII, NO. 2 (1974), 128-36.

______, "Logotherapy and Eastern Religions." Journal of Religion and Health, XIV, No. 4 (1975), 271-76.

______, "Aspects and Prospects of Logotherapy: A Dialogue with Viktor Frankl." The International Forum for Logotherapy, Vol. 1, No. 1 (Winter 1978-Spring 1979), 3-6.

______, "Three Faces of Frankl." The International Forum for Logotherapy, Vol. 2, No. 3 (1980), 40.

______, "The Frontiers of Logotherapy." The International Forum for Logotherapy, Vol. 4, No. 1 (Spring-Summer 1981), 3-11.

______, "Some Practical Hints About Paradoxical Intention." The International Forum for Logotherapy, Vol. 5, No. 1 (Spring-Summer 1982), 25-30.

______, and Max Knight (pseud. Peter Fabrizius), "Viktor Frankl' s Logotherapy." Delphian Quarterly, XLVII, No. 3 (1964), 27-30.

______, and Max Knight (pseud. Peter Fabrizius), "The Use of Humor in Therapy." Delphian Quarterly, XLVIII, No. 3 (1965), 22-36.

Farr, Alan P., "Logotherapy and Senior Adults." The International Forum for Logotherapy, Vol. 1, No. 1 (Winter 1978-Spring 1979), 14-17.

"The Father of Logotherapy." Existential Psychiatry, Vol. 1 (1967), 439.

Finck, Willis C., "The Viktor E. Frankl Merit Award." The International Forum for Logotherapy, Vol. 5, No. 2 (Fall/Winter 1982), 73.

Forstmeyer, Annemarie von, "The Will to Meaning as a Prerequisite for Self-Actualization." Thesis presented to faculty of California Western

University, San Diego, in partial fulfillment of the requirements for the degree of Master of Arts, 1968.

Fox, Douglas A., "Logotherapy and Religion." Religion in Life, XXXI (1965), 235-44.

Frankl, Viktor E., "The Pleasure Principle and Sexual Neurosis." International Journal of Sexology, 5 (1952), 128-30.

_____, "Logos and Existence in Psychotherapy." American Journal of Psychotherapy, VII (1953), 8-15.

_____, "Group Psychotherapeutic Experiences in a Concentration Camp" (paper read before the Second International Congress of Psychotherapy, Leiden, Netherlands, Sept. 8, 1951). Group Psychotherapy, VII (1954), 81-90.

_____, "The Concept of Man in Psychotherapy" (paper read before the Royal Society of Medicine, Section of Psychiatry, London, England, June 15, 1954). Pastoral Psychology, VI (1955), 16-26.

_____, "From Psychotherapy to Logotherapy." Pastoral Psychology, VII (1956), 56-60.

_____, "On Logotherapy and Existential Analysis" (paper read before the Association for the Advancement of Psychoanalysis, New York, April 17, 1957). American Journal of Psychoanalysis, XVIII (1958), 28-37.

_____, "The Will to Meaning." Journal of Pastoral Care, XII (1958), 82-88.

_____, "Guest Editorial." Academy Reporter, III, No. 5 (May 1958), 1-4.

______, "The Search for Meaning." Saturday Review (Sept. 13, 1958).

______, "The Spiritual Dimension in Existential Analysis and Logotherapy" (paper read before the Fourth International Congress of Psychotherapy, Barcelona, Sept. 5, 1958). Journal of Individual Psychology, XV (1959), 157-65.

______, "Beyond Self-Actualization and Self-Expression" (paper read before the Conference on Existential Psychotherapy, Chicago, Dec. 13, 1959), Journal of   Existential Psychiatry, I (1960), 5-20.

______, "Paradoxical Intention: A Logotherapeutic Technique" (paper read before the American Association for the Advancement of Psychotherapy, New York, Feb. 26, 1960). American Journal of Psychotherapy, XIV (1960), 520-35.

______, "Dynamics, Existence and Values." Journal of Existential Psychiatry, II (1961), 5-16.

______, "Logotherapy and the Challenge of Suffering" (paper read before the American Conference on Existential Psychotherapy, New York, Feb. 27, 1960). Review of Existential Psychology and Psychiatry, I (1961), 3-7.

______, "Psychotherapy and Philosophy." Philosophy Today, V (1961), 59-64.

______, "Religion and Existential Psychotherapy." Gordon Review, VI (1961), 2-10.

______, "Basic Concepts of Logotherapy." Journal of Existential Psychiatry, III (1962), 111-18.

______, "Logotherapy and the Challenge of Suffering." Pastoral Psychplogy, XIII (1962), 25-28.

______, "Psychiatry and Man's Quest for Meaning." Journal of Religion and Health, I (1962), 93-103.

______, "The Will to Meaning." Living Church, CXLIV (June 24, 1962), 8-14.

______, "Existential Dynamics and Neurotic Escapism"(paper read before the Conference on Existential Psychiatry, Toronto, May, 6, 1962). Journal of Existential Psychiatry, IV(1963), 27-42.

______, "Angel as Much as Beast: Man Transcends Himself." Unitarian University Register-Leader, CXLIV (Feb. 1963), 8-9.

______, "In Steady Search for Meaning." Liberal Dimension, II, No. 2(1964), 3-8.

______, "Existential Escapism." Motive, XXIV(Jan.-Feb. 1964), 11-14.

______, "The Will to Meaning"(paper read before the Conference on Phenomenology, Lexington, April 4, 1963), Christian Century, LXXI (April 22, 1964), 515-17.

______, "How a Sense of a Task in Life Can Help You Over the Bumps." The National Observer (July 12, 1964), 22.

______, "The Concept of Man in Logotherapy"(175th Anniversary Lecture, Georgetown University, Washington D. C., Feb. 27, 1964). Journal of Existentialism, VI(1965), 53-58.

______, "Logotherapy--a New Psychology of Man." The Gadfly, Vol. 17, Issue 1(Dec. 1965-Jan. 1966).

______, "Logotherapy and Existential Analysis: A Review" (paper read before the Symposium on Logotherapy, 6th International Congress of Psychotherapy, London, Aug. 26, 1964). American Journal of Psychotherapy, XX (1966), 252-60.

______, "Time and Responsibility." Existential Psychiatry, I(1966), 361-66.

______, "Self-Transcendence as a Human Phenomenon." Journal of Humanistic Psychology, VI, No. 2(Fall 1966), 97-106.

______, "What is Meant by Meaning?" Journal of Existentialism, VII, No. 25(Fall 1966), 21-28.

______, "Logotherapy," The Israel Annals of Psychiatry and Related Disciplines, VII (1967), 142-55.

______, "Logotherapy and Existentialism." Psychotherapy:Theory, Research and Practice, IV, No. 3 (Aug. 1967), 138-42.

______, "What Is a Man?" Life Association News, LXII, No. 9(Sept. 1967), 151-157.

______, "Experience in a Concentration Camp." Jewish Heritage, XI (1968), 5-7.

______, "The Search for Meaning" (abstract from a series of lectures given at the Brandeis Institute in California). Jewish Heritage, XI (1968), 8-11.

______, "Youth in Search for Meaning." (Third Paul Dana Bartlett Memorial Lecture). The Baker World(The Baker University Newsletter), I, No. 4 (Jan. 1969), 2-5.

______, "Eternity Is the Here and Now." Pace, V, No. 4 (April 1969), 2.

______, "The Cosmos and the Mind.(How Far Can We Go?) A Dialogue with Geoffrey Frost." Pace, V, No. 8 (Aug. 1969), 34-39.

______, "Entering the Human Dimension." Attitude, I(1970), 2-6.

______, "Fore-Runner of Existential Psychiatry." Journal of Individual Psychology, XXVI(1970), 12.

______, "Determinism and Humanism" Humanitas(Journal of the Institute of Man), VII(1971), 23-36.

______, "Existential Escapism." Omega, Vol. 2. No. 4(Nov. 1971), 307-11.

______, " The Feeling of Meaninglessness:A Challenge of Psychotherapy." The American

Journal of Psychoanalysis, XXXII, No. 1 (1972), 85-89.

______, "Man in Search for Meaning." Widening Horizons (Rockford College), Vol. 8, No. 5(Aug. 1972).

______, "Encounter: The Concept and Its Vulgarization." The Journal of the American Academy of Psychoanalysis, I, No. 1 (1973), 73-83.

______, "The Depersonalization of Sex." Synthesis(The Realization of the Sex), I (Spring 1974), 7-11.

______, "Paradoxical Intention and Dereflection." Psychotherapy: Theory, Research and Practice, XII, No. 3 (Fall 1975), 226-37.

______, "A Psychiatrist Looks at Love." Uniquest(The First Unitarian Church of Berkeley), 5 (1976), 6-9.

______, "Some Thoughts on the Painful Wisdom." Uniquest(The First

Unitarian Church of Berkeley), 6 (1976), 3.

______, "Survival--for What?" Uniquest(The First Unitarian Church of Berkeley), 6 (1976), 38.

______, "Logotherapy." The International Forum for Logotherapy, Vol. 1, No. 1 (Winter 1978-Spring 1979), 22-23.

______, Endogenous Depression and Noogenic Neurosis(Case Histories and Comments)." The International Forum for Logotherapy, Vol. 2, No. 2 (Summer-Fall 1979), 38-40.

______, "Psychotherapy on Its Way to Rehumanization." The International Forum for Logotherapy, Vol. 3, No. 2 (Fall 1980), 3-9.

______, "The Future of Logotherapy." The International Forum for Logotherapy, Vol. 4, No. 2 (Fall/ Winter 1981), 71-78.

______, "The Meaning Crisis in the First World and Hunger in the Third World." The International Forum for Logotherapy, Vol 7, No. 1 (Spring/Summer 1984), 5-7.

Gall, Heinz, "Logotherapeutic Treatment of Neurotic Sleep Disturbances." The International Forum for Logotherapy, Vol. 6, No. 2v (Fall/Winter 1983), 92-94.

Garfield, Charles A., "A Psychometric and Investigation of Frankl's Concept of Existential Vacuum and of Anomie" Psychiatry, XXXVI (1973), 396-408.

Gerz, Hans O., "The Treatment of the Phobic and the Obsessive-Compulsive Patient Using Paradoxical Intention sec. Viktor E. Frankl." Journal of Neuropsychiatry, III, No. 6 (July-Aug. 1962), 375-87.

_______, "Experience with the Logotheapeutic Technique of Paradoxical Intention in the Treatment of Phobic and Obsessive-Compulsive Patients"(paper read at the Symposium of Logotherapy at the 6th International Congress of Psychotherapy, London, England, Aug. 1964). American Journal of Psyciatry, CXXIII, No. 5 (Nov. 1966), 548-53.

_______, "Reply." American Journal of Psychiatry, CXXIII, No. 10(April 1967), 1306.

Gill, Ajaipal Singh, "An Appraisal of Viktor E. Frankl' s Theory of Logotherapy as a Philosophical Base for Education." Dissertation, The American University, 1970.

Giorgi, Bruno, "The Belfast Test:A New Psychometric Approach to Logotherapy." The International Forum for Logotherapy, Vol. 5, No. 1 (Spring-Summer 1982), 31-37.

Gleason, John J., "Lucy and Logotherqpy:A Context, a Concept, and a Case." Voices:The Art and Science of Psychotherapy, 7, (1971), 57-62.

Green, Herman H., "The 'Existential Vacuum' and the Pastoral Care of Elderly Widows in a Nursing Home." Master' s Thesis, Southern Baptist Theological Seminary, Louisville, Kentucky, 1970.

Greenberg, R. P., and R. Pies, "Is Paradoxical Intention Risk-Free?" Journal of Clinical Psychiatry, 44 (1983), 66-69.

Grollman, Earl A., "Viktor E. Frankl: A Bridge Between Psychiatry and Religion." Conservative Judaism, XIX, No. 1 (Fall 1964), 19-23.

_______, "The Logotherapy of Viktor E. Frankl." Judaism, XIV (1965), 22-38.

Grossman, Nathan, "The Rabby and The Doctor of the Soul." Jewish Spectator, XXXIV, No. 1 (Jan. 1969), 8-12.

Guidera, T., and M. Whiddon, "Logotherapy with Incarcerated Adults." Journal of the Mississippi Academy of Science, XXV (1980), 103.

Guldbransen, Francis Aloysius, "Some of the Pedagogical Implications in the Theoretical Work of Viktor Frankl in Existential Psychology: A Study in the Philosophic Foundations of Education." Doctoral Dissertation, Michigan State University, 1972.

Guttman, David, "Logophilosophy for Israel's Retirees in the Helping Profession." The International Forum for Logotherapy, Vol. 7, No. 1 (Spring/Summer 1984), 18-25.

Hablas, Ruth, "Odysseus: His Myth and Meaning for Logotherapy." The International Forum for Logotherapy, Vol. 7, No. 1 (Spring/Summer 1984), 34-39.

Hall, Mary Harrington, "A Conversation with Viktor Frankl of Vienna." Psychology Today, I, No. 9 (Feb. 1964), 56-63.

Harrington, Donald Szantho, "The View from the Existential Vacuum." Academy Reporter, IX, No. 9 (Dec. 1964), 1-4.

Havenga, Patti, "Viktor E. Frankl." Lantern (Journal of Knowledge, Art and Culture) (Pretoria), Vol. XXXI, No. 2 (April 1982), 53-57.

Havens, Leston L., "Paradoxical Intention." Psychiatry and Social Science Review, II (1968), 16-19.

Haworth, D. Swan, "Viktor Frankl." Judaism, XIV (1965), 351-52.

Henderson, J. T., "The Will to Meaning of Viktor Frankl as a Meaningful Factor of Personality." Master's thesis, the University of Maryland, 1970.

Hirsch, Bianca Z., and Vera Lieban-Kalmar. "Logotherapy in U. S. Universities: A Survey." The International Forum for Logotherapy, Vol. 5, No. 2 (Fall/Winter 1982), 103-105.

Holmes, R. M., "Meaning and Responsibility:A Comparative Analysis of the Concept of the Responsible Self in Search of Meaning in the Thought of Viktor Frankl and H. Richard Niebuhr with Certain Implications for the Church's Ministry to the University." Doctoral Dissertation, Pacific School of Religion, Berkeley, California, 1965.

Holmes, R. M., "Alcoholics Anonymous as Group Logotherapy." Pastoral Psychology, XXI (1970), 30-36.

Hsu, L. K. George, and Stuart Lieberman, "Paradoxical Intention in the Treatment of Chronic Anorexia Nervosa." American Journal of Psychiatry, 139 (1982), 650-53.

Humberger, Frank E., "Practice Logotherapeutic Techniques." Uniquest (The Unitarian Church of Berkeley), No. 7 (1977), 24-25.

______, "Logotherapy in Outplacement Counseling." The International Forum for Logotherapy, Vol. 2, No. 3 (Spring 1980), 50-53.

Hutzell, Robert R., "Practical Steps in Logoanalysis." The International forum for Logotherapy, Vol. 6, No. 2 (Fall/Winter 1983), 74-83.

______, "Logoanalysis for Aicoholics." The International Forum for

Logotherapy, Vol. 7, No. 1 (Spring/Summer 1984). 40-45.

Hyman, William, " Practical Aspects of Logotherapy in Neurosurgery." Exitential Psychiatry, VII (1969), 99-101.

Johnson, Paul E., "Logotherapy:A Corrective for Determinism." Christian Advocate, V (Nov. 23, 1961), 12-13.

______, "Meet Doctor Frankl." Adult Student, XXIV (Oct. 1964), 8-10.

______, "The Meaning of Logotherapy." Adult Student, XXVI, No. 8 (April 1967), 4-5.

______, "The Challenge of Logotherapy." Journal of Religion and Health, VII (1968), 122-30.

Jones, Elbert Whaley, "Nietzsche and Existential Analysis." Dissertation in the Department of Philosophy submitted to the faculty of the requirements for the degree of Master of Arts, New York University, 1967.

Jones, Frederic H., "Logotherapy and 'Drawing Anxiety.' " The International Forum for Logotherapy, Vol. 6, No. 2 (Fall/Winter 1983), 90-91.

Kaczanowski, Godfryd, "Frankl' s Logotherapy." American Journal of Psychiatry, CXVII (1960), 563.

______, " Logotherapy--A New Psychotherapeutic Tool." Psychosomatics, Vol. 8 (May-June 1967), 158-61.

Kalmar, Stephen S., "What Logotherapy Can Learn from High School Students." The International Forum for Logotherapy, Vol. 5, No. 2 (Fall/Winter 1982), 77-84.

______, "The Viktor E. Frankl Schoarship 1983." The International Forum for Logotherapy, Vol. 6, No. 2 (Fall/Winter 1983), 84-85.

Kelzer, Kenneth, Frances Vaughan and Richard Gorringe, "Viktor Frankl: A Precursor for Transpersonal Psychotherapy." The International Forum for Logotherapy, Vol. 2, No. 3 (Spring 1980), 32-35.

Klapper, Naomi, "On Being Human:A Comparative Study of Abraham J. Heschel and Viktor Frankl." Doctorial Dissertation, Jewish Theological Seminary of America, New York, 1973.

Klitzke, Louis L., "Students in Emerging Africa: Humanistic Psychology and Logotherapy in Tanzania." Journal of Humanistic Psychology, IX (1969), 105-26.

______, "Logotherapy in Tanzania." The International Forum for Logotherapy, Vol. 4, No. 2 (Fall/Winter 1981), 83-88.

Korfgen, Guido, "What the Will to Meaning May Achieve." The International Forum for Logotherapy, Vol. 4, No. 2 (Fall/Winter 1981), 129.

Kovacs, George, "Ultimate Reality and Meaning in Viktor E. Frankl." Ultimate Reality and Meaning, Vol. 5, No. 2 (1982), 119-39.

______, "The Question of Death in Logotherapy." The International Forum for Logotherapy, Vol. 5, No. 1 (Spring-Summer 1982), 3-8.

______, "The Philosophy of Death in Viktor E. Frankl." Journal of Phenomenological Psychology, Vol. 13, No. 2 (Fall 1982), 197-209.

Lamontagne, Ives, "Treatment of Erythrophobia by Paradoxical Intention." The Journal of Nervous and Mental Diseases, Vol. 166, No. 4

(1978), 304-6.

Lance, Ricky L., "An Investigation of Logotherapy for a Possibility Theory of Personality." Dissertation, New Orleans Baptist Theological Seminary, 1978.

Lantz, James E., "Dereflection in Family Therapy with Schizophrenic Clients." The International Forum for Logotherapy, Vol. 5, No. 2 (Fall/Winter 1982), 119-22.

Lapinsohn, Leonard I., "Relationship of the Logotherapeutic Concepts of Anticipatory Anxiety and Paradoxical Intention to the Neurophysiological Theory of Induction." Behavioral Neuropsychiatry, III, No. 304 (1971), 12-14 and 24.

Leslie, Robert C., "Viktor Frankl and C. G. Jung." Shiggaion, Vol. X, No. 2 (Dec. 1961).

______, "Viktor E. Frankl's New Concept of Man." Motive, XXII (1962), 16-19.

Levinson, J. Irwin, "An Investigation of Existential Vacuum in Grief via Widowhood." Dissertation, United States International University, San Diego, California, 1979.

______, "A Combination of Paradoxical Intention and Dereflection." The International Forum for Logotherapy, Vol. 2, No. 2 (Summer-Fall 1979), 40-41.

Lieban-Kalmar, Vera, "Effects of Experience-Centered Decision-Making on Locus of Control, Frankl's Purpose in Life Concept, and Academic Behavior of High School   Students." dissertation, University of San Francisco, 1982.

_____, "Logotherapy:A Way to Help the Learning Disabled Help Themselves." Academic Therapy, XIX, 3 (1984), 262-68.

Lukas, Elizabeth S., "The Four Steps of Logotherapy." Uniquest(The Unitarian Church of Berkeley), No. 7 (1977), 24-25.

_____, "The 'Ideal' Logotherapist--Three Contradictions." The International Forum for Logotherapy, Vol. 2, No. 2(Summer-Fall 1979), 3-7.

_____, "The Logotherapy View of Human Nature." The International Forum for Logotherapy, Vol. 3, No. 2 (Fall 1980), 10-13.

_____, "New Ways for Dereflection." The International Forum for Logotherapy, Vol. 4, No. 1 (Spring-Summer 1081), 13-28.

_____, "Validation of Logotherapy." The International Forum for Logotherapy, Vol. 4, No. 2 (Fall/winter 1981), 116-25.

_____, "The 'Birthmarks' of Paradoxical Intention." The International Forum for Logotherapy, Vol. 5, No. 1 (Spring-Summer 1982), 20-24.

_____, "Love and Work in Frankl's View of Human Nature." The International Forum for Logotherapy, Vol. 6, No. 2 (Fall/Winter 1983), 102-9.

Maniacek, Mary Ann, "Logotherapy:A Grief Counseling Process." The International Forum for Logotherapy, Vol. 5. No. 2 (Fall/Winter 1982), 85-91.

Marrer, Robert F., "Existential-Phenomenological Foundations in Logotherapy Applicable Counseling." Dissertation. Ohio University,

1972.

Maslow, A. H., "Comments Dr. Frankl' s Paper." Journal of Humanistic Psychology, VI (1966), 107-12.

Mavissakalian, M., L. Michelson, D. Greenwald, S. Kornblith, and M. Greenwald, "Cognitive-Behavioral Treatment of Agoraphobia: Paradoxical Intention vs. Self-Statement Training." Behaviour Research and Therapy, 21 (1983), 75-86.

"Meaning in Life." Time (Feb. 2, 1968), 38-20.

Meier, Augustine, "Frankl' s 'Will to Meaning' as Measured by the Purpose-in-Life Test in Relation to Age and Sex Differences." Dissertation presented to the University of Ottawa, 1973.

______, "Frankl' s 'Will to Meaning' as Measured by the Purpose-in-Life Test in Relation to Age and Sex Differences." Journal of Clinical Psychology, XXX (1974), 384-86.

Milan, M. A., and D. J. Kolko, "Paradoxical Intention in the Treatment of Obsessional Flatulence Ruminations." J. Behav. Ther. exp. Psychiat., XIII (1982), 167-72.

Minton, Gary, "A Comparative Study of the Concept of Conscience in the Writings of Sigmund Freud and Viktor Frankl." Dissertation, New Orleans Baptist Theological Seminary, 1967.

Morgan John H., "Personal Meaning as Therapy: The Roots and Branches of Frankl' s Psychology." Pastoral Psychology, Vol. 31, No. 3 (Spring 1983), 184-92.

Mueller-Hegemann, D., " Methodological Approaches in

Psychotherapy:Current Concepts in East Germany." American Journal of Psychotherapy, XVII (1963), 554-68.

Muilenberg, Don T., "Meaning in Life:Its Significance in Psychotherapy," A dissertation presented to the faculty of the Graduate School, University of Missouri, 1968.

Murphy, Leonard, "Extent of Purpose-in-Life and Four Frankl-Proposed Life Objectives." Doctoral dissertation in the Department of Psychology, the University of Ottawa, 1967.

Murphy, Maribeth L., "Viktor Frankl: The New Phenomenology of Meaning." The U.S. I.U. Doctoral Society Journal, III, No. 2 (June 1970), 1-10, and VI, No. 1 (Winter 1970-71), 45-46.

Nackord, Earnest J., Jr., "A College Test of Logotherapeutic Concepts." The International Forum for Logotherapy, Vol. 6, No. 2 (Fall/Winter 1983), 117-22.

Newton, Joseph R., "Therapeutic Paradoxes, Paradoxical Intentions, and Negative Practice." American Journal of Psychotherapy, XXII (1968), 68-81.

Niyeda, Rokusaburo, "Logotherapy and Eastern Religious Philosophy." Journal of The Helen Vale Foundation (Australia), Vol. 2, No. 4, 36041.

Noonan, J. Robert, "A Note on an Eastern Counterpart of Frankl's Paradoxical Intention." Psychologia, XII (1969), 147-49.

O' Connell, Waiter E., "Viktor Frankl, the Adlerian?" Psychiatric Spectator, Vol. VI, No. 11 (1970), 13-14.

______, "Frankl, Adler, and Spirituality." Journal of Religion and Health, XI (1972), 134-38.

Offut, Berch Randall, "Logotherapy, Actualization Therapy or Contextual Self-Realization"
Dissertation, United States International University, 1975.

"Originator of Logotherapy Discusses Its Basic Premises" (interview). Roche Report: Frontiers of Clinical Psychiatry, Vol. 5, No. 1 (Jan. 1,1968), 5-6.

Ott, B. D., "The Efficacy of Paradoxical Intention in the Treatment of Sleep Onset Insomnia under Differential Feedback Conditions." Dissertation, Hofstra University, 1980.

______, "B. A. Levine, and L. M. Ascher, "Manipulating the Expliclt Demand of Paradoxical Intention Instructions." Behavioral Psychotherapy, 11 (1983), 25-35.

Palma, Robert J., "Viktor E. Frankl:Multilevel Analyses and Complementarity." Journal of Religion and Health, XV (1976), 12-25.

Pareja-Herrera, Guillermo, "Logotherapy and Social Change." The International Forum for Logotherapy, Vol. 2, No. 3 (Spring 1980), 48-49.

Pervin, Lawrence A., " Existentialism, Psychology and Psychotherapy." American Psychologist, XV (1960), 305-9.

Petraroja, Sergio D., "the Concept of Freedom in Viktor Frankl." Catholic Psychological Record, Vol. 4 (Fall 1966).

Placek, Paul J., "Logotherapy of the Human Relationship." Dissertation, California Christian University, 1978.

Polak, Paul, "Frankl's Existential Analysis." American Journal of Psychotherapy, III (1949), 517-22.

_______, "The Anthropological Foundations of Logotherapy." The International Forum for Logotherapy, Vol. 2, No. 3 (Spring 1980), 46-48.

Popielski, Kazimierz, "Karol Wojtyla and Logotherapy." The International Forum for Logotherapy, Vol. 2, No. 3 (Spring 1980), 36-37.

Porter, Jack Nusan, "The Affirmation of Life After the Holocaust: The Contributions of Bettelheim, Lifton and Frankl." The Association for Humanistic Psychology Newsletter (Aug.-Sept. 1980), 9-11.

Quirk, John M., "A Practical Outline of an Eight-Week Logogroup." The International Forum for Logotherapy, Vol. 2, No. 2 (Summer-Fall 1979), 15-22.

Raskin, David E., and Zanvel E. Klein, "Lossing a Symptom through Keeping It: A Review of Paradoxical Treatment Techniques and Rationale." Archives of General Psychiatry, Vol. 33, No. 5 (May 1976), 548-55.

Raskob, Hedwig, "Logotherapy and Religion." The International Forum for Logotherapy, Vol. 2, No. 3 (Spring 1980), 8-12.

Relinger, Helmut, Philip H. Bornstein and Dan M. Mungas, "Treatment of Insomnia by Paradoxical Intention:A Time-Series Analysis." Behavior Therapy, Vol. 9 (1978),955-59.

Richmond, Bert O., Robert L. Mason and Virginia Smith, "Existential Frustration and Anomie." Journal of Women's Deans and Counselors, (Spring 1969).

Roberts, Helen C., "Logotherapy' s Contribution to Youth." The International Forum for Logotherapy, Vol. 2, No. 3 (Spring 180), 19-21.

Rose, Herbert H., "Viktor Frankl on Conscience and God." The Jewish Spectator (Fall 1976), 49-50.

Rowland, Stanley J., Jr., "Viktor Frankl and the Will to Meaning." Christian Century, LXXIX (June 6, 1962), 722-24.

Rucker, W. Ray, "Frankl' s Contribution to the Graduate Program at the USIU." The International Forum for Logotherapy, Vol. 2, No. 3 (Spring 1980), 12.

Ruggiero, Vincent R., "Concentration Camps Were His Logotherapy." The Sign, XLVII (Dec. 1967), 13-15.

Sahakian, William S., "Philosophical Therapy:A Variation on Logotherapy." The International Forum for Logotherapy, Vol. 3, No. 2 (Fall 1980), 37-40.

_____, and Barbara Jacquelyn Sahakian, "Logotherapy as a Personality Theory." The Israel Annals of Psychiatry and Related Disciplines, X (1972), 230-44.

Salzmann, Leon, and Frank K. Thaler, "Obsessive-Compulsive Disorders:A Review of the Literature." American Journal of Psychiatry, 138:3 (March 1981), 286-96.

Sargent, George Andrew, "Job Satisfaction, Job Involvement and Purpose in Life:A Study of Work and Frankl' s Will to Meaning." Thesis presented to the faculty of the United States International University in partial fulfillment of the requirements for the degree of

Master of Arts, 1971.

______, "Motivation and Meaning: Frankl's Logotherapy in the Work Situation." Dissertation, United States International University, San Diego, 1973.

______, "Transference and Countertransference in Logotherapy." The International Forum for Logotherapy, Vol. 5, No. 2 (Fall/Winter 1982), 115-18.

______, " Combining Paradoxical Intention with Behavior Modification." The International Forum for Logotherapy, Vol. 6, No. 1 (Spring/Summer 1983), 28-30.

Schachter, Stanley J., "Bettelheim and Frankl: Contradicting View of the Holocaust." Reconstructionist, XXVI. No. 20 (Feb. 10, 1961), 6-11.

Shea, John J., "On the Place of Religion in the Thought of Viktor Frankl." Journal of Psychology and Theology, III, No. 3 (Summer 1975), 179-86.

Simms, George R., "Logotherapy in Medical Practice." The International Forum for Logotherapy, Vol. 2, No. 2 (Summer-Fall 1979), 12-14.

Siroky, Vlastimil, "Treatment of Existential Frustration." The International Forum for Logotherapy, Vol. 6, No. 1 (Spring/Summer 1983), 40-41.

Solyom L., J. Gazda-Perez, B. L. Ledwidge and C. Solyom, "Paradoxical Intention in the Treatment of Obsessive Thoughts: A Pilot Study." Comprehensive Psychiatry, Vol. 13, No. 3 (May 1972), 291-97.

Souza, Aias de, "Logotherapy and Pastoral Counseling: An Analysis of Selected Factors in Viktor E. Frankl' s Concept of Logotherapy as They Relate to Pastoral Counseling." Dissertation, Heed University, Hollywood, Florida, 1980.

Starck, Partricia L., "Rehabilitative Nursing and Logotherapy: A Study of Spinal Cords Injured Clients." The International Forum for Logotherapy, Vol. 4, No. 2 (Fall/Winter 1981), 101-9.

Stecker, R. E., "The Existential Vacuum in Eastern Europe." The International Forum for Logotherapy, Vol. 4, No. 2 (Fall/Winter 1981), 79-82.

Stones, Christopher R., "Personal Religious Orientation and Frankl' s Will to Meaning in Four Religious Communities." South Africa Journal of Psychology, 10 (1980), 50-52.

Stropko, Andrew John, "Logoanalysis and Guided Imagery as Group Treatment for Existential Vacuum." Dissertation, Texas Tech University, 1975.

Taylor, Charles P., "Meaning in Life: Its Relation to the 'Will-to-Pleasure' and Preoccupation with Death." Master' s thesis, the University of Pittsburgh, 1974.

Timms, M. W. H., "Treatment of Chronic Blushing by Paradoxical Intention." Behavioral Psychotherapy, 8 (1980), 59-61.

Turner, R. H., "Comment on Frankl' s Paper." Journal of Existential Psychiatry, I (1960), 21-23.

Turner, Ralph M., and Michael Ascher, "Controlled Comparison of

Progressive Relaxation, Stimulus Control, and Paradoxical Intention Therapies for Insomnia." Journal of Consulting and Clinical Psychology, Vol. 47, No. 3 (1979), 500-8.

Vankaam, Adrian, "Foundational Formation and the Will to Meaning." The International Forum for Logotherapy, Vol. 2, No. 3 (Spring 1980), 57-59.

Victor, Ralph, G., and Carolyn M. Krug, "Paradoxical Intention in the Treatment of Compulsive Gambling." American Journal of Psychotherapy, XXI, No. 4 (Oct. 1967). 808-14.

"Viktor Frankl." The Colby Alumnus, LI (Spring 1962), 5.

Waugh, Robert J. L., "Paradoxical Intention." American Journal of Psychiatry, Vol. 123, No. 10 (April 1967), 1305-6.

Weiss, M. David, "Frankl' s Approach to the Mentally Ill." Association of Mental Hospital Chaplins' Newsletter (Fall 1962), 39-42.

Weisskopf-Joelson, Edith, "Some Comments on a Viennese School of Psychiatry." Journal of Abnormal and Social Psychology, LI (1955), 701-3.

______, " Logotherapy and Existential Analysis." Acta Psychotherapeutica, VI (1958), 193-204.

______, "Paranoia and the Will-to-Meaning." Existential Psychiatry, I (1966), 316-20.

______, "Some Suggestions Concerning the Concept of Awareness." Psychotherapy:Theory, Research and Practice, VIII (1971), 2-7.

______, "Logotherapy:Science or Faith?" Psychotherapy:Theory,

Research and Practice, XII (1975), 238-40.

______, "The Place of Logotherapy on the World Today." The International Forum for Logotherapy, Vol. 2, No. 3 (Spring 1980), 3-7.

Whiddon, Michael F., "Logotherapy in Prison." The International Forum for Logotherapy, Vol. 6, No. 1 (Spring-Summer 1983), 34-39.

Wilson, Robert A., "Logotherapy:An Educational Approach for the Classroom Teacher." Dissertation, Laurence University, 1982.

Wirth, Arthur G., "Logotherapy and Education in a Post-Petroleum Society." The International Forum for Logotherapy, Vol. 2, No. 3 (Spring 1980), 29-32.

Wood, Frank E., "Logotherapy in Self-Application: Report from U-One-South-Nine." The International Forum for Logotherapy, Vol. 5, No. 1 (Spring-Summer 1982), 53-56.

Yeates, J. W., "The Educational Implications of the Logotherapy of Viktor E. Frankl." Doctorial dissertation, University of Mississippi, 1968.

Yoder, James D., " A Child, Paradoxical Intention, and Consciousness." The International Forum for Logotherapy, Vol. 6, No. 1 (Spring/Summer 1983), 19-21.

4. FILMS, RECORDS, AND TAPES

Frankl, Viktor E., "Logotherapy," a film produced by the Department of Psychiatry, Neurology, and Behavioral Sciences, University of

Oklahoma Medical School.

Frankl, Viktor E., "Frankl and the Search for Meaning," a film produced by Psychological Films, 110 North Wheeler Street, Orange, CA 92669.

Frankl, Viktor E., "Some Clinical Aspects of Logotherapy. Paper Read Before the Anderson County Medical Society in South Carolina." "Man in Search for Meaning. Address Given to the Annual Meeting of the Anderson County Mental Health Association in South Carolina," and "Man's Search for Ultimate Meaning. Lecture Given at the Peachtree Road Methodist Church in Atlanta, Georgia," videotapes cleared for television upon request from WGTV, the University of Georgia, Athens, GA 30601.

Frankl, Viktor E., "Meaning and Purpose in Human Experience," a videotape produced by Rockland Community College. Rental or purchase through the Director of Library Services, 145 College Road, Suffern, NY 10901.

Frankl, Viktor E., "Education and the Search for Meaning. An Interview by Professor William Blair Gould of Bradley Univerdity," A videotape produced by Bradley University Television. Available by request from Bradley University, Peoria, IL 61606 ($25.00 handling charge for usage).

Frankl, Viktor E., "Youth in Search for Meaning. The Third Paul Dana Bartlett Memorial Lecture." a videotape produced by KNBU and cleared for television upon request from President James Edward Doty, Baker

University, Baldwin City, KA 66006.

Frankl, Viktor E., "Clinical Aspects of Logotherapy," a videotaped lecture. Reply Available by Arrangement with Medical Illustration Services, Veterans Administration Hospital, 3801 Miranda Avenue, Palo Alto, CA 94304.

Frankl, Viktor E., "Logotherapy," a videotaped lecture. Available rental or purchase from Educational Television, University of California School of Medicine, Department of Psychiatry, Langley Porter Neuropsychiatric Institution, 3rd Avenue and Parnassus Avenue, San Francisco, CA 94112.

Frankl, Viktor E., "Logotherapy Workshop," a videotaped lecture. Available for rental or purchase from Middle Tennessee State University, Learning Resource Center, Murfreesboro, TN 37130.

Frankl, Viktor E., "The Rehumanization of Psychotherapy. A Workshop Sponsored by the Division Psychotherapy of the American Psychological Association," a videotape. Address inquired to Division Psychotherapy, American Psychological Association, 1200 17th Street, N. W., Washington, DC 20036.

Frankl, Viktor E., "Youth in Search for Meaning," a videotape produced by the Youth Crops and Metro Cable Television. Contact: Youth Crops, 56 Bond Street, Toronto, Ontario M5B 1X2, Canada. Rental fee, $ 10.00.

Frankl, Viktor E., "Man in Search for Meaning," a film interview with Jim Cory of CFTO Television in Toronto. Contact: Youth Crops, 56

Bond Street, Toronto, Ontario M5B 1X2, Canada.

Frankl, Viktor E., "Human Freedom and Meaning in Life" and "Self-Transcendence--Therapeutic Agent in Sexual Neurosis." videotapes. Copies of the tapes can be ordered for a service fee. Address inquires to the Manager, Learning Resource Distribution Center, United States International University, San Diego, CA 92131.

Frankl, Viktor E., two 5-hour lectures, part of the course Human Behavior 616, "Man in Search for Meaning," during the winter quarter, 1976. Copies of the videotapes can be ordered for a service fee. Address inquires to the Manager, Learning Resource Distribution Center, United States International University, San Diego, CA 92131.

Frankl, Viktor E., a videotaped convocation. Address inquires to President Stephen Walsh, St. Edward' s University, Austin, TX 78704.

Frankl, Viktor E., a videotaped lecture given at Monash University, Melbourne, Australia, on March, 6, 1976. Inquires should be addressed to Royal Australian College of General Practitioners, Family Medicine Programme, Audio Visual Department, 70 Jolimont Street, Jolimont, 3002, Melbourne, Australia.

Frankl, Viktor E., interview with Dr. Viktor E. Frankl by Dr. Paul W. Ngui, President, Singapore Association for Mental Health, 16mm. film. Inquired should be addressed to Controller, Central Production Unit, Television Singapore, Singapore, 10.

Frankl, Viktor E., "The Unheard Cry for Meaning." a videotape produced by the Youth Corps and Metropolitan Separate School Board of Toronto. Contact: Youth Corps, 56 Bond Street, Toronto, Ontario M5B 1X2, Canada. Rental fee $ 10.00.

Frankl, Viktor E., "A Panel of Experts from the Fields of Medicine, Anthropology, Psychiatry, Religion, Social Work, Philosophy, and Clinical Psychology. Discussing Topics of Interest with Dr. Frankl at the First World Congress of Logotherapy, San Diego, 1980." A 51-minute videotape. $ 53.00. Make check payable to the Institute of Logotherapy, 2000 Dwight Way, Berkeley, CA 94704. When ordering, state kind of tape wanted(Beta, VHS, or $\frac{3}{4}$ -inch U-matic).

Frankl, Viktor E., "The Meaning of Suffering," a lecture given on Jan. 31, 1983. Available for rental or purchase from the Department of Audiovisual Services, Cedars-Sinai Medical Center, 8700 Beverly Boulevard, Los Angeles, CA 90048. Audiocassette, $ 15.00-- vdeocassette, $ 50.00.

Frankl, Viktor E., "Three Lecture on Logotherapy," given at the Brandeis Institute, Brandeis, CA 93064. Long-playing records.

Frankl, Viktor E., "Man in Search for Meaning: Two Dialogues," "Self-Transcendence: The Motivational Theory of Logotherapy." "What Is Meant by Meaning?" and "Logotherapy and Existentialism," audiotapes produced by Jeffrey Norton Publishers, Inc., 145 East 49th Street, New York, NY 10017.

Frankl, Viktor E., "The Student' s Search for Meaning," an audiotape produced by WGTV, the University of Georgia, Athens, GA 30601.

Frankl, Viktor E., "The Existential Vacuum," ("Existential Frustration

as a Challenge to Psychiatry," "Logotherapy as a Concept of Man,"
"Logotherapy as a Philosophy of Life"), tapes produced by Argus
Communications, 7440 Natchez Avenue, IL 60648, $18.00.

Frankl, Viktor E., "The Existential Vacuum:A Challenge to Psychiatry.
Address Given at the Unitarian Church, San Francisco, California,
October 13, 1969." a tape produced by Big Sur Recording, 2015 Bridge
Way, Sausalito, CA 94965.

Frankl, Viktor E., "Meaninglessness: Today's Dilemma," an
audiotape produced by Creative Resources, 4800 West Waco Drive.
Waco, TX 76703.

Frankl, Viktor E., "Logotherapy Workshop," an audiotape produced
by Middle Tennessee University, Learning Resource Center,
Murfreesboro, TN 37130.

Frankl, Viktor E., "Man's Search for Meaning. An Introduction to
Logotherapy." Recording for the Blind, Inc., 215 East 58th Street, New
York, NY 10022.

Frankl, Viktor E., "Youth in Search for Meaning." Word Cassette
Library (WCL 0205), 4800 West Waco Drive, Waco. TX 76703. $5.95.

Frankl, Viktor E., lecture given at Monash University, Melbourne,
Australia, on March 6, 1976. An audiocassette available from Spectrum
Publications, 127 Burnley Street, Richmond, Victoria 3121, Australia.

Frankl, Viktor E., "Theory and Therapy of Neurosis:A Series of
Lectures Delivered at the United States International University in San
Diego, California." Eight 90-minute cassettes produced by Creative

Resources, 4800 West Waco Drive, Waco, TX 76703. $79.95.

Frankl, Viktor E., "Man in Search for Meaning: A Series of Lectures Delivered at the United States International University in San Diego, California." Fourteen 90-minute cassettes produced by Creative Resources, 4800 West Waco Drive, TX 76703. $139.95.

Frankl. Viktor E., "The Neurotization of Humanity and the Re-Humanization of Psychology," two cassettes. Argus Communications, 7440 Natchez Avenue, Niles, IL 60648, $14.00.

Frankl, Viktor E., "Youth in Search for Meaning," an audiotape produced by the Youth Corps, 56 Bond Street, Toronto, Ontario M5B 1X2, Canada. Available on reel-to-reel or cassette. $7.50.

Frankl, Viktor E., "The Unheard Cry for Meaning," an audiocassette produced by the Youth Corps, 56 Bond Street, Toronto, Ontario M5B 1X2, Canada. $6.50.

Frankl, Viktor E., "Therapy Through Meaning," Psychotherapy Tape Library (T 656), Post Graduate Center, 124 East 8th Street, New York, NY 10016. $15.00.

Frankl, Viktor E., "Existential Psychotherapy," two cassettes. The Center for Cassette Studies, 8110 Webb Avenue, North Hollywood, CA 91605.

Frankl, Viktor E., "The Defiant Power of the Human Spirit: A Message of Meaning in a Chaotic World." Address at the Berkeley Community Theater, Nov. 2, 1979. A 90-minute cassette tape. Available at the Institute of Logotherapy, 2000 Dwight Way, Berkeley, CA 94704. $6.00.

Frankl, Viktor E., "The Meaning of Suffering for the Terminally Ill."
International Seminar on Terminal Care, Montreal, Oct. 8, 1980. Audio
Transcripts, Ltd. (Code 25-107-80 A and B), P.O. Box 487, Times
Square Station, New York, NY 10036.

Frankl, Viktor E., "Finding Meaning in Life and Death," keynote
address on March 22, 1984 at the Ninth Annual Conference of the St.
Francis Center. Available at 1768 Church Street, N.W., Washington, DC
20036. $8.50.

Frankl, Viktor E., "The Rehumanization of Psychotherapy, "lecture on
occasion of the inauguration of the Logotherapy Counseling Center of
Atlanta and Athens on Nov. 14, 980. An audiocassette (1/404/542-4766)
available from the Center for Continuing Education, the University of
Georgia, Athens, GA 30602.

Frankl, Viktor E., Robin W. Goodenough, Iver Hand, Oliver A. Philips
and Edith Weisskopf-Joelson, "Logotherapy:Theory and Practice. A
Symposium Sponsored by the Division of Psychotherapy of the
American Psychological Association," an audiotape. Address inquires to
Division of Psychotherapy, American Association, 1200 17th Street,
N.W. Washington, DC 20036.

Frankl, Viktor E., and Huston Smith, "Value Dimensions in Teaching,"
a color television film produced by Hollywood Animators, Inc., for the
California Junior College Association. Rental or purchase through Dr.
Rex Wignall, Director, Chaffey College, Aalta Loma, CA 91701.

Gale, Raymond F., Joseph Fabry, Mary Ann Finch and Robert C.

Leslie, "A Conversation with Viktor E. Frankl on Occasion of the Inauguration of the 'Frankl Libary and Memorabilia' at the Graduate Theological Union on February 12, 1977," a videotape. Copies may be obtained from Professor Robert C. Leslie, 1798 Scenic Avenue, Berkeley, CA 94707.

Hale, Dr. William H., "An Interview with Viktor E. Frankl. With an Introduction by Dr. Edith Weisskopf-Joelson, Professor of Psychology at the University of Georgia," a videotape cleared for television upon request from WGTV, the University of Georgia, Athens, GA 30601.

"The Humanistic Revolution:Pioneers in Perspective," interviews with leading humanistic psychologists: Abraham Maslow, Gardner Murphy, Carl Rogers, Rollo May, Paul Tillich, Frederick Pearl, Viktor Frankl and Alan Watts. CA 92669. Sale $250.00;rental $20.00.

Muray, Dr. Edwrd L., and Dr. Rolf von Eckartsberg, a discussion with Dr. Viktor E. Frankl on "Logotherapy: Theory and Applied" conducted by two members of the Duquesne University Graduate School of Psychology, filmed July 25, 1972. Available for rental, fee $15.00. Mail request to Chairman, Department of Psychology, Duquesne University, Pittsburgh, PA 15219.

5. BRAILLE EDITIONS

Fabry, Joseph B., The Pursuit of Meaning: Logotherapy Applied to Life. Available on loan at no cost from Woodside Terrace Kiwanis

Braille Project, 850 Longview Road, Hillsborough, CA 94010.

Frankl, Viktor E., Man's Search for Meaning:An Introduction to Logotherapy. Available on loan at no cost from Woodside Terrace Kiwanis Braille Project, 850 Longview Road, Hillsborough, CA 94010.

Frankl, Viktor E., The Unheard Cry for Meaning: Psychotherapy and Humanism. Available on loan at no cost from Woodside Terrace Kiwanis Braille Project, 850 Longview Road, Hillsborough, CA 94010.

죽음의 수용소에서

초판 발행 · 1969년 4월 15일
초판 21쇄 · 1982년 5월 20일
개정 1판 · 1984년 6월 20일
개정 3판 · 2000년 2월 22일

지은이 · 빅터 E. 프랑클
옮긴이 · 정순희
펴낸이 · 최석철
펴낸곳 · 제일출판사
주소 · 서울시 서대문구 충정로 3가 8-5호 동아 아트 1층
전화번호 · 392-2588~9
팩시밀리 · 313-0104

등록일자 · 1998년 7월 29일
등록번호 · 제 13-542호

값은 표지 뒷면에 있습니다.
ISBN 89-7234-006-5 03180
*잘못된 책은 바꿔 드립니다.
*저자와의 협의에 의해 인지를 생략합니다.